청소년 임상 미술치료 방법론

옥 금 자 저

圖書出版 하나醫學社

• 머리말 •

청소년 임상미술치료 방법론은 청소년을 치료하는 미술치료사들과 임상가들을 위한 안내 서적이다. 이 책의 내용은 2001년에 필자가 keapa의 예술심리치료사 교육생들의 교재로서 준비한 청소년미술치료의 내용을 일부 수정하여 재인용했으며, 부분적으로는 그동안의 청소년치료 관련 강의원고와 임상사례를 포함하고 있다.

이 책의 1부는 청소년미술치료의 기초가 되는 청소년의 전반적인 발달 특성을 다양한 심리이론에 근거하여 어떻게 미술치료가 가능한지에 대해 소개하였고, 로웬펠드의 그림발달 특성을 제시하므로서 일반적인 발달 단계의 특성을 이해하여 지나친 해석의 오류를 방지하고자 했다. 또한 1부의 3장부터는 청소년미술치료를 하는 임상가들이 어떻게 치료개입을 준비하고 평가과정을 구성해야 하는지 소개하므로써 체계적인 치료계획을 세울 수 있도록 하였다. 2부에서는 청소년 임상미술치료 대상의 주된 장애 유형별 지침을 다루어 임상사례접근에 더욱 가까이 갈 수 있도록 했다. 3부에서는 청소년 임상미술치료에 적절한 미술치료 기법을 국내외에 소개된 기법과 필자의 경험에 의한 내용을 제시하므로서, 접근별 방법을 가능케 하고, 사례를 제시하므로서 임상을 준비하는 학생들과 치료사들에게 도움이 되고자 하였다.

우리나라의 미술치료는 최근 10여년간 심리치료, 사회복지, 특수교육 등 다양한 치료관련 분야에서 놀라울 만큼 확대되고 자리를 잡아

2~3년 전부터는 번역서와 저서들이 출간되고 있으나 주된 내용은 미술치료개론서와 아동미술치료가 일반적이다. 청소년치료를 위해 도움받을 수 있는 책은 찾기가 어려울 뿐만 아니라 구체적인 치료방법론을 안내받을 참고 서적이 없다. 이에 필자는 청소년을 만나는 임상가들에게 도움이 되고 그동안의 임상경험을 통합해내기 위한 작업으로서 이 책을 출판하기로 결심하게 되었다.

이 책의 유용한점은, 청소년 만남을 위한 구체적인 지침이 소개되고 있으므로 이 책에 담긴 내용들은 보다 깊이 있는 전문성으로 청소년의 개별성을 만나고, 치료사가 감당해야 할 역할이 무엇이고, 가능한 해결책을 발견하고, 어떠한 체계로 임상에 임해야할 지에 대한 안내를 제공할 것이다. 이 책에서 제시하고 있는 구체적인 방법들이 미술치료사뿐만 아니라 청소년을 만나는 모든 임상가들과 처음 임상에 임하는 상담관련분야 학문의 대학원생들의 참고교재로서 관심 있는 일반인에게도 적절하게 사용될 수 있기를 기대한다.

청소년 임상미술치료 방법론을 완성하기까지 격려해주시고 예술치료사의 길로 안내해주신 나의 스승이신 김진숙 교수님께 감사드린다. 진정한 작가로서 학자로서의 성숙을 예술치료에 대한 사랑으로 승화시키고 계신 한양 대학원의 김경자 교수님께도 감사의 마음을 전하고 싶다. 오늘의 이 결실은 학문의 길과 임상가로서 이 자리에 있을 수 있도록 지지하고 도와준 김춘남 선생과 사랑하는 내 아이들 혜진, 현성, 혜원, 현준, 혜천이가 있었기에 가능한 일이라고 생각한다. 멀리 오하이

오에서 필요한 자료를 기쁜 마음으로 준비해 준 친구 계순이에게도, 예술치료를 향한 한 마음으로 함께 해온 이정호 선생님에게도, 이외에도 도와주신 모든 분들에게 이 자리를 빌어 감사를 드린다. 특히 이 책의 출판을 쾌히 허락해 주신 하나의학사의 오무근 사장님과 이 글을 마음으로 살펴봐 주시고 아껴주신 편집부 여러분께 진심으로 감사의 말씀을 전하고 싶다.

2007년 4월

봉선동 연구실에서 필자

목 차

표 목차

제 1 부

청소년기의 특성 이해

제1장

청소년기의 발달적 특성

1. 생물학적 관점

생물학적 관점에서는 청소년기의 중요한 변화로서 신체적인 성적 성숙이 일어나는 시기라는 점을 강조하고 신체적 변화와 성적 성숙, 생리적 변화가 일어나는 이유와 결과에 대해 설명해 주고 있다.

청소년기가 되면서 가장 두드러지게 나타나는 특성이 신체적인 발달이라고 볼 수 있다. 이 시기에 다다르면 뇌하수체 호르몬의 영향을 받아 남아는 남자성인과 같은 체격과 성기의 성숙, 2차 성장의 출현, 성적 충동의 증가 등을 나타내고, 여아의 경우 유방의 돌출, 피부지방의 증가로 인한 여성적 피부와 매력적 몸매, 초경 시작 등의 신체적 변화가 급격히 이루어진다. 이와 관련하여 남자의 경우는 남성호르몬인 테스토스테론(testosterone)이 생산되어 성적인 발달을 촉진하므로 성적인 충동과 공격성이 증가되고 남녀 모두가 신체적으로 급격하게 성장하게 된다. 영아기에 나타나는 1차 성장의 급증은 점차 둔화되다가 남아는 10~11세, 여아는 12~13세에 2차 성장의 급증으로 신장과 체중의 변화를 보이게 되며 중학교 시기가 되면서 더욱 뚜렷한 변화를 보이게 된다. 이 같은 2차 성장과 성적인 성장은 성인과 같은 크기의 또는 그 이상의 큰 몸매를 갖게 되므로 이러한 변화는 성인과 대등한 관계를 주장하게 되거나 반항할 수 있는 여건이 된다. 그로 인해 청소년들은 급격하게 나타나는 자신의 변화에 대해 불안과 수줍음, 고립과 같은 강한 정서를 보이는 등 적응의 어려움을 겪게 되고 더불어 자아상에 혼란을 겪기도 한다. 성적인 충동의 증가와 통제의 어려움은 성과 관련된 문제행동에 개입될 수 있으며 공격성의 문제를 가져오기도 한다.

예술치료의 작업과정은 이러한 청소년들의 신체변화와 심리성적 변화로 인한 충동성을 방어 없이 투사하고 승화시키기에 충분한 통로가 되어주며 울타리가 되어 준다. 여기에서 우리가 유의해야 할 점은 단순히 생물학적 관점에서의 신체적 변화가 고립과 정체성, 공격성의 문제를 가져다주는 단일문제는 아니라는 점을 이해해야 할 것이다. 다만 여기에서는 청소년기의 특성을 설명하기 위한 언급이란 점을 강조 해둔다.

2. 심리사회적 관점

인간의 발달과정은 단계가 있으며 각 단계마다 개인에게는 극복해야 할 심리사회적 과제가 있다. 심리사회적 관점에서는 각 단계를 거칠 때마다 과제를 성공적으로 해결하면 긍정적인 자아정체감을 획득하게 되고 부정적으로 해결하게 되면 자아가 손상을 입게 된다고 보고 있다. 여기에서는 인간의 발달을 신뢰감형성대 불신(유아기), 자율성 획득대 수치심과 자기회의(초기아동기), 주도성획득대 죄책감(학령전기), 근면성 획득대 열등감(학령기), 자아정체감 형성대 정체감혼미(청소년기), 친밀감대 고립(성인초기), 생산성대 침체(성인기), 자아통합대 절망감(노인기) 등 8단계로 제시한 Erik Erikson의 이론 가운데 특히 청소년기의 과제인 자아정체감에 초점을 두고 생각해 보기로 한다.

Erikson의 이론은 기본적으로 Sigmund Freud의 심리성적 발달이론에 근거하고 있으나 Freud와는 달리 인간발달의 사회적 측면을 강조하고 있다. Freud는 아기의 소리는 구순적 쾌감 행동의 하나인 심리성적 구성요인으로 설명하고 있으나, Erikson은 부모와 주위 사람들과의 사회적 관계를 형성하는 것으로 심리사회적 구성요인을 설명하고 있다.

인생의 여덟 단계는 불변의 순서를 거쳐 점차적으로 성장을 하며 자아정체감이 형성되고 발달해 간다고 한다. 자아정체감의 형성과정은 개인의 신체, 욕구, 능력, 의미 있는 사람에 대한 동일시, 역할 등 다양한 요인들이 각 개인의 방식에 의해 통합됨으로서 이뤄져간다. 이 과정은 성적충동과 같은 생득적으로 나타나는 신체적 성장이 정체감형성의 바탕을 마련하는데 기여한다. 개인의 급격한 심신의 변화가 정체감 혼란을 야기시키기도 하는 한편 사회적 측면이 관여되기도 한다. 다시 말해 심리사회적 관점에서 청소년을 힘들게 하는 것은 신체적 성장이나 성적충동 자체가 아니라 타인의 눈에 좋게 보이지 못하거나 기대에 미치지 못할까 불안해한다는 점이다.

이 시기에 청소년은 자기에 대한 확신이 없기 때문에 집단에 소속되고자 하며 동일시하려 하며 집단정체감을 형성해 나가기도 한다. 또한 청소년 개인이 획득하는 성취가 정체감형성에 도움이 된다. 그러나 성취가 너무 어렵고 힘들 때 청소년은 나중으로 미루거나 조급하게 포기해 버리고 다른 제한된 역할을 받아들이기도 한다. 만약에 끝내 자신에 대한 확신이 서지 않게 되면 심각한 정체감의 위기에 빠질 수도 있으며 그 과정의 고통에서 벗어나기 위해 비행 등의 부정적 정체감을 형성해 버리는 경우도 일어난다. 긍정적인 정체감이 확립되었든 부정적인 정체감이 형성되었든 간에 정체감 형성은 이 시기에만 일어나는 것이 아니라 평생을 두고 계속되는 과정으로서 개인이 거의 인식하지 못하는 과정에서 일어나며 이는 유아기 어머니의 양육적 상호관계에 그 뿌리를 둔다. Erikson은 아동기 동안의 성취가 이 시기의 정체감형성에 기여하고 이후에 예상되는 성취들도 자아정체감형성에 도움이 되며 계속되는 자아통합은 평생동안 점진적으로 계속된다고 보았다.

이외에도 청소년의 행동을 특정한 상황 속에서 설명하고 청소년의 행동을 이해하기 위해서는 개인의 성격과 환경 모두를 고려해야 한다는 Kurt Lewin의 장이론과 개인의 요구와 사회의 요구 둘 다를 고려한 Havighurst의 이론을 들 수 있겠다. Havighurst는 자신의 신체를 수용하고 신체를 효율적으로 사용하는 것, 동성과 이성의 동년배와 새롭고 보다 성숙한 관계를 형성하는 것, 남성과 여성의 성역할 형성, 부모와 다른 성인들로부터의 정서적 독립, 경제적 직업의 준비, 결혼과 가정생활에 대한 준비, 사회적으로 바람직한 행동을 행하는 것, 행동의 길잡이로서 일련의 가치와 윤리체계의 형성 등 청소년기의 여덟 가지 주요 과업을 제시하고 각 발달단계에서 과제를 숙달하면 개인은 성숙되며, 실패하면 사회적으로 거부되어 성숙한 사람으로서의 기능을 할 수 없게 된다고 본다.

예술치료는 그러한 청소년에게 창의적 잠재력을 깨워주는 중요한 역할로서 다가간다. 치료과정은 창의성을 자극하고 관련된 삶의 과업이 현재의 행동과 태도에 작용하고 있음을 받아들이고 잠재된 가능성을 객관적으로 확인케 함으로써 정체성을 형성하고 자기를 통합할 수 있도록 안내된다.

3. 인지적 관점

인지(cognition)란 알아 가는 것의 과정으로서 인지능력은 자아정체감의 발달에도 중요한 역할을 한다. Piaget는 출생 후부터 지적능력은 계속해서 발달한다고 주장하고 청소년기를 인지발달이론의 마지막 단계인 형식적 조작기로 규정했다. Piaget에 의하면 개인의 인지발달은 감각운동단계, 전조작단계, 구체적 조작단계, 형식적 조작단계 등 4단계로 나눠지며 아동기에는 정신적 조작이 시작되나 구체적이고 제한된 측면에서만 이루어지는 반면 청소년기에 해당하는 형식적 조작단계에서는 광범위한 부분에서 정신적 조작이 가능하다고 본다. 그의 이론에서 제시된 청소년기 사고의 특징은 구체적이고 실재론적인 아동기의 한계를 벗어나 가능성을 중요시하게 되며 추상적 개념을 다룰 수 있게 되고 융통성 있는 조합적 사고가 가능하게 된다.

이러한 형식적 조작사고에 의해 청소년은 가능한 것에서부터 경험적인 것으로 실재적인 것에로의 진전, 즉 물리적인 국한된 것이 아닌 이상주의적인 것으로의 확장이 가능해지게 된다. 청소년들은 자신의 문제를 해결하고 결론을 내리는데 체계적이고 논리적으로 변인을 추출하고 분석하며 상호관련 짓고 통합하는 결합적 분석과 구체적인 대상의 존재여부와 관련 없이 형식논리에 의해 사고를 전개하는 추상적 추론을 할 수 있어서 현재의 상황을 넘어 미래에 대한 계획을 세울 수 있게 해준다. 이렇듯 형식적 조작사고는 청소년에게 많은 긍정적인 결과를 가져다 주지만 반면에 인과관계에 대한 탐색을 통해 미래를 생각하게 됨으로서 불안을 느끼고 혼란을 느끼게도 한다. 뿐만 아니라 이상주의를 추구하는 청소년은 세상의 모순을 발견하고 현실적인 문제와 실제적인 사회변화의 장벽에 부딪히는 좌절을 간과하는 경향이 있다. 따라서 치료사는 청소년의 형식적 조작능력이 자신과 타인의 사고와 감정을 구별 짓지 못하는 자아중심성을 부추기게 되고 그로 인해 드러날 수 있는 청소년문제의 관련성을 충분히 이해할 필요가 있다.

청소년의 사회적 인지발달에서 사회인지(social cognition)란 자신과 타인의 역할이나 관계는 물론 생각, 감정, 의도 등을 관찰하고 추론하고 개념화하는 개인의 능력이다(Lapsley, 1989; 김혜원 재인용). 앞에서도 말했듯이 이 시기의 청소년은 타인의 사고를 추론하는 과정에서 사회인지의 독특성을 가지게 된다. 청소년은 자신의 생각과 관념에 사로잡혀 보편적인 세계의 존재를 구분하지 못하고 자신이 특별한 존재라고 느끼는 착각에 빠지게 되며 타인도 자신과 동일한 것에 관심을 가질 것이라는 강한 자기중심성(egocentrism)을 보인다. 이러한 자기중심성은 청소년기 발달과정에서 나타나는 특징적인 속성의 하나로서 상상적 청중(imaginary audience)과 개인적 우화 personal fable)의 두 가지 특성으로 나타난다. 특히 개인적 우화현상에 의한 청소년 문제행동은 자신이 모든 사람과는 다른 예외의 존재로 생각하게 하고 무모한 행동을 서슴없이 하게 하여 어려움을 직면케 하는데, 이러한 개인적 우화현상은 청소년에게 현실 검증능력이 생기고 자신과 타인에 대한 실체를 객관적으로 인식하며 타인과의 친밀 관계를 정립하게 되면 사라지게 된다. 이렇듯 청소년의 인지발달은 긍정적인 결과와 부정적인 결과를 초래할 수 있으며 청소년기의 긍정적인 형식적 조작사고는 환경조건에 의해 촉진될 수도 있다.

청소년기는 다양한 역행수행이 요구되는 시기로서 성공적인 역할수행을 위해서는 한번에 2개 이상의 변인을 조작하는 방법을 학습해야 하며, 다양한 역할경험을 통하여 한 상황에서의 가치 있는 행동이 다른 상황에서도 수용될 수 있다는 인식을 하게 됨으로서 상대적 사고를 발달시킬 수 있게 된다. 또한 또래집단에 참여함으로서 자신과 또래집단의 기대가 다르다는 것을 인식하게 되고 가족 내에서 형성된 자신의 가치관을 평가해 볼 수 있는 기회를 갖게 되며 학교생활의 교과과정 또한 중요한 역할을 한다.

아동의 경우 부정(denial)과 같은 초보적인 방어기제를 사용하나 청소년은 지성화(intelectualization)와 같은 방어기제를 사용한다. 지성화는 개인의 중요한 관심사를 추상적이고 비개인적인 방식으로 논의함으로서 불안을 일으키는 갈등 뒤에 있는 정서를 없애버리려는 수단으로 형식적 조작사고와 관련된다. 청소년의 인지발달은 잘 정의되고 규정된 자아정체감 출현에도 중요한 역할을 할뿐 아니라 사회적 사고, 가치체계, 도덕성 등도 결국 인지발달의 수준에 의존한다고 보아야 한다.

예술치료에서의 인지적 접근은 위에서 말하고 있는 아동 청소년의 정서, 자아정체감과 자신감, 가치체계, 도덕성 발달수준 등의 인지기능을 규명하여 평가해줄 뿐 아니라 발달시키는데 관여하며 정서장애의 진단과 치료에도 관여한다. 즉 Piaget의 인지발달의 첫 단계는 감각운동적 단계이며 감각과 소리로 반응하는 시기로서 신체적 감각상태에서 머문 가장 원초적 단계로서 신체 동작과 소리를 통한 보다 깊은 내면의 접근이 가능해진다. 전 조작적 단계는 반응하는 시기이므로 추상적인 주제를 끌어낼 수 있어서 상상놀이, 소꿉놀이 등 놀이나 그림을 통해 치료적 진단과 치료가 가능해진다. 구체적 조작단계는 조직적인 구성에 반응할 수 있어서 실제작업과 언어화 표현으로 게임형태의 놀이가 가능해지며 제목을 붙일 수 있고 언어화 표현이 가능해진다. 형식적 조작단계에서는 가설을 설정하고 검증하여 성장단계로의 접근이 가능해진다. 인지적 접근의 예술치료는 비교적 간결하고 응용이 간편하여 다른 이론과 병행하여 사용할 수 있는 이론적 접근이라고 할 수 있다.

4. 생태체계학적 관점

유기체와 환경간의 광범위하고 복잡한 상호교환 관계를 다루는 Urie Bronfenbrenner(1987)의 생태 체계적 관점은 청소년이 진공상태에서 혼자 발달하는 것이 아니라 그를 둘러싼 가족과 학교, 지역사회, 국가의 복합적이고 상호관계적인 맥락 안에서 발달해 가며 영향을 받는다는 것을 잘 설명해 주고 있다.

이 이론의 생태적 환경을 구성하는 구조들은 크게 미시체계(microsystem), 중간체계(mesosystem), 외부체계(exosystem), 거시체계(macrosystem)로 나눠볼 수 있다.

미시체계란 청소년이 직접 그 장에 소속되어 밀접하면서도 직접적인 상호관계를 하고 영향을 받는 인접환경이다. 미시체계는 청소년의 가장 기본적인 행동의 장으로서 청소년은 가족, 학교, 직장으로부터 기대와 억압을 받기도 하고 어떠한 기회를 통해 직접적인 영향을 받기도 한다. 따라서 부정적인 미시체계는 청소년에게 부정적인 영향을 끼칠 수도 있으며 건강한 미시체계는 청소년으로 하여금 성공적인 성인기를 준비하는데 필요한 학습과 발달을 가능하게 한다.

중간체계는 좀더 확대된 개념으로 보면서 미시체계와 같이 상호관계를 갖지만 지역사회 안에서의 좀더 확대된 환경을 말하며 가정, 학교, 직장과 같이 개인이 속해 있는 둘 또는 그 이상의 주요환경들 사이의 상호관계 속에서 나타나는 행동유형에 초점을 둔다. 청소년이 가정에서의 행동과 학교에서의 행동 간의 차이는 청소년과 두 장과의 상호작용과 두 장간의 상호작용이라는 중간체계에 대한 분석을 필요로 한다. 이 두 체계는 서로 강화를 줄 수도 있고 반대일 수도 있다. 이 두 체계의 가치가 서로 다르다면 청소년은 스트레스를 받을 수 있다.

외부체계는 중간체계의 연장으로서 중간체계에 포함되지 않은 구체적인 공식적 · 비공식적인 사회구조들로 구성된다. 청소년에게 직접적인 영향을 준다기보다는 어떠한 사회구조 안에서 개인에게 뿐만 아니라 청소년이 속해 있는 어느 환경 즉 학교, 가정, 직장 또는 그 관계들에게 영향을 미치는 체계들로서 지역사회제도들을 포함한다. 체계들은 부모와 청소년 자녀관계에 영향을 주며 지역단체들도 다양한 방법으로 청소년에게 영향을 준다.

거대체계는 청소년이 속해 있는 국가, 도 등의 좀더 큰 사회를 특징짓는 정치, 경제, 사회, 문화, 이념적인 체계를 포함한다. 거시체계는 어떤 사람이 성인이고 청소년인지를 결정하며 교육적 기준과 인종간의 관계, 문화 경제적 수준, 관습에도 영향을 미치며 이러한 가치와 이념, 관습들은 청소년에게 차별적 결과를 나타낸다.

청소년의 생태학적 환경

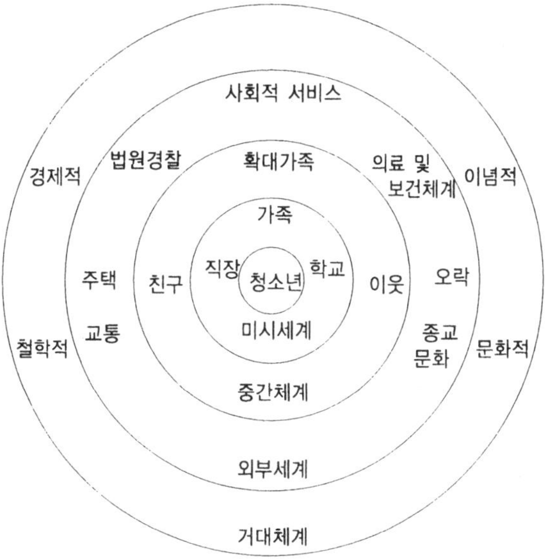

생태 체계적 관점에서는 청소년이 갖는 많은 문제들이 청소년 자신과 그들을 둘러싼 환경과의 상호교류에서 발생하고 이러한 상호교류는 다양한 개인측면과 환경측면과의 공동적 영역을 만들어 낸다고 본다. 따라서 청소년에 대한 접근은 청소년 개인이 표적이 될 수도 있고 환경과 환경체계내의 불균형 또는 모두에 개입 할 수도 있다는 점을 설명하고 있다.

예술치료에서 체계접근은 개인치료 뿐만이 아니라 가족치료, 집단치료에서 보다 효과적으로 사용될 수 있다. 함께 하는 미술작업과정은 가족과 집단간의 상호작용을 경험하게 해주며 치료자에게는 각 체계를 진단하고 평가할 수 있게 한다. 더불어 객관적인 체계간의 인지는 보다 성숙의 길로 안내되는 통로이며 기회로서 적용될 수 있게 한다.

5. 정신분석학적 관점

정신분석이론의 창시자인 Freud는 생의 초기 발달이론에 초점을 두었으므로 청소년에 대한 접근을 구체화하진 않았으나 Anna Freud가 Freud이론을 청소년에게 적용시켰다. Freud에 의하면 성적흥분, 불안, 성격혼란의 시기로 묘사하고 유아의 성적 발달이 구강기, 항문기, 남근기, 잠복기를 거쳐 유아성욕이 사라지고 청소년기가 되면서 정상적인 성욕이 생기도록 하는 일련의 변화들이 나타난다.

유아기의 첫 1년 동안 쾌락의 원천은 입 주위에 집중되어 있다. 이 때 아이의 주된 관심은 젖을 먹는 것이며 젖을 먹는 동안 얻는 쾌락은 신체의 욕구와 배고픔의 해소에서 얻는 만족이며 동시에 입으로는 쾌락을 느끼고 있는 것이다. 이 쾌감은 먹는 것과는 다른 성적인 것이며 첫 번째 쾌감이다. 그래서 아이들은 빠는 쾌감을 맛보기 위해서 배고프지 않아도 무언가를 빨고 입에 넣으려 한다. 유아가 빠는 대용품들은 매우 다양하며 그것을 빨고 있을 때 아이들은 만족스러워하고 조용한 것을 볼 수 있다.

다시 아이들의 쾌락의 원천은 항문주위로 모아지게 되고 이 단계의 쾌감은 2~3세까지 지속된다. 아이들이 생각하는 대변은 성인이 생각하는 것과는 다른 상징적인 의미를 가지고 있다. 어른에게 대변은 더러운 것이지만 아이에게는 자신의 신체와 같이 필요한 부분으로 생각하므로 지나친 배변훈련은 아이가 항문주변에서 얻는 쾌감을 막게 한다. 대변을 몸 안에 담고 있거나 내보내는데 있어서 스스로 자기신체도 부모도 조정할 수 있다는 만족감을 갖게 되는데 이러한 현상은 아직은 자기도취적이고 자기애적인 단계에 있기 때문이다.

4~5세가 되면서 아이는 성기에 느껴지는 쾌감에 몰두하기 시작한다. 이 때 아이들이 자신의 성기를 가지고 노는 것을 볼 수 있으며 남성 · 여성의 성기 구조에 대한 호기심이 많이 나타난다. 남근기(4~5세)가 절정에 이르면 유아기 남근성욕이 어른의 성기성욕으로 성장하는

과정에서 본능적 욕구를 잠재우는 성적 관심이 약화되는 과정이 일어난다. 이 시기는 구강기, 항문기, 남근기의 쾌락은 중요하지 않게 되며 성적 쾌감의 원천이 점차 타인으로 옮겨가면서 우정관계를 형성하고 특히 동성과의 우정관계에 관심을 갖게 되는데 이 단계를 잠복기(6세경~사춘기까지)라고 한다. 이 시기의 아이들은 전청소년기(Pre-adolescence)로 들어가게 되며 이 때 유아기에 경험한 모든 일이 다시 한 번 한꺼번에 나타나게 된다.

이 시기에 청소년이 모든 과정을 정상적으로 거쳐 왔다면 이제 성인기를 위한 준비가 되었다고 볼 수 있으나 만약 그렇지 못하고 좌절되었다면 그 단계의 쾌감에 대해 갈망과 분노를 갖게 되어 그 단계에 고착되어 있을 뿐 아니라 성인이 되어서도 계속 그 소망을 추구하게 된다. 사춘기(성인기)에 이르러 이러한 욕구를 해소하려는 대상발견 과정이 완성되는데 이를 위해서는 애정의 대상이 필요하게 되므로 청소년들은 이성에 관심을 갖게 된다. 이러한 Freud의 심리성적 발달이론은 인간본성에 비관적 관점을 가지고 있어 인간에 대한 관심과 배려에 초점을 두는 사람들의 동기에 설명되지는 못하고 있다.

이에 보완된 이론으로 Anna Freud는 Freud이론을 청소년에게 적용시켜 청소년기에 일어나는 정서적 구조변화에 대해 언급하고 있다. 청소년이 보이는 제멋대로의 행동과 금욕, 지치지 않는 열정과 무관심, 이기주의와 이상주의 등의 갈등행동이 두드러지는 것은 청소년기의 성적 변화에 수반되는 정신적 불균형과 내적 갈등 때문이라고 보았다. 가장 두드러진 변화는 본능적 충동의 증가인데 이는 부분적인 성적 성숙탓이며 성적인 부분에만 국한시킬 수 없는 청소년기에 나타나는 공격적 충동, 왕성한 식욕, 반사회적 행동들은 오랫동안 잠복되었던 구강기적, 항문기적 관심의 재현이다. 사춘기의 이러한 본능적 힘의 증가는 초기 유아기의 성욕과 공격성이 다시 부활한 것이라고 한다.

Freud의 쾌락원리에서는 원초아로 불리는 충동이 청소년기 동안 증가하며 이 충동은 개인의 자아, 초자아에 직접적인 도전이 된다. Anna Freud에게 자아란 정신적 기능을 보호하려는 정신과정을 총칭한다. 자아는 개인의 평가능력과 추론능력이며 초자아는 동성부모의 사회적 가치를 받아들임으로써 발달한 이상적인 자기(ego-ideal)와 양심을 의미한다. 그러므로 청소년기 본능의 부활은 개인의 추론능력과 양심에 직접적인 도전이 된다. 원초아와 초자아간에 갈등이 생기면서 잠복기 동안 이루어진 정신 능력간의 균형이 깨어진다. 이전에는 휴전을 중재할 수 있었던 자아가 이제는 서로 싸우며 자기주장을 강하게 해대는 두 아이 앞에서 어쩔 줄 몰라 하는 부모처럼 평화를 유지시키기가 매우 힘들어진다. 만약 자아가 원초 아와 완전히 동맹하게 되면 개인의 이전 성격은 흔적도 없어지고 성인기로의 입문은 무억제적인 본능의 충족으로 가득 찰 것이다(Freud, 1946). 자아가 전적으로 초자아의 입장에 서게 되면 잠복기의 개인성격이 한 번 더 분명하게 드러나면서 그것이 성격의 전부가 된다.

이러한 원초 아-자아-초자아의 갈등이 청소년기에 해결되지 않으면 개인은 정서적으로 황폐화될 수 있다. Anna Freud는 이러한 갈등을 해소하기 위해 자아가 무차별적으로 모든 방어수단을 동원하는 방법에 관해 논하고 있다. 자아는 본능을 억압하고 대치시키고 부인하고 도치시키고 자신에게 대항한다. 그 결과 공포증과 히스테리 증후가 생기고 강박적 사고와 행동으로 불안이 야기된다. Anna Freud에 따르면 청소년기의 금욕주의와 주지화는 모든 본능적 소망을 불신하는 증후이다. 청소년기의 지나친 신경증적 증후와 억압은 자신을 희생한 자아와 초자아의 부분적인 승리표시이다. 물론 Anna Freud는 원초 아, 자아, 그리고 초자아간의 조화가 가능하고 결국에는 대부분의 정상적인 청소년에게서 이러한 조화가 생긴다고 생각하였다. 잠복기 동안 극단적인 죄책감과 불안을 야기할 수 있는 본능을 지나치게 억압하지 않으면서 초자아가 충분히 발달하고 그리고 자아가 갈등을 중재할 만큼 충분히 강하고 현명하면 이러한 균형은 이뤄진다(Freud, 1946).

Freud 초기에는 무의식을 의식화하는 게 치료의 주된 목표였는데 무의식의 심상을 억압에서 표출하는 것이 현재의 예술치료 발달의 중심된 접근법이다. Freud는 이미지가 중요하다고 생각했기 때문에 분석상황에서 꿈을 그리도록 하기는 했으나 그림을 자신의 고전적인 방법으로 사용하지는 않았다. 이후 많은 분석가들이 무의식의 표출방법으로 그림을 사용했지만 치료법으로 사용하지는 않았다. 그러나 Naumburg는 Freud의 자유연상에 근거한 이미지를 표출해 냄으로서 해방감을 느끼고 감정이 정화되고 동시에 심상의 상징성과 의사소통의 효과성을 발견하고 상징의 미술표현화를 치료 수단으로 사용하게 되었다. Naumburg는 미술치료에서 그림을 보조적 도구라기보다는 주된 매체로서 강조하고 자신의 방법을 역동적 미술치료라고 명명하고 직접적으로 그림을 치료의 방법으로 사용했으며 아동, 청소년, 성인정신환자에 관한 저서를 발간하였다.

6. 대상관계 정신분석학적 관점

청소년을 어떻게 볼 것인가에 대한 문제는 위에서 살펴보았듯이 다양한 분야에 따라 보는 각도에 따라서 다르게 정의 내려질 수 있다.

현대 정신분석학에서 가장 중심이 되는 위니캇은 인간의 삶 가운데 초기 심리의 중요성을 강조하고 초기 양육과정에 만족한 경험을 갖지 못했을 때 올 수 있는 발달적 문제에 초점을 두고 청소년기를 설명한다. 청소년기는 현실에 대한 새로운 적응이 일어나는 시기이며 자기(self)가 상처받을 수 있기 때문에 의존에 대한 새로운 필요성이 생기는 시기로 보았다.

청소년기는 제2의 탄생기로서 제1의 탄생기가 존재함을 의미하므로 단면적으로 보아서는 안 된다. 유아기나 초기 아동기의 경험이 있으므로 중요한 것은 유아기의 첫 번째 탄생의 맥락에서 보아야 한다. 청소년기는 다시 태어나는 또 한 번의 기회이며 첫 탄생기간에 해결하지 못한 것의 기회이다. 이 때에 한 번쯤의 문제행동은 통과의례로 보아야 하며 그들의 문제와 병리현상은 살아있는 인간으로 회복할 수 있는 희망의 징표로 보아야 한다. 청소년기의 자기에 대한 불확실성은 유아기의 도덕성 문제를 다시 불러 일으키며 문제에 대한 거짓 해결은 행동화로 나타난다. 위니캇은 청소년의 의존과 반항적 특징에 대해 청소년의 반사회적 원인을 자기(self)를 찾으려고 몸부림하는 희망의 징표로 보았다. 성인은 청소년 자신이 자기의 주인이 되도록 격려해 주어야 하며 넘어설 수 있는 새로운 시도로서 기대할 수 있어야 하며 보복적이지 않고 직면하도록 도와주어야 하며 여유를 가지고 바라보아야 한다.

이처럼 청소년의 가능성을 가장 긍정적으로 바라 본 위니캇의 대상관계론적 예술치료 접근은 청소년 문제에 대해 보다 많은 수준의 깨달음을 찾아내고 조직화하게 해준다. 대상관계 접근의 미술치료는 창조성의 발달과 청소년이 보이는 병리관계를 연결해 주고 이해하기 좋은 이론이며 방법이다. 청소년의 문제가 현재에 있는 것이 아니라 초기경험의 박탈과 상실에서 오는 상처일 수 있기에 창작 상황에선 그 상처를 다 토해내고 치료 관계에서 재 양육의 경험을 하며 치료자가 이 모든 과정을 적절하게 통합해 낼 때 분열되고 단절된 청소년의 심신은 안정과 통합으로 재탄생하게 될 것이다.

7. 분석심리학적 관점

융은 인간의 성격발달을 연령별로 명확히 구분 짓지는 않았지만 대개 아동기, 청소년기, 성인기, 노년기로 구분하고 있다. 융의 입장에서 자아의 발달은 출생에서부터 정신적 사춘기가 끝날 때까지의 기간에 이뤄지며 대개 25세 정도에 끝난다고 보고 있다. 아동기는 자아가 움트기 시작하나 아직 미숙하여 부모 영향이 중요시되는 시기이다. 개성이 불안전하므로 부모들은 자녀에게 자기의 욕구나 결함을 자녀로부터 찾고 보상하려는 심리가 작용하는데 이러한 현상은 집단무의식의 요소이기도 하다. 청소년기를 융은 심리적 탄생 또는 제2의 탄생이라 부르고 가족으로부터의 분리와 세상과 무의식으로부터의 분리를 포함했다. 성인기는 자력에 의해 인생의 목표를 성취하려는 노력이 강하게 일어나는 개성화의 단계로 보았고, 노년기가 되면 살아온 인생을 돌아보고 죽음을 생각하며 외부관심에서 자기세계로 관심을 옮겨가게 되므로 보다 정신적 관심에 의존하며 때로는 보람 있는 일을 위해 최선을 다하는 자세를 갖게 된다. 이러한 발달과정은 자아와 무의식적 심리과정 사이에 연결되어 있으며 무의식의 상태로부터 자아가 분리되어 나온다고 한다.

이러한 융의 관점에서 노이만은 유아에서 성인기까지 거쳐야만 하는 갈등이 있다고 보았다. 이를 신화적인 개성화과정을 위한 성숙단계로서 받아들이고 자아발달과 융의 신화적 성장과정을 연결하였다. 초기 3주를 정상적 자폐단계라고 하고, 3주에서 6개월까지를 일차적 모성단계, 6개월에서 2년 반까지를 이차적 모성단계, 2년 반에서 4년 반까지를 남성적토양적 자아단계, 아동기까지를 부성, 마술적 · 전투적 자아단계, 청소년기를 태양적 전투적 자아단계, 성인초기를 태양적 이지적 자아단계, 성숙한 성인기를 자기구현단계 등 8단계로 나누어 설명하고 있다.

첫 3주간의 자폐적 단계는 '너와 나'가 구분이 안 되는 원시적인 단계로서 원형적인 대양 속에 잠겨있는 단계이다. 6개월까지는 자아가 분화되지 않고 선악의 구분도 없는 단계로 전체적인 경험은 말러의 공생단계와 유사하다. 이 시기에 걸쳐있는 아이라면 치료 상황의 표현에서 마녀와 귀신이 자주 등장되는데 분리과정이 진행됨에 따라서 그러한 현상은 사라지곤 한다. 이후부터 4년 반까지의 시기는 모계의식에서 부계의식으로 나아가는 과정으로서 이 시기에 심리적 상처를 받게 되면 미숙한 자아가 형성되어 자기애적 또는 신경증의 뿌리를 가진 자아가 형성될 수 있다. 이후부터 청소년기 까지는 투쟁을 통해 자아를 형성하려는 단계로서 이 시기에는 부성원형과 동일시하게 되므로서 모성의존에서 벗어나려는 노력이 표현의 주된 현상으로 나타난다. 예를 들면 끊임없이 죽이는 형태의 그림을 그린다든지 죽이고 때려 부수는 파괴적인 놀이표현이 바로 그러한 예이다. 이때 치료자는 이러한 현상이 발달단계인지 문제행위인지 고려해 보아야 한다. 이러한 과정을 거쳐 자아가 형성 되고 사춘기 이후가 되면 어느 정도 자유로운 자아와 이지적인 자아가 동시에 생성된다. 이것은 가족으로부터의 분리와 세상과 무의식으로 부터의 분리가 가능해 짐을 예측할 수 있게 한다. 노이만은 이러한 과정의 경험을 토대로 자아는 전체적인 세상으로서의 경험을 받아들이고 발전하여 분리되고 스스로를 만들어 가게 된다고 한다.

인간의 의식발달을 융은 중년기의 개성화에 중점을 둔 반면 노이만은 유아의 자아와 집단적 무의식의 통합까지를 다루고 있다. 노이만이 설명하고 있는 아이의 분리와 개성화 과정에서 오는 갈등은 개인적 어머니로부터 분리하는 것에서 오는 갈등, 유아의 자아가 무의식의 힘과 대면할 때 생기는 갈등, 원초적인 정신차원에서 성인의 차원까지 거쳐야 하는 과제로부터 오는 갈등, 등 세가지차원의 갈등과정을 이야기 한다. 이러한 자아의 발달과정은 인간의 정신세계에서 양면적으로 나타나 개인적 모아관계와 원형적 모아관계의 발달로 향하고 통합을 향하게 된다. 분석심리학적 관점에서 미술치료과정은 청소년 자신의 발달과정을 살펴보고 심층의 세계를 만나도록 안내되고 개인의 독특성을 발견하고 획득되도록 안내 할 것이며 통합된 발달을 가능케 할 것이다.

8. 청소년기의 발달적 과정에 따른 미술치료 환경

청소년뿐만이 아니라 모든 치료관계의 기본적인 기능은 안전한 환경 안에서 대상자가 가지고 온 경험을 치료자로부터 이해받는 것으로부터 시작된다. 이에 치료자는 적극적인 경청을 통해 그가 자신의 경험과 현재생활에 미치는 영향을 돌아볼 수 있는 심리적 환경을 제공하고 유지하는 것이며, 이를 위해서는 적절하고 다양한 도구와 공간이 요구된다. 따라서 여기에서는 청소년 개인의 발달과 특성에 따라 심리적 환경과 물리적 환경 두 유형으로 나눠보고자 한다.

심리적 환경

청소년 미술치료의 심리적 환경이란 청소년이 치료공간에서 자신의 불안과 화, 두려움, 소망 등 그를 괴롭히는 다양한 생각과 경험들을 마음 놓고 쏟아낼 수 있는 놀이적 환경을 의미한다. 치료자가 그 경험을 받아들이고 집중하고 공감하면서 청소년은 위안을 받으며 전능감을 경험하게 되고 자신의 갈등문제를 다루는 새로운 관계방식을 시도할 수 있게 된다. 이러한 미술치료의 일차적인 심리적환경은 치료자의 준비된 마음자세라고 볼 수 있다. 때로는 신뢰하기 힘든 대상자가 있을 수 있지만 인간의 기본적인 가능성을 믿고 관심을 가진다면 그는 자기를 탐색할 수 있는 심리적 공간을 유지하게 될 것이다. 심리적환경은 치료자가 가진 안아주기 능력과 담아주기 능력에 의해 창조되며 전문적으로 훈련된 경험에 의해 불가능한 것도 가능하게 하는 능력이며 놀이할 수 있는 청소년과 치료자의 능력과 관심이 만남으로서 가능해진다.

아래의 도표는 앞에서 소개한 청소년기의 발달적 특성과 그 단계에서 성취해야 할 과제와 병리에 따른 심리적 치료환경이다.

[표 1-1] 청소년기 발달과정과 미술치료환경

	피아제	프로이드	설리반	에릭슨	말러	노이만	정신병리문제	심리적 미술치료환경	미술매체
태아							모태 속에서 불안정시 자폐성 및 병리문제유발	어머니 심신의 안정을 토대로 모태 속에서의 안정성 유지	심장박동소리, 밀폐된 공간에서 동작
3주 출생 4주	감각운동단계 즉각적인 신체 감각, 지각, 소리로 반응 하면서 세상 을 배움	구순기 (구강기) 입술구강이 성에너지의 중심기관이 됨. 즉각적인 만족을 추구 하는 본능만 발달시킴	유아기	환상기: 신뢰 대 불신	정상적 자폐단계	정상적 자폐단계	감각발달 발달지연 구순적 고착 불신감 공포심 급성격리 반응 유아경기 자폐 정신지체 정신병 의존적, 비난적 성격	모성몰두	흔들거리는 리듬감, 빠는 동작, 소리, 함께 그림, 연극, 눈 맞춤
3개월 4개월 5개월 6개월					공생적 단계	일차적 모성단계		양가감정금물 애착형성 통해 아이와 공생적 관계 형성. 안정감 제공	육식동물연기, 놀이, 음식, 그림 색책, 풍선껌놀이, 비누방울 놀이
10개월 12개월		항문기 배변훈련기		아동초기: 자율성 획 득 대 수치 심과 자기 회의	분리단계	이차적 모성단계		과도한 참견금물 유아의 자발성 격려, 리드에 따라줌	핑거페인팅, 모래, 찰흙, 밀가루 반죽하 기 자기주장 역할극
18개월 22개월 24개월 2.5세 3세 4.5세	전 조작 단계 상징적 물체 소리를 배움	남근기 외디프스 콤플렉스를 경험하게 됨	아동기	학령전기: 주도성 획득 대 죄책감	대상 영속성 단계	남성토양적 자아 단계	거부증 수면장애 분노장애 공생적 정신병	발달수준에 따른 의존 욕구와 퇴행에 정서적 수용의 태도 반응과 격려	느리거나 빠른 동작, 역할극, 수채물감, 동물 과 모래놀이

	피아제	프로이드	설리반	에릭슨	말러	노이만	정신병리문제	심리적 미술치료환경	미술매체
5.5세 6세	논리적 사고보다는 단순히 현재 보고 듣는것을 바탕으로 판단함	초자아 발달이 시작되는 시기임 잠복기		학령기: 근면연성 획득 대 열등감			불안, 공격성 공포증, 악몽 죄책감,야뇨증	아이의 자율성 존중, 일관성 있는 환경, 공격성, 충동성 조절, 또래 관계기회마련, 칭찬과 격려	
7세 11세	구체적 조작단계 구체적인 사물을 사용한 논리적 조작가능. 보존개념 획득	사회화 시작	전청소년기				학습장애 등교거부 신경증죄의식 열등감 수동적 소아 정신분열증 소아 우울증 행동장애 과잉행동증후군	애정욕구에 반응 또래 집단활동 기회제공, 새로운 환경에 원만하게 적응하도록 격려와 안정된 환경마련 지적 자극	모래놀이, 성역할놀이, 악기연주, 시, 이야기 쓰기와 읽기, 다양한 매체와 도구, 기법사용가능
12세	형식적 조작단계	사춘기부터 12세~18세경의 청소년기에는 남근기 재생으로 성적문제가 생기기도 하며, 건강한 경우 이성에 집중 가능해 짐	청소년기	청소년기: 정체감대 역할 혼미		태양적, 투쟁적 자아단계			
18세	추상적 개념을 사용한 논리적 사고가능 인지발달의 극치 가설설정 및 체계적인 검증과 논리적인 검토가능			성인초기: 친밀감 대 고립감		태양적, 이지적 자아단계	부정적 자아감 열등의식 성격장애 청소년 비행 약물의존 섭식장애 자살기도 성역할 혼돈 급성정신병 성인형 정신분열증	공격성 및 행동문제에 대해 무조건적 비난 및 지나친 기대는 금물. 내재해 있는 메시지를 경청하려 노력해야 함. 이해하고 격려함으로서 스스로 독립하려는 의 지를 지지해 줄 수 있 어야 함.	모든 미술매체 사용가능
20세 21세 25세			청소년후기	중년기: 생산성 대 침체성		자기구현단계			
35세 40세 60세				노년기: 자아통합 대 절망감					

물리적 환경

미술치료의 물리적환경이란 안전한 치료공간을 위한 울타리를 만드는 것이다. 청소년이 치료실에 들어서는 첫 순간부터 두 사람이 만나는 작업조건을 설정하는 것은 치료자의 가장 기본적인 책임이다. 미술치료실의 위치와 크기 및 분위기는 대상자의 연령, 발달수준, 질병유형과 정도, 목적에 따라서 달라진다. 일반적으로 고려되어야 할 점은 심리적인 안정감을 줄 수 있을 만큼 아늑하고 작업에 몰입하는데 방해를 주지 않을 정도로 산만하지 않으며 창작품을 만들 수 있도록 충분하고 적절한 크기의 공간을 갖추고 유지되어야 한다. 더불어 자유롭게 동작을 하는데 불편함이 없을 정도의 분위기여야 한다. 조명은 자연광이 가장 적합하나 인공조명을 사용해야 한다면 자연광에 가까운 조명을 사용해야 한다. 씽크대나 물을 사용할 수 있는 환경은 미술치료실에서 없어서는 안 되는 중요한 부분이다. 의자와 책상을 사용할 것인지 바닥에서 작업을 할 것인지도 고려해야 한다. 바닥에서 작업하는 경우 쉽게 심리적인 퇴행으로 안내할 수 있어서 도움이 될 수 있다.

미술치료실의 또 다른 촉진적인 물리적환경은 공간의 안전성이다. 미술치료실의 공간은 청소년을 위한 안전한 경계가 보장되어야 한다. 예를 들면 깨질 수 있는 도구와 날카로운 위험성 있는 도구는 안전하게 보관하고 사용하도록 배려해야 하며 창작과정에 방해 받지 않아야 한다. 사용할 재료는 언제나 같은 위치에 정리되어 있어야 한다. 공간과 재료의 사려 깊은 준비는 청소년으로 하여금 존중감을 느끼게 하며 치료자에 대한 신뢰감을 갖게 할 뿐 아니라 양육적 음식을 대접받는 경험을 가능하게 하리라 본다. 또한 치료실의 공간은 다른 용도의 공간으로 공유되어서도 안 된다. 치료공간은 신성한 공간으로서 유지되어야 하기 때문이다.

미술치료의 환경과 관련하여 고려되어야 하는 치료조건에는 시간, 회기, 비용과 지불방법, 약속 취소시의 조처 등의 내용이 포함된다. 미술치료사가 최선을 다하여 준비한 치료의 틀이라 해도 청소년은 때때로 무시하고 치료를 파괴시키기도 한다. 이러한 경우 치료자는 청소년의 감정과 행위에 대한 내적 움직임을 이해하므로 써 공감적 환경을 제공할 수 있어야 한다.

청소년 임상 미술치료 방법론

제2장

청소년의 발달단계에 따른 표현 활동

아이들은 특별한 신체적 결함이 없는 한 크레파스, 연필 등이 손에 쥐어지면 무언가를 그리게 되는게 일반적이다. 유아 최초의 순수한 자기표현이 엄마를 바라보며 옹아리하고 방긋 웃고 울고 하는 것으로부터 시작되듯이 긁적거리기 역시 최초 자기표현의 행위로서 시도된다는 연구들이 있다. 그림 연구자들은 아이들의 긁적거리기는 그림의 원형이며 이것을 난화라고 하였다. 몇몇 학자들은 이 난화의 발달단계에 따른 심리를 연구하고 각 학자마다 그림의 발달 단계를 제시하였다. 난화에 의한 유아들의 긁적거리기는 표출운동 자체로서의 쾌감을 들 수 있겠는데 기능적 쾌감으로서의 행위, 어머니 태내로의 복귀, 운동의 모방 행위로서의 그림 과정을 이야기한다. 그림이 의미하는 상징은 그들 자신의 무의식적 세계의 투사이며 호소로서 아동 · 청소년치료를 하는데 필수적인 부분이며 정신과 문제를 가진 환자들의 퇴행상태를 이해하는 데도 도움이 된다. 긁적거린 그림에 대한 연구는 1800년대 후반부터 시작하여 단계에 따른 그림발달을 이야기한다. 초기 연구에서는 난화기, 도식기, 사실기 등 세 단계로 나뉘어 소개되었고 이러한 초기 연구를 기초로 로웬펠드(Lowenfeld)는 난화기, 전도식기, 도식기, 형태적 사실기, 의사실기, 청소년기 등 6단계로 기술했다.

Winner(1982), Goldmb(1990), Gardner(1980)는 발달심리학, 미술, 인류학적 시각으로 아동 그림을 이해할 수 있게 해주었으며, Gardner는 난화, 기본적 형태, 사람형태와 초기 도식, 도식적 표현, 사실주의, 청소년기, 성인기 등의 발달 단계를 설명하므로써 Lowenfeld가 소개한 단계와 유사하게 제시하였다.

미술치료사는 이러한 그림 발달 과정에 따라 청소년이 어떻게 그림을 그리는가를 앎으로서 임상에서 청소년의 부적응적인 측면을 이해할 수 있으며 발달 수준의 평가와 그에 따른 치료를 위해 계획을 세울 수 있게 된다.

1. 난화기

난화기는 18개월에서 36개월 사이의 시기에 나타나며 이 시기의 유아는 손이 닿는 대로 벽이나 책 등에 낙서를 시작한다. 인지 발달 이론의 관점에서 이 시기는 감각 운동기 후반에서 전 조작기 초반에 해당된다. 이 시기의 아동은 운동 감각적 사고를 할 수 있어서 손, 발의 협응이 향상되고 모방 행동이 가능해진 18개월에서 24개월이 되면 긁적거리는 행위는 거의 통제를 할 수 없을 만큼 활발해지게 된다. 뜻밖의 결과를 인식하게 되면서 아동은 역동적이고 시각적인 신체 활동의 조절이 가능해지고 그리기를 즐기게 된다. 이러한 행위가 성인의 입장에서는 별 의미가 없어 보이겠지만 아동은 언어와 몸을 사용한 난화를 통해 그림의 표현 뿐 아니라 자기를 표현하는 능력이 발달하게 된다. 뿐만 아니라 다른 사람들이 자신의 그림에 대해 기대를 갖고 있다거나 자신의 난화에서 주변 환경이나 사물을 깨닫기 시작하면 아동은 자신의 그림에 개념을 연관 지을 수 있게 된다.

Lowenfeld(1947)에 의하면 유아의 난화는 혼란스럽고 무질서한 형태에서 반복적인 동작과 협응, 그리기의 통제를 의미하는 세로 선의 형태, 부가된 운동기술과 복잡성이 요구되는 통제를 나타내는 원의 형태, 그리고 점이나 기호 또는 다른 형태로 분류시킴으로서 반복 동작으로 형성하기 시작한다.

[그림 2-1] 3세 남아의 난화

Kellogg(1969)는 2~3세 아동은 간단한 표시에서 점점 복잡한 형식으로 그려가게 된다고 제안하고 20가지의 난화 형태를 완성하였으며, 아동의 가장자리 인식에 의해 다양한 방법이나 배치를 시작한다고 보고 17가지의 난화 배치 패턴을 정의하였다. 이 시기 아동 그림의 특징은 주의 집중이 짧고 제한된 운동 능력, 난화의 선과 내용에서 관련된 많은 이야기를 하게 되므로 이 시기에 그림 활동의 기회는 아동의 창조성 발달에 매우 중요한 경험이 된다. 이러한 미술의 사용은 치료에서 개인의 표현적 결과물에 대해서 치료사가 고려해 보아야 할 중요한 사항이다.

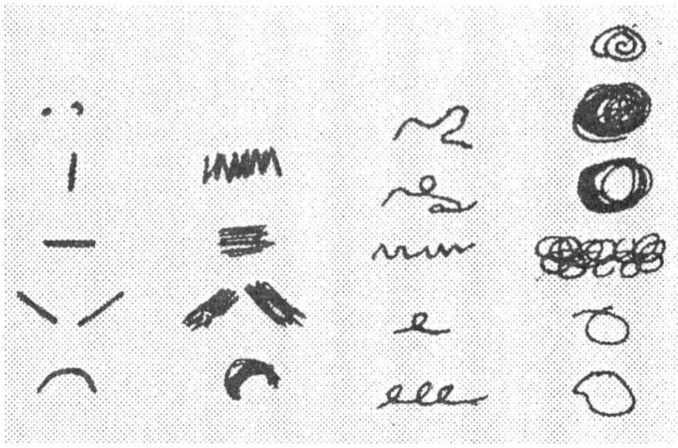

2~3세 아이들의 기본적인 낙서패턴

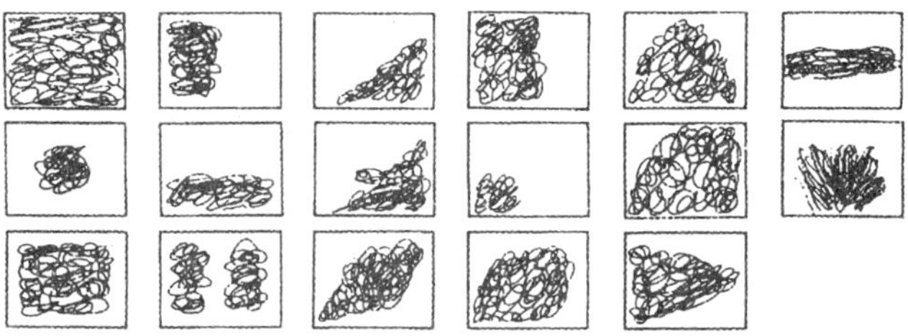

낙서단계의 마지막 시기에 나타나는 낙서배치 패턴으로서
이것들이 삼각형이나 직사각형의 기본적인 기하학적 형태로
발전하게 된다.

[그림 2-2] 켈로그의 난화 형태와 배치패턴

2. 기본적인 형태를 갖추는 시기

3~4세의 아동은 여전히 난화 수준의 그림을 그릴 수 있지만 어느 정도의 형태를 갖추고 있고 난화에 이야기를 만들어내는데 관심을 갖게 된다. 이 단계는 인지 발달에 있어서 자기 중심적이며 인과관계에 대한 주관적인 사고를 시작하게 되어 형태, 색채, 크기로서 자신의 세상을

분류할 수 있게 된다. 이 시기의 그림 표현들은 발달적 경계점의 전조가 되며 그림에 대해 아동이 이야기하는 것은 치료자가 그림을 이해하는데 중요한 요소가 되므로 아동의 이야기를 귀담아 들어야 한다.

[그림 2-3] 이야기가 있는 3세 아동의 난화

Gardner(1980)는 아동이 자신의 그림을 이해하고 이미지에 대해 이야기하는 것이 중요하기 때문에 아동이 난화를 그리는 과정과 이미지에 대해 이야기 하는 두 행동반응을 관찰하여 분류하고 치료사는 아동이 무엇을 더 좋아하는지에 대해 민감해야 한다고 했다. 이 시기 아동의 난화는 만다라와 삼각형, 원형, 십자가 모형, 사각형과 직사각형 형태 등 복잡한 형태로 나타난다. Kellogg는 이러한 만다라가 나타나기 시작할 때 만다라는 십자가와 원, 사각형 또는 직사각형이 결합된 것으로 나타난다는데 관심을 두었다. Jung은 만다라가 균형과 조화를 상징화시킴으로서 집단 무의식의 이미지를 조직화시킨다고 믿었고, Allan(1988)은 행동의 분열과 충동적 감정의 폭발을 예방하는 내면적 수단으로서의 반영을 언급했다.

[그림 2-4] 4세 여아가 그린 만다라 형태의 난화

Gardner(1982)는 3~4세 아동의 경우 색과 형태, 자신의 장난감이나 어떤 물건의 특별한 이미지를 동일시하기 때문에 현실적인 것보다는 추상적인 그림이라고 하는 것이 더 바람직하며 상상력이 아동의 미적 발달에 있어서 중요한 발달적 이정표가 된다고 하였다. 이처럼 연구자들은 이 시기 아동의 미술표현은 무질서한 난화에서 시작하여 직선과 곡선형태의 난화로 변해가고 이때 처음으로 아동은 주변의 사물과 사람을 그리기 시작한다고 믿었으며 이러한 과정의 그림들 [그림 2-5]에는 대표적인 형태와 난화를 포함하고 있다고 보았다.

[그림 2-5] 인물과 주관적 사고를 반영한 4세 여아의 난화

3. 사람 형태와 내적 도식이 형성되는 시기

전 조작기의 후기인 4~7세의 이 시기에는 초보적인 형태의 사람을 그리기 시작하고 그림에 색깔을 사용함으로서 상징적 사고와 관계를 분류하고 관찰하며 숫자를 이해하는 능력이 증가하게 된다. 그러므로 아동은 자기 자신과 자기 신체와의 관계성 속에서 공간을 개념화할 수 있게 된다. 주변 환경에 대한 지각은 여전히 자기중심적인 수준에 머물러 있어서 물건을 떨어뜨려 깨지면 아동은 물건과 자신의 감정을 연결하여 그 물건이 아플 거라고 생각하게 된다. 이 시기의 가장 중요한 발달은 초보적인 형태의 사람 그림으로서 처음에는 올챙이 모양의 최초 사람 형태를 한 기본적이면서 기하학적인 형태를 표현하게 된다.

Arnheim(1974)은 이것이 아동이 사람을 인식하게 되는 과정으로서 가장 간단한 형태로 사람을 그리는 것이라고 보았다. 이 시기의 아동은 미술적 어휘가 제한되어 있으므로 동그라미에 머리와 몸통을 나타내고 그 밑에 선을 두 개 그어 다리라고 하고 옆에 선을 두 개 그어 팔이라고 하며 때로는 중앙에 배꼽이 있는 형태로 변형시키곤 한다[그림 2-6].

Parkin(1986)은 아동의 그림에서 원 모양의 머리와 팔, 배꼽, 머리 아래의 옷 위에 단추 같은 모양의 변화된 올챙이 상을 나타낸다고 했다.

[그림 2-6] 5세 남아가 그린 올챙이상의 그림

이 시기의 후반부에 들어서면 신체부위를 점차 분화시켜가기 시작하고 집, 태양, 꽃, 나무와 같은 주변 환경이나 사물에 대한 내적 도식을 발전시키게 되므로 점점 사실적이고 구체적인 특성에 관심을 가지게 되면서 보다 복잡한 그림을 그릴 수 있게 된다. 이때 아동은 색채를 사용하게 되는데 여전히 주관적으로 선택하기 때문에 자유스럽고 상상력이 풍부한 불규칙성의 색으로 표현된다.

Lowenfeld(1947), Lowenfeld & Brittain(1982)은 그림, 사고, 현실성간의 관계를 강조함으로서 이 시기를 미술 발달의 학령 전 단계로 언급하였다. 윤곽선, 위치 또는 형태에 대한 무의식적 접근이 있다고 보았으므로 아동은 윤곽선이나 크기에 관계없이 한 지면에 어떠한 물체를 표현하기도 한다. 공간 배치에 대한 인식 부족 [그림 2-7]은 전조작적 사고의 특성으로서 이러한 공간개념은 외부세계에 대한 공간관계가 성립되어 있지 않은 시기 동안에 함께 일어난다고 한다. 그러나 Winner(1980)는 종이 위에 사물의 배치가 논리적으로 나타나는 반면에 자신만의 배치 규칙인 개인적 시각 논리를 갖는다고 했다. 이러한 표현들은 아동의 발달에 있어 정상적인 현상이라고 볼 수 있다.

[그림 2-7] 공간위치 무시된 6세 남아의 난화

4. 시각적 도식의 발달 시기

6~9세의 아동은 미술 표현에 있어서 전 조작기 후반과 조작기 아동의 인지적 능력을 반영한다. 이 시기의 미술 능력은 무엇보다도 시각적 상징과 사람 형태, 동물, 집, 나무와 주변 환경의 물체와 같은 사실적 도식에 대한 미술 표현 능력이 급격하게 발달된다. 예를 들면 나뭇잎은 초록색이어야 하고 구름은 회색이어야 하는 등 융통성이 부족하고 고정화된 색의 사용이라던가 색과 사물 사이의 관계가 틀에 박힌 융통성이 부족한 모습이 계속되기도 한다.

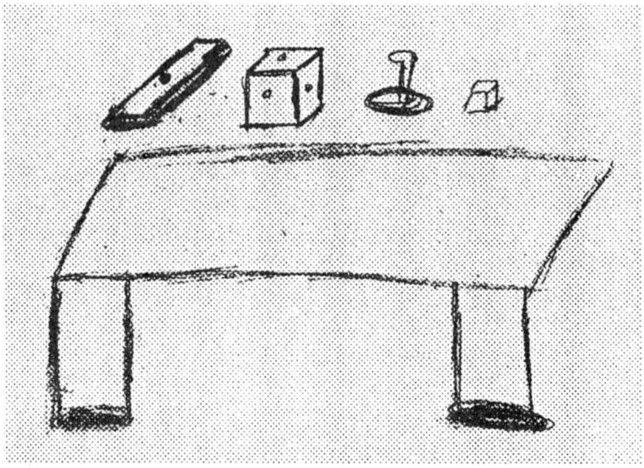

[그림 2-8] 탁자 위에 물건이 떠 있는 6세 여아의 난화

6세 아동은 깊이를 나타낼 수 없으므로 탁자 위의 물건을 그릴 때 탁자 위에 물건이 떠 있는 그림 [그림 2-8]을 그려 내지만 7~8세의 아동은 물건이 탁자에 놓여져 있도록 그리며, 두 개의 기저선 위 [그림 2-10]에 그림 표현을 하기도 하고 X-ray식 [그림 2-11]의 투시적인 그림을 그리기도 한다.

[그림 2-9] 전체적인 표현은 제 위치에 그려지면서 리본이 떠 있는 9세 여아의 그림

[그림 2-10] 두 개의 기저선을 표현한 9세 후반의 여아 그림

[그림 2-11] 집안이 들여다 보이는 9세 여아의 X-ray식 그림

크기에 대한 표현은 일반적으로 자유롭게 사용하여 중요성을 강조하기 위해 다른 사람보다 작은 자신을 더 크게 그린다거나, 어떤 물체를 들고 있는 한쪽 팔을 더 길게 그린다거나, 또는 손이나 발을 생략하거나, 얼굴의 한 부분을 생략하기도하여 중요하다고 느끼지 않는 부분의 표현을 제외시켜 나타내기도 한다. 이시기 아동의 과장과 생략 [그림 2-12]는 발달 단계에서 아동 자신에게 상당히 중요한 의미를 가지기도 하나 모두가 그런 것은 아니고 정상적인 발달 과정에서 나타날 수 있는 흔한 모습이기도 하므로 지나친 해석을 하지 않도록 주의하여야 한다. 또 다른 특성은 시간의 연속성을 표현하는 능력으로서 앞으로 일어날 수 있는 예측되는 상황을 나타내기 위해 확장된 그림 형태로 그려내기도 한다.

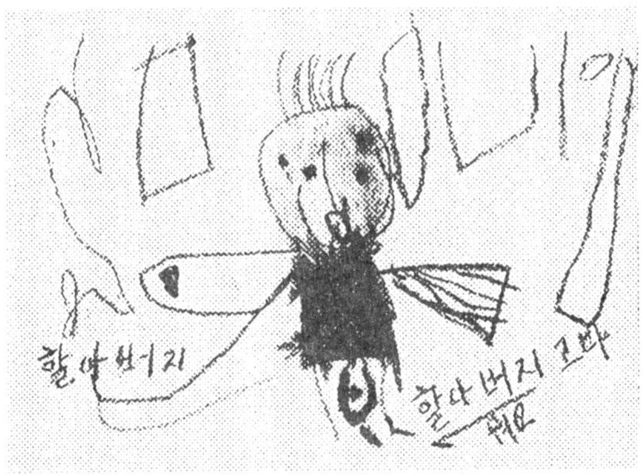

[그림 2-12] 신체 확장과 생략으로 자신의 상황을 보여주고 있는 7세 여아의 그림

5. 사실주의 시기

9~12세 시기의 초기 청소년은 자신의 그림에서 자신이 지각한 현실적인 요소를 그리는 것에 관심을 갖게 된다. 도식적 표현에서 벗어나 선이나 모양, 세부적인 것을 더 복잡하게 표현할 수 있으며 원근법의 사용이 가능해지며 하나의 사물에 다양한 색채로 표현을 할 수 있게 된다. 인물 그림에서도 더욱 세부적이고 성적 특징에 따른 표현들이 나타나지만 그림의 독창성과 표현의 자유로움이 줄어들고 모든 것이 사실적 관점에서 주변 환경이나 사람, 사물을 더 정확하게 그릴 수 있게 된다.

[그림 2-13] 9세 후반기의 여아가 그린 사실적 표현

이러한 사실주의적 관심의 시작은 이전 단계에서 시작된 것이나 이 시기에는 사실적 완성에 더 많은 관심을 갖게 되고 자신만의 독특한 이미지를 창조하기보다는 고정 관념적 이미지에 의지하거나 모방하는 것을 더 좋아한다. 그러므로 이 단계에서는 정확하고 구체적으로 그린 그림을 잘 그리는 것이라는 생각을 하게 된다. 그러므로 이 시기에 똑같이 그리지 못한 그림에 부정적인 평가를 받거나 지지 받지 못하게 되면 그들은 낙담하고 다시는 그림을 그리려하지 않으려 하며 드러내지 않으려 하는 특성 때문에 발달이 멈추게 된다.

6. 청소년기

앞에서 언급했듯이 사실기에 있는 10세 경의 초기 청소년들은 그림을 잘 그리지 못한다는 좌절감 때문에 또는 다른 관심들로 인하여 미술을 계속하거나 만드는 것을 계속하지 않고 이전 단계의 수준에 머물러 있게 된다. 미술을 계속한 13~14세 경의 초기 청소년들은 원근법을 더 정확하고 효과적으로 사용할 수 있을 뿐 아니라 사실묘사와 묘사의 정확성이 향상된다. 뿐만아니라 주변 환경에 대한 비판적 인식이 증가하기도 하여 미술재료를 더 익숙하게 다루며 색과 디자인에 더욱 주의를 기울인다거나 추상적인 이미지를 구성하는 능력도 생기게 된다.

이 시기의 청소년기 아이들은 분위기와 그 상태를 나타내기 위해 이미지를 어떻게 표현할 것인가를 주의 깊게 생각해서 그리며, 더 어린 아동들은 사람이나 동물, 주변 환경에 대한 이미지를 만드는 것에 초점을 맞추는 것을 볼 수 있다. 반면에 청소년들은 구성요소의 하나로서 뿐만 아니라 주제, 개인의 철학, 자신의 생각을 어떠한 목적을 가지고 상징적으로 나타냄으로서 자기를 표현하고 의사소통 할 수 있게 된다.

7. 청소년 미술치료에서 그림의 발달적 이해의 중요성

미술표현의 발달단계는 청소년의 그림을 이해하는 기초적인 토대가 된다.

특정한 연령의 집단에서 나타날 수 있는 보편적인 표현이 무엇인지 안다는 것은 청소년 치료에서 평가의 준거를 제공해 준다. 청소년이 표현한 미술의 형태는 인지발달과 증상의 특성적진단에 있어서 중요한 정보를 제공해 줄 뿐 아니라 적절한 중재의 출발점을 확립시켜 준다는 유용성을 가지기 때문에 미술의 발달적 측면을 이해한다는 것은 매우 가치있는 일이다. 그러한 관점에서 치료자가 고려해야 할 점은 그 재료가 청소년이 자기표현을 하는데 적절한 것이었는지, 예를 들면 넓은 면을 그리는데 사용된 도구가 적절했는지 살펴보아야 하며 사용한 그 재료에 혐오감은 없었는지 평가되어야 한다. 기억해야 하는 또 다른 측면은 청소년의 미술발달은 엄격한 수직적 과정이 아니라 개인이 경험한 삶의 다양한 요인으로 인해 영향을 받으며, 그러한 결과들은 다시 그림의 표현으로 투사되고 형태화되어 청소년의 경험들을 담아내게 된다. 이러한 요소들이 치료자가 미술표현의 발달적 단계와 내용을 이해해야 하는 중요한 이유가 된다.

청소년 임상 미술치료 방법론

제3장

초기면담

1. 초기면담의 목적과 의의

청소년은 성인과는 달리 자발적으로 면담을 요청하는 경우는 거의 없으며 부모나 교사 또는 다른 양육자에 의해 의뢰되거나 억지로 끌려서 방문하는 경우가 대부분이다. 이처럼 비자발적 참여라는 점 이외에도 청소년의 발달특성상 관계 맺기가 쉽지만은 않다. 그러므로 청소년과의 첫 만남은 어떠한 문제이건 관계형성에 초점을 두어야 하며 편안하고 안정감 있는 분위기를 가질 수 있도록 노력하는데 최선을 다해야 한다. 치료는 청소년과의 접촉이 시작되는 그 첫 순간부터 시작이 되며 이것은 진단과 평가보다도 더 중요한 모든 치료의 기초요소로서 관계수립이라는 내용이 함축되어 있다. 이러한 관점은 아동발달에 있어서 가장 중요한 첫 단계가 어머니와의 애착형성과 신뢰로운 관계수립이여야 한다는 맥락과 유사하다. 치료자가 공감적 존경과 흥미를 보여주며 가능성을 갖고 존중해 줄 때 청소년은 안도감을 갖게되며 솔직하게 감정을 이야기하게 될 것이다.

첫 면담의 목적은 청소년이 안심감을 느끼게 하는 것 뿐만 아니라 관계를 수립하는 치료의 첫 시작이다. 정확한 진단이나 효과적인 치료를 위해서는 임상면담과 직접관찰 등 다양한 면담기법이 필요하다.

[표 3-1]

면담이전에 파악하고 있어야 할 사항
1. 청소년이 면담에 동의를 했는가?
2. 의뢰경로는 무엇인가?
3. 청소년의 주 문제는 무엇인가?
4. 가족이 힘들어하는 문제는 무엇인가?
5. 청소년의 삶 가운데 가장 최고의 수준으로 기능했던 시기와 그 수준은 어느 정도인가?
6. 치료에서 기대할 수 있는 것은 무엇인가?
7. 치료경험이 있는가?
8. 왜 지금 문제를 해결 하려고 하는가?
9. 청소년 스스로에 대한 갈등은 어느 정도인가? 객관성이 있는가?
10. 가족은 치료에 적극적인 도움을 줄 수 있는가?

의뢰 경로는 무엇인가?

청소년을 만나기 전에 의뢰 경로에 대한 사전 정보를 아는 것은 치료적 대처를 위해 중요한 요소가 된다. 청소년의 의뢰인은 부모나 교사, 타 전문가 등 성인들이 될 것이다. 청소년의 의뢰 경로를 확인하는 방법은 면담 신청서와 치료 계약과정에서 평가될 수 있다. 예를 들면 청소년과 의뢰한 사람은 어떠한 관계인지, 의뢰과정에서 청소년 자신의 비밀이 치료자에게 공개된 것에 대해 알고 있는지, 의뢰인은 어떻게 문제를 인식하게 되었는지, 청소년이 치료를 받게 됨으로서 가족이나 의뢰체계들은 어느 정도로 심리적 불안과 부담에서 벗어날 수 있는지 등에 대한 평가를 통해 적절한 치료계획을 세울 수 있을 것이다.

청소년의 주문제는 무엇인가?

청소년이 호소하는 문제와 의뢰 시 가족과 주변체계가 호소한 문제는 매우 다를 수가 있다. 간혹 많은 치료자들은 청소년의 호소보다는 가족의 호소 내용에 초점을 둠으로서 핵심 문제와는 상관없는 것에 의미를 부여하여 문제를 왜곡시키는 경우가 드물게 일어나는 것을 볼 수 있다. 청소년 미술치료 임상에서 호소와 증상은 청소년의 개인력이나 가족력 또는 더욱 확장된 가족사로 향하는 하나의 방편이기도 하다. 예를 들면 청소년의 호소는 실제 그의 문제가 아닐 수 있다. 증상으로 드러난 문제와 드러나지 않은 문제가 있을 수 있으며 그것은 둘 다 현실에서 경험하는 청소년의 상황을 반영하는 것도 아닐 수 있다. 가족이나 주변체계가 호소하는 문제와 전혀 상관없는 문제일 수도 있으며 의뢰기록에 적힌 문제와 면담에서 표현하는 내용과도 다를 수 있다. 청소년이 드러낸 문제는 그 자체의 본질에서 의미를 찾을 수 있다. 그러므로 치료사는 청소년의 주 호소의 발달과정이 있었는지, 신체 변화와 정서의 변화와 이러한 변화의 시간적 발달이 있는지, 증상에 대한 주변체계의 반응 및 증상과 관련된 주변체계의 호소가 있었는지 등을 살펴보아야 한다. 이에 대한 내용은 다음절의 '주 호소 내용'에서 더욱 구체화될 것이다.

왜 지금 문제를 해결하고자 하는가?

청소년의 발달 과정에서 나타나는 변화는 심리 내적인 변화일 수 있고 가족관계의 변화나 상황적 변화 등 외부환경의 변화일 수도 있으며 심리적 · 환경적 변화 둘 다 포함할 수도 있다. 치료자는 청소년이 지금에서야 치료실을 방문하게 된 이유가 통과의례로서의 발달적 문제인지 특수한 문제인지 구별할 수 있어야 한다.

가족은 청소년의 치료를 도울 것인가?

가족이 무의식적으로 청소년이 변화하는 것을 돕지 않는다면 청소년의 심리적 성숙을 기대할 수 없으며 문제를 지속적으로 안고 있을 수밖에 없다. 그러한 경우 가족은 청소년을 의뢰한 초기에는 치료에 적극적인 자세를 취하지만 치료가 구체화 되면서 가족문제가 자극받게 되고 드러나게 되면서 치료를 그만 두기도 한다. 그러므로 구체적인 개입 전에 치료자는 청소년과 가족관계의 변화와 성장은 계속하는 것이라는 것을 기억해야 하며 가족의 발달사에 대한 정확한 정보 수집을 구체화해야 한다.

2. 면담의 실제

[표 3-2]

초기면담에서 고려되어야 할 사항
1. 면담에 적절한 공간과 도구들은 준비 되었는가?
2. 면담의 주 목적은 무엇인가?
3. 누구를 먼저 만날 것인가?
4. 청소년이 왜 이곳에 왔는지 모를 때 어떻게 할 것인가?
5. 청소년이 느끼는 주관적 세계와 가족이나 주변체계가 느끼는 청소년의 모습에 대해 치료자는 어떻게 평가하는가?
6. 면담에서 기억하고 있는 내용과 기록내용은 균형적인가?
7. 개인력에서 의미 있는 사건은 무엇이며 작품속에서 표현되고 있는 내용들을 어떻게 보고 있는가?
8. 비밀보장 문제에 대해 부모개입은 어떻게 할 것인가?
9. 전이, 역전이에 대한 평가는 해 보았는가?

면담에 적절한 공간이란?

면담실에는 간단한 미술재료와 장난감이 필요하다. 지나치게 많은 미술재료나 장난감은 청소년의 집중력을 떨어뜨리므로 고려되어야 하며 조명은 너무 밝지 않고 조용해야 한다. 무기로 사용될 수 있는 위험한 물건은 눈에 띄지 않게 치워야 하며, 자리배치는 의자 높이를 가능한 치료자와 비슷한 높이로 하여 올려다보거나 내려다보지 않는 것이 좋다.

면담의 주 목적이 무엇인가?

면담의 목적이 평가과정인지 관계형성인지에 따라서 면담의 방법은 달라질 수 있다.

특히 첫 면담에서는 목적이 무엇이든 간에 우선시되어야 하는 이슈는 비밀보장에 관한 언급이다. 또한 초기면담에서의 평가는 매우 중요하지만 지나치게 탐색적인 태도는 청소년으로 하여금 비밀스러운 부분이 모두 들킨다고 생각하게 하여 마음을 조기에 닫아버리게 하므로 치료자의 무비판적인 자세는 청소년이 신뢰로운 마음으로 면담에 참여할 수 있게 하는 중요한 요소이다.

소극적이고 부정적인 태도에 대해서는 인내하고 기다리는 자세를 취해야한다. 비난하거나 교육하고 책임을 전가하는 것이 면담의 목적이 아님을 잊어서는 안 된다. 특히 부모에 대해 함부로 조언하거나 책임을 전가하는 태도는 청소년의 치료를 중단케 하는 지름길이 된다는 것 또한 잊어서는 안 된다.

누구를 먼저 만날 것인가?

청소년 치료에서 누구를 먼저 만날 것인지는 치료자에 따라서 다를 수 있다. 만약 청소년을 먼저 만날 경우 부모는 자신이 무시된다고 느끼거나 치료자가 자녀의 문제를 자기 때문이라고 생각할 것이라고 느낄 수도 있으며 자녀를 뺏긴다는 시기심을 자극받게 되어 부정적인 치료 관계를 형성할 수 있다. 부모를 먼저 만나는 경우 또한 같은 맥락에서 청소년의 불안을 자극하게 된다. 그러므로 첫 만남은 특별한 상황을 제외하고는 청소년과 부모를 동시에 만나는 것이 가장 좋은 방법이다. 만약 청소년과 분리하여 부모를 만나야 할 필요가 있다면 청소년의 양해를 구하여 면담을 하되, 초기 청소년일 경우는 누군가 함께 있거나 소일거리를 제공하고 부모 면담 후 곧 만날 것이라는 것을 알려야 하며 오래 기다리지 않도록 해야 한다. 가능한 부모 면담은 청소년이 함께 하지 않은 다른 날로 면담일정을 약속하는 것이 바람직하다.

청소년이 왜 이곳에 왔는지 모른다면 어떻게 할 것인가?

치료실을 방문하는 많은 청소년들 특히 초기 청소년들은 자신이 왜 이곳에 와야 했는지 알지 못하는 경우가 흔히 있다. 구체적인 설명과 동의 없이 부모에 의해 치료실을 찾게 되기 때문이다. 초기 면담에서 치료자는 청소년에게 이곳이 어떠한 곳이고 무엇을 하는 곳인지 무엇을 할 수 있는지 등에 대해 충분히 설득력 있는 설명을 하므로서 치료에 대한 신뢰를 가능하게 한다.

청소년의 주관적 세계와 객관적 세계에 대해 어떻게 평가할 것인가?

치료자 자신의 주관적 견해나 편견으로 왜곡시킬 수 있는 가능성을 방지하기 위해 면담에서 치료사는 객관적인 정보를 수집하려고 노력한다. 예를 들면 청소년의 표현내용, 현재 처한 상황, 가족의 객관적인 정보를 통해 작품의 메시지와 연결하고 해석하게 된다. 간혹 청소년이나 가족이 거짓된 정보를 제공하는 경우도 있어서 객관적 구분의 어려움 또한 배제할 수 없다. 그러므로 치료자는 청소년 면담에서 단편적인 해석을 해서는 안 되며 무비판적인 태도로 청소년의 편에서 진솔한 태도를 취하는 자세가 요구된다.

작품에 대한 심층적 접근을 하고 있는가?

인간의 내적 정신세계는 어느 누구도 들여다볼 수 없으며 작품세계를 통해 심층의 측면을 느낄 수 있다. 그 과정에서 치료자는 청소년의 소망, 기대, 환상, 적응, 정서와 관련하여 청소년의 심상을 관찰하게 된다. 그러기 위해서는 제3의 눈으로 보고 제3의 귀로 듣는 능력이 필요하다.

기록내용과 기억내용의 균형은 어떠한가?

면담과정의 기록은 치료계획을 세우고 효과적으로 치료를 수행하기 위해 필수적인 조건이자 과정이다. 이것은 보다 정확한 어려움의 인지와 다음 계획을 위한 중요한 자료가 되므로 치료자의 기록에 대한 자세는 매우 중요하다. 기록방법은 다양한 방법으로 사용될 수 있다. 예를 들면 비디오, 녹음, 문서화 등의 방법으로 기록하게 되는데 구술적 문서화의 경우 기록자의 편견이 있을 수 있으므로 각별히 유의해야 한다. 가장 좋은 방법은 비디오기록이라고 볼 수 있지만 유의해야 할 점은 청소년의 승낙이 없이 녹화를 하는 것은 윤리적인 면에서도 문제가 된다. 이는 개방성에 있어 의식문제가 따르고 간혹 면담을 방해하는 요소가 되기도 하므로 유의해야 한다. 이때 작품의 결과물은 비디오촬영과 같은 반복적인 환기 가능성의 특성을 가지므로 면담상황에서의 심리과정의 연속성을 제공해 준다는 점이 유용하다. 또한 관찰기록을 체크하는 방법을 선택할 수도 있다. 필수적인 항목을 구체적으로 제시하고 체크하도록 하고 면담 후 기억을 되살려 구체화할 수도 있다.

개인력과 작품 표현의 관련성을 어떻게 이해할 것인가?

면담과정에서 개인력에 대한 정보를 수집할 때 고려되어야 할 내용이 있다. 기억이란 잘못 알고 있거나 제외시키는 경우가 있는데 작업과정에서 치료자는 기억으로 떠올리지 못하고 있는 내적언어를 작품에서 만나기도 한다. 이과정은 갇혀있던 내적무의식을 의식세계로 끌어 올리고 그 결과는 꿈이나 투사를 통해 빠져나오기도 한다. 언어상의 개인력 조사에서 발견하기 어려운 숨겨진 그림자를 작품의 언어화에서 예측하고 만나게 된다. 이것은 또한 통합과정에서 자극제로서의 역할을 하게 된다.

비밀보장 문제에 대해 부모 개입은 어떻게 할 것인가?

청소년 면담에서 비밀 보장의 문제는 매우 복잡한 문제 중의 하나인 것 같다. 부모들은 치료자로부터 자녀의 치료 상황을 듣고 싶어한다. 이에 대해 미술치료사는 설득력 있는 설명 없이 일방적으로 청소년에게 도움이 되기 위해 비밀보장이 필요하다고 말하므로써 회피하거나 또는 반대로 전문가로서의 자존심 문제와 관련하여 치료과정에 대해 이야기하고 싶은 유혹을 받게 된다. 어떤 청소년은 자기 이야기를 부모에게 절대로 알리지 않을 것을 치료자에게 요구하는 경우도 있다. 이러한 경우 치료자가 만약 청소년과 약속을 지키지 못했다면 도덕적 책임 외에 법적 규제의 장치가 마련되어 있지 못한 현실적인 문제에 직면하게 된다.

우리는 이에 대한 몇 가지 지침을 고려해야 한다. 예를 들면 비밀보장의 조건이 치료의 모든 것을 절대로 이야기하지 않아야 한다는 의미는 아니다. 청소년을 위험에 빠트리게 하는 문제들에 대해선 부모나 치료관련인과 논의해야 하며 상황이 검토된 최대한의 보장이 고려되어야 한다. 이때 치료자는 기관과 감독자의 조언을 따르되 문제 예방을 위해 사전에 안내를 받고 숙지한 후 치료에 임하도록 해야 한다. 치료자는 청소년의 치료 상황과 내용을 부모에게 구체적으로 설명하거나 그림을 보여주면서 해석하거나 청소년이 치료 상황에서 한 이야기를 그대로 전하는 일이 없어야 한다. 청소년의 특정 행동과 감정에 관해서 부모가 느끼고 중요하게 다루는 염려하는 점에 대해서만 부모가 느끼는 정도에서 언급하되 부모가 청소년을 이해하는데 도움이 되도록 안내하는 것에 초점을 두어야 한다. 치료계약 시 치료자는 청소년 본인이나 주변인이 위험한 상황이라고 평가된 것에 대해서는 가족에게 알려 대처하도록 할 것이라는 치료지침을 설명하되 이때 부모가 소외된다는 느낌을 갖지 않도록 세심하고 배려 깊은 태도로 임하고 이것이 자녀를 위해 최선의 방법이라는 점을 강조해야 한다.

전이와 역전이

우리는 타인의 내면세계를 실제로 목격할 수 없으므로 면담상황에서 청소년과 가족이 말하는 내용을 치료자 자신의 심리나 정서의 영향을 받아 중요한 임상적 정보의 출처로서 해석하게 된다. 이 때 미치는 영향은 여러 가지 형태로 개인의 경험과 정서라는 허구 속에 한 개인을 받아들이는 것에서 벗어날 수가 없기 때문에 어느 정도의 왜곡은 불가피하다는 점이다. 그럼에도 불구하고 돌발적으로 일어나는 상호작용에서의 연상은 대상자인 청소년과의 사이에서 어떠한 일이 일어나는지를 또는 실제 청소년에게 어떤 일이 일어나고 있는지를 이해하는 가치있는 자료가 된다.

3. 주 호소내용

[표 3-3]

청소년이 인식하는 문제는 무엇인가?
1. 청소년이 느끼고 있는 관심사와 문제는 무엇인가?
2. 심각성을 느끼고 있는 어떠한 상황이 있는가?
3. 문제로 느끼고 있는 어떤 것의 징후가 있는가?
4. 문제와 관련된 주변체계가 있는가?

5. 문제는 얼마나 심각한가?
6. 문제의 탓으로 돌리는 어떠한 의미가 있는가?
7. 문제를 처음 느끼게 된 시기는 언제인가?
   지속성은? 빈도는? 그 결과는?
8. 문제인식과 신체변화의 관련성이 있는가?

가족과 주변체계가 호소하는 문제는 무엇인가?

1. 가족과 주변체계는 청소년의 무엇이 문제라고 생각하는가?
2. 그 호소문제는 왜 지금 다루려고 하는가?
3. 청소년의 이 문제는 가족의 어떠한 패턴과 방식으로 관련되고 유지되고 있는가?
4. 호소하는 문제로 인해 어떠한 반응들이 발생되고 있는가?
5. 가족이 말하고 있는 호소문제는 청소년이 인식하고 있는 내용과 같은가?
6. 호소하는 내용이 접수 면접지에 기록된 호소내용과는 다른 내용을 함축하고 있는가?

초기면접과정에서 위의 내용 외에 고려해야 할 점은 호소하고 있는 면담내용이 긴급한 위기상황과 관련되어 있을 수 있는 부분과 관련하여 논의되고 평가되어야 한다. 청소년이 호소하고 있는 내용이 가족이 말하고 있는 내용과 다르게 한층 더 위급하고 치명적인 상황일 수 있는 부분을 간과할 수 있기 때문이다. 예를 들면 자살사고라든지 지나친 공격행동의 위험성이 느껴진다면 보다 더 특정질문으로 탐색하고 위기개입으로 접근할 수 있어야 한다. 청소년이 호소하는 문제가 자신에게나 타인에게 보다 위험한 상황으로 표현된다면 위험을 평가하는 면담을 지속하기 보다는 안전을 우선적으로 고려해야 할 것이다.

또한 청소년이 자기문제를 전혀 인식하지 못하고 가족이나 주변인에 의해 치료 상황으로 오게 되었다면 청소년들은 일반적으로 '내가 여기에 왜 왔는지 모르겠다.' 치료자의 어떠한 질문에도 '모르겠어요'가 전형적인 답변이 될 것이다. 그러한 경우 초기면접시 가장 고려해야 하는 부분은 청소년이 느끼는 도움의 외부압력을 충분히 이해하고 줄여주어야 하는 것이 첫 번째 관문이다. 그 다음에 청소년의 승낙에 의해 계약이 결정된다. 그 과정에서 청소년이 스스로의 문제를 인식하고 문제의 경계가 분명해진다면 구체적인 치료계획을 세울 수 있게 된다. 이때 무엇보다 중요한 것은 공감반응이라고 할 수 있다. 감정이입적 의사소통은 청소년으로 하여금 어떠한 기술적 접근보다도 도움요청의 동기를 불러 일으키는 핵심요소가 된다.

청소년이 드러내는 문제 상황들은 삶의 전환점에서 이제는 가면을 내려놓고 진정한 자기를 찾고자 하는 과정에서 심리적 또는 일상의 불균형을 경험할 수 있으므로 문제행동이나 정신적인 질병을 초래하기도 한다. 이때 치료자는 청소년이 보이는 문제의 본질이 일종의 보호막으로서 외부체계로부터 용납될 수 있는 쉼의 형태로 받아들여질 수 있을 때 새로운 균형을 형성하도록 도울 수 있으리라 본다.

4. 개인력 평가

청소년 개인의 발달사를 조사하는 것은 미술치료과정에서 파악이 어려운 단계별 내부관계를 충분히 이해함으로서 발달단계별 심층의 상호교류가 미치는 불균형을 통합으로 안내하기 위한 과정이다. 개인력 평가는 가능한 첫 면접의 후반부에서 충분히 이뤄져야 한다. 그 이유는 청소년의 문제를 파악하는 단계에서는 청소년이 기억할 수 있는 영역 이외의 발달과정을 부모로부터 알아내야 하는데, 그 과정에서 부모는 청소년의 문제에만 관심을 두는 반면에 자신이 잘못한 것에 대해 죄의식과 불안을 느껴 매우 불편해 한다. 그러므로 초기에 개인의 발달사를 알아야 하는 이유를 설득력 있게 충분히 설명한 후 면담에 들어가야 야 한다.

부모의 불안에 대처하여 치료자가 미리 준비해야만 하는 내용으로서 가장 첫 번째 요소는 치료계획이전에 개입되는 관계 요소이다. 예를 들면 대상자인 청소년의 발달사에 대해 2~3회기 정도 가족면담을 통해 파악하게 될 것이며 면담내용은 '치료를 위해 필요할 뿐 어떠한 이유로도 사용되지 않을 것이므로 솔직하게 아는대로 말하면 된다' 라고 이야기 하므로서 부모의 불안을 줄여줄 수 있다. 두 번째 과정은 치료에서 모든 부모에게 하는 통과 의례적인 과정이라는 설명을 하므로서 특별히 '나에게만' 이라는 불안을 없애주게 된다. 마지막으로 부모면담은 가능한 청소년이 없는 곳에서 이루어지는 것을 원칙으로 하고 판단적 태도가 아닌 공감적, 지지적, 무비판적 태도로 임해야 한다.

청소년의 발달 배경 평가를 위한 중요한 정보제공자는 어머니가 주된 양육자이므로 어머니가 초점이 되겠으나 한 부모가 아닌 양부모로부터 정보를 수집하는 것이 더욱 적절하다. 개인력의 주된 내용은 출생전후 부모의 준비도와 임신의 의미, 청소년의 기질적 정보, 초기애착관계, 발달적 특성, 충격적 경험 등에 대한 순서로 파악하게 된다.

[표 3-4]

부모의 출산준비에 대한 평가
1. 결혼시 부모 자신들의 나이는 몇 살이었는가?
2. 첫 만남의 배경은?
3. 만난 지 얼마만에 결혼했는가?
4. 계획된 임신이었는가?
5. 임신 중 어머니의 건강상태와 경제적, 심리적 환경은 어떠

했는가?
6. 유산 또는 낙태 경험이 있는가?
7. 임신했을 때 어머니외에 가족의 반응은 어떠했는가?
8. 출산 후 자녀의 성별은 만족했는가?
9. 출생 후 가족생활은 어떠했는가?

자녀가 출생할 때 부모의 준비도는 부모의 양육태도에 중요한 영향을 미칠 수 있다. 정신분석학자들은 임신과 출생은 인간의 생에 가장 강렬한 경험으로서 출산과 관련된 경험과 사건은 평생 지울 수 없는 흔적을 남긴다고 한다. 미술치료과정에서 필자가 경험한 사례들에는 그림속에서 탄생과정의 사건과 관련된 내용들이 원형상으로 나타나는 것을 간혹 만나게 된다. 탄생과 죽음, 밝음과 어둠, 싫음과 좋음 등 양극의 모든 것은 우리의 인생 전체 과정을 생각하게 하는 것 같다. 슬픔에서 기쁨을 만나고 아픔에서 회복을 만날 때 사람들은 다시 태어나는 것과 유사한 경험을 하리라 본다. 탄생과정의 경험은 인간 발달의 핵심요소임이 연구 결과에서도 확인되고 있다. 치료과정으로서 출생과 관련하여 과정을 탐색하는 것은 한 개인을 이해하는데 중요한 의미를 지니게 된다.

[표 3-5]

기질적인 문제의 요소

1. 임신 했을 때 어머니의 신체적, 정서적 상태는 어떠했는가?
2. 조산은 아니었는가?
3. 임신 중 약물복용의 경험은?
4. 진통은 얼마나 오래 지속되었는가?

5. 출산을 돕기 위해 어떠한 약물을 사용한 적이 있는가?
6. 출산 시 특징적인 어려움은 없었는가?
7. 출생 후 입원기간은 얼마나 오랜 기간 있었는가?
8. 모유나 우유는 잘 빨았는가?
9. 유아기에 사고나 병력은 없었는가?

청소년 치료에서 예술치료사들이 간과할 수 있는 가장 많은 부분이 기질적 요소의 부분이다. 기질적인 요소는 치료 계획전에 가장 먼저 평가되어야 하는 영역인데 그 이유 중 하나는 청소년이 보여주고 있는 문제가 기질적인 요인이었을 때 어려움의 발달과정은 치명적이 될 수 있으며 잠재력을 끌어내는데 제한적이라는 부분이다. 또한 치료의 제한성을 부모나 가족이 이해하지 못하고 있을 때 과도한 기대를 찾게되므로 그 결과는 가족에게 뿐만 아니라 청소년에게 회복하기 어려운 좌절의 결과를 가져다 주기도 한다. 그러므로 초기 면담에서 기질적인 문제가능한 요소에 대한 파악은 매우 중요한 부분이다. 그림표현에서 기질적 문제의 요소가 발견되면 더욱 구체적인 평가를 통해 치료계획을 세워야 하며 부모교육을 통해 기대감을 적정수준으로 낮추고 가능한 능력을 최대한 개발할 수 있도록 도와야 한다.

[표 3-6]

유아 초기 애착관계

1. 유아기 건강상태는 어떠했는가?
2. 산후 몸조리는 어디서 했으며 누가 시중을 들었는가? 불안정한 환경은 아니었는가?
3. 아이는 가족 중 누구를 닮았는가?
4. 이름은 누가 지었는가?

5. 수유방법은? 잘 먹었는가?
6. 잠버릇은 어떠했는가?
7. 양육자는 누구였나?
8. 낯가림은 어떠했는가?
9. 신체적 발육상태는 어떠했는가?
10. 특별히 밀착된 애착관계 또는 상실경험이 있는가?
11. 배변훈련은 어떻게 했는가?
12. 동생이 있다면 동생에 대한 반응은?
    동생출생시 청소년의 양육은 누가 했는가?

인간의 초기 애착 관계는 청소년의 성격형성의 기초가 된다. 세상과 타인에 대한 신뢰와 불신의 형성에 직접적인 관련이 있게 된다. 유아기라고 말하는 초기 3년 이전의 발달단계는 학자에 따라 다양한 용어로 신뢰와 관심과 애정의 상호관계를 설명하고 있다. 위니캇(1965)은 충분히 좋은 엄마의 역할과 유아의 환상적 환멸적 과정을 이야기하고 있다. 충분히 좋은 품의 경험을 하게 되면 전능적 힘으로서의 자기 환상을 갖게 되어 그 경험은 자기감과 신뢰로운 내적 세계를 형성하고 참자기로 살아갈 수 있게 되지만 그렇지 못하게 되면 부정적인 내면화에 의해 거짓자기를 형성하게 된다. 청소년기의 문제 행위들은 초기애착의 제2의 경험으로서 자기를 회복하고자 하는 욕구로 이해될 수 있다. 멜라니클라인은 투사적 동일시의 원리를 이야기 하면서 생애초기의 원시적 기제와 관련하여 경계선 병리를 이야기하는 등 초기 애착과 관련한 지속적인 발달적 영향을 강조하고 있다. 위의 질문에 포함된 내용의 초기 애착관계는 청소년의 성격구조 형성에 많은 영향을 미친다. 이러한 정보를 통해 치료자는 청소년이 성장한 가정의 분위기와 상황을 이해할 수 있게 된다.

[표 3-7]

유 · 아동기
1. 공격성을 어떠한 방법으로 나타내는가? 2. 주변인은 공격성을 어떻게 받아 들였는가? 3. 상상의 세계 또는 비밀스러운 자기 세계가 있는가? 4. 특별하게 애착을 가진 물건이 있는가?

분리개별화를 향한 외부세계로 발을 내딪게 되는 이 시기에 적절한 지지적 경험이 어렵게 된다면 좌절하고 위축되어 적응문제가 두드러지기도 하는 시기이다. 동생이 태어나기도 하고 동생과 부딪쳐야 하는 현상에 스스로 대처해야 하기도 하고 박탈 경험에서 살아남기 위해 도전해야 한다. 유치원시기에 있는 아동의 경우 사춘기 시기와도 일맥 상통한 특성과 퇴행성 행동을 드러낼 수도 있다. '나 아닌 대상' 을 향해 자신의 감정을 쏟아내고 자신의 기대나 이슈를 표출하고 탐색해 간다. 이러한 시기의 특성들이 순간 잘못 이해되면 문제로 보여질 수도 있고 문제를 일반화시켜 치료의 시기를 놓칠 수도 있게 된다. 발달단계의 특성에 대한 충분한 이해는 그러한 오류를 예방할 수 있게 한다.

[표 3-8]

청소년초기
1. 학교생활에서 좋은 점은? 싫거나 어려운 점은? 2. 선생님과 친구 관계는? 3. 왕따의 경험은? 4. 출석은? 자주 아픈지? 5. 학교에 대한 부모의 태도나 느낌은?

> 6. 유치원 과정부터 현재까지 특별히 기억나는 선생님이 있는지?
> 7. 가정에 대한 느낌은?

원만한 초기과정을 경험했다면 학교생활에 대한 흥미가 전환기 대상으로서 자연스러울 것이다. 이전에 놀이경험이 학습과 조화롭게 융합된다.

[표 3-9]

청소년 중기
1. 편안한가? 짜증과 화, 불안이 잦은가? 2. 자신의 신체변화에 대해서 어떻게 느끼는가? 3. 원하는 진학과 진로에 대해 생각하는가? 언제부터 였는가? 부모의 태도는? 4. 가족이나 자신에 있어서 특별한 전환점이나 사건이 있는가? 학교생활은 어떠한가?

정신병적 요소가 있는 청소년이라면 분열증상이 나타날 수 있는 시기이다. 청소년의 신념과 태도는 흔히 극단주의로 기울게 되는 시기로서 독립적이고 독자적인 이상을 향해 가는 동시에 다양한 상실과 좌절에 빠지기도 한다. 청소년의 성숙은 간혹 비합리적인 모습으로 표출되기도 하는데 이러한 모순은 가능성으로 보아줄 수 있는 환경이 필요하며, 문제를 문제로만 보지 않는 치료자의 여유가 제공되므로서 청소년 스스로의 자아 성취가 가능하도록 도울 수 있게 된다.

[표 3-10]

청소년후기
1. 자신이 경험한 청소년 초기 · 중기는 어떠했는가? 2. 집을 떠나 있다면 어떻게 떠나게 되었는가? 3. 가풍과 가치관은 무엇인가? 4. 진로에 대해 생각하고 있는가? 지각하기 시작한 시기는 언제인가? 5. 미래에 대한 어떠한 목표를 세우고 있는가? 6. 그 목표와 관련된 어떠한 경험이나 자극이 있었는가? 7. 친밀 관계를 맺고 있는 사람이 있는가? 어떻게 만났는가? 어떤 관계인가? 8. 자신을 어떤 사람이라고 생각하는가?

청소년 후기는 성인기로 가기 위한 준비로 연결되어 있다. 개성 있고 호기심 많던 이전의 경험과는 달리 진로에 대한 갈등과 좌절이 동반하기도 하여 우울에 빠지기도 한다. 새로운 것에 대한 준비기간으로서 현실을 인지하고 자신의 능력과 기대에 적절한 출발을 위해 준비하도록 기다려 주는 것이 성인들의 몫이 될 것이다.

[표 3-11]

초기면접에서 강점 사용하기
1. 청소년이 원하는 것이 무엇인지 알고 있는가? 2. 청소년의 강점을 다양한 수준에서 평가해 보았는가? 3. 청소년의 강점을 치료과정에 적용하고 있는가? 4. 가족과 주변인의 강점은 무엇인지 확인했는가?

청소년미술치료사들이 병리에 초점을 맞추려는 경향은 너무나도 흔한 일이다. 물론 문제를 평가하고 수정하려는 것이 임상가들의 역할이고, 평가와 진단에 의해 붙여진 문제의 라벨은 문제가 가지고 있는 복합적인 병리를 묘사하는 편리한 방법들을 임상가들에게 제공해 주지만, 병리와 역기능의 라벨이 결코 한 개인의 전체를 말해주지는 않는다.

품행장애라는 진단을 받은 한 청소년을 예로 들어보자. 몇몇 치료자들은 품행장애라는 낙인이 갖는 증상을 자신의 선입견으로 인해 청소년 개인의 능력을 제한시키는 경우가 흔히 있다. 품행장애란 특정진단의 용어일 뿐 그 청소년이 가지고 있는 관심이나 목표, 기쁨, 정서, 기능의 수준 등 개인의 전체는 아니다. 병리적인 문제행동 이면에는 문제 이전에 자기를 지킬 수 있는 힘으로 사용되었을 수도 있고 인정받고 싶은 욕구가 더 크게 자리잡고 있을 수도 있다. 문제를 병리라기보다는 힘이라는 강점으로 끌어낼 수 있다면 그 문제는 자기를 지킬 수 있는 에너지로 바뀌게 될 것이며 폭력이나 기타 품행 문제가 아닌 힘있는 자기로 사용될 수 있을 것이다. 그러나 만약 개인적인 공격적 에너지, 도전, 결손 등의 어려움에 가족의 폭력과 비난, 치료상황의 왜곡된 통제만이 주어진다면 청소년은 스스로 독립적인 자기를 성장시킬 수 없을 것이며 더욱더 힘을 역기능적이고 왜곡된 파괴행위에 초점을 맞추거나 통제로 인한 또 다른 손상의 좌절된 자기로 전환해 버릴지도 모른다.

청소년의 에너지와 능력과 가족의 지지적 원천을 치료상황에서 발견해 낸다는 것은 인간의 가장 기본적인 인정받고 싶은 욕구의 본질을 존중하는 것이며 그 기본 욕구에 기반한 인간존중의 치료라고 할 수 있다. 병리에 초점을 둔 치료가 아닌 강점에 민감한 임상가의 자세는 더 많은 청소년 치료에 희망을 안겨 주게 될 것이다.

제4장

목표설정

청소년 임상 미술치료의 목표는 기본적인 공통목표를 가지며 이론적 근거를 토대로 대상에 따라 다양하게 달라질 수 있다. 아래 목표 설정의 기본지침은 치료자가 목표를 계획하는데 있어서 보다 전문적인 역할을 가능하게 할 것이다.

[표 4-1]

목표설정의 기본지침
1. 목표는 반드시 청소년이 추구하는 바람직한 결과와 관련이 있어야 한다. 2. 비자발적인 청소년의 경우 동기화의 적합성이 포함되어야 한다. 3. 목표는 명료하고 측정 가능한 조건이어야 한다. 4. 목표는 성취 가능한 것이어야 한다. 5. 임상가의 능력과 지식에 적합한 목표여야 한다. 6. 목표의 진술은 긍정적인 용어로 제시되어야 한다. 7. 치료자 개인의 중요한 가치와 관련된 목표에 동의하는 것을 피한다.

목표설정은 반드시 목적과 관련되어야 한다.

목표는 청소년이 원하는 방향으로 반드시 설정되어야 한다. 만약 치료자가 일방적으로 목표를 규정하게 되면 청소년의 자발적인 협력을 얻어낼 수 없을 뿐 아니라 치료를 추상적으로 반응하게 될 것이다. 그러므로 치료자는 청소년의 표현에 민감해야 하고, 치료자 자신의 숨겨진 계획을 가져서는 안되며, 솔직하고 최선의 관심으로 다가가야 한다. 청소년이 적절한 선택을 할 수 있도록 격려하고 안내하므로서 전문적인 공감을 표현할 수 있어야 한다. 중요한 것은 진정으로 경청하고 청소년의 가능성을 기대하는 자세일 것이다.

동기화의 적합성이 포함되어야 한다.

법적 문제와 관련되었거나 정신 문제로 치료실을 찾게 되는 청소년의 대부분은 원치 않는 면담에 대면하게 된다. 이러한 청소년을 비자발적 청소년이라고 하는데 이들은 종종 불만을 이야기하고 강하게 저항하기도 한다. 어떤 청소년은 치료자의 어떠한 반응과 전략에도 전혀 반응하지 않는 경우도 있다. 그러할 때 치료자는 외부 압력을 제거하는 것이 목표가 될 수 있으며 억울감의 타당성을 찾으므로서 실천 가능한 합의를 하기도 하여 목표설정의 동의를 끌어내기도 한다. 그러한 접근은 청소년의 일차적인 욕구를 해소시켜 주게 되고 그 과정에서 문제를 재구성할 수 있게 되어 목표설정을 가능하게 만든다. 최대한의 존중과 신뢰를 바탕으로 개입했을 때 치료로 향하는 길은 가까워질 수 있을 것이다.

명확하고 측정 가능한 조건이어야 한다.

치료계획에 있어서 명확한 목표설정은 분명하고 정확한 회복의 변화를 측정할 수 있게 한다. 미술치료 임상에서 목표들은 여러 가지 추상적인 수준으로 표현되어 질 수 있는데 특히 청소년 치료에서 대상자들은 불명확한 결과를 매우 힘들어 하므로 치료가 조기 종결되는 상황도 흔히 있게 된다. 미술치료의 일반적인 목표는 광범하고 추상적인 목표와 명확한 목표를 구분하는 것을 도와줄 것이다. 아래의 [표 4-2]에서는 명백한 행동과 암시적인 행동 둘 다가 관련있는 목표가 포함되어져 있다. 명백한 목표는 상응하는 치료적 개입의 성격을 제시하는 특정한 행동 또는 환경적인 변화를 언급한다는 것을 잊어서는 안 된다.

[표 4-2]

목표들	일반적인 과제들
1. 억압된 분노를 작업에 투사하므로서 내적치유를 돕는다.	1. 치료의 결과물인 그림 표현에서 드러나는 분노나 슬픔으로 이끄는 요소를 식별한다.
2. 관계의 문제를 다루고 극복하는 능력을 향상시킨다.	2. 치료과정과 결과물에서 드러난 관계 문제를 실천적 행위로 안내한다. 예를 들어 먼저 다가가 대화를 시작하고 유지하도록 과제기법을 적용한다.
3. 양육태도의 질을 개선한다.	3. 부모개입을 통해 치료자와 지지체계를 형성하고 실천적 행위의 구체화로 중재한다. 즉 지속적으로 자녀의 감정과 행동에 관심을 가진다. 영양있는 음식을 준비한다(식단짜기). 자녀의 위생을 위해 주 1회 함께 목욕을 한다.
4. 자신감을 갖게 한다.	4. 치료과정과 결과물에서 표현되는 예술언어와 파괴적인 결과에 대한 자기 목소리에 귀기울인다. 현실에서의 방어와 부정적 자기 표현을 인지한다. 자신의 강점과 능력을 인정한다. 긍정적인 자기 표현을 한다.

성취가능한 목표를 설정해야 한다.

목표설정은 청소년의 입장에서 지금 상황에서 가장 쉽고 달성 가능한 것을 선택하되, 만약 청소년이 지나친 기대로 목표를 설정하려고 한다면 최대한 존중하면서 재치있고 전문적인 태도로 적절한 범위로 조절할 수 있도록 도와야 한다.

법적 제한성이 있는 비자발적인 청소년의 경우 기관과 법적 제한 조건이 따르게 되는데, 그러한 경우 제시된 제한 항목에 초점을 두되 최소한의 가능한 욕구를 성취할 수 있도록 우선 순위화 된 목표를 설정해야 한다. 이러한 목표들은 비자발적인 청소년의 능력을 개발하고 확인받을 수 있는 기회를 가질 수 있도록 돕게 된다. 치료자 자신의 능력에 맞는 목표설정이어야 하며 치료 목표는 임상치료사의 능력과 지식 또는 목표 설정에 비례된다. 간혹 치료자의 자존심 때문에 자신의 능력과 전문지식을 과대 평가하여 개입하게 되는 경우 이는 윤리적으로도 부당하며 청소년을 위험에 빠트리거나 다른 사람을 곤란에 처하게 할 수 있다. 때로는 청소년과 치료대상자가 치료자의 능력을 초과하는 요구를 해오는 경우도 있는데, 그러한 경우 자신의 가능한 개입범위를 인정하고 다른 전문가에게 의뢰하므로서 진정한 치료자의 자세를 잃지 않아야 된다.

치료는 연습이 아니며 전문적인 도움이 되어야 한다는 것은 너무나도 당연한 사실이다. 그러므로 목표 설정에 있어서 치료자는 자신이 제공할 수 있는 가능한 범위와 한계에 대해 설명해야 한다. 더불어 자신이 청소년을 위해 치료접근을 하는 것이 청소년이나 다른 사람을 위험하게 하지 않는다는 확신이 있어야 한다. 뿐만 아니라 다른 전문가로부터 자문과 교육감독을 받아야 한다는 것을 명심해야 한다.

긍정적인 목표의 목록을 사용한다.

앞에서 논의된 문제보다는 강점을 중심으로 목표설정을 해야 한다는 내용과 같은 맥락이라고 할 수 있다. 부정적인 행동이나 상실감을 느끼게 하는 용어를 사용하게 되면 문제에 익숙해져서 절망감을 느끼게 된다. 치료목표란 개발하고 증진하는 수단으로서 동기화를 강화하고 어려움을 완화시키고자 하는데 있다. 성장을 강조하는 목표규정은 보다 성취욕구를 강화시켜 준다.

개인적 가치와 관련된 목표에 동의하는 것 피하기

치료상황에서는 간혹 치료자의 개인적 가치와 관련하여 윤리적 딜레마에 빠질 수 있으며 도덕적 · 종교적 믿음이나 성적 가치와 관련하여 갈등을 겪게 된다. 예를 들어 청소년의 임신과 관련하여 낙태문제가 논의되었다고 가상을 해보자. 그런 경우 부모는 독실한 기독교인이므로 낙태를 절대 부인하고 있으나 청소년은 자신의 미래를 위해 낙태를 원하고 있고 부모 자녀간에 심한 갈등이 있을 수 있으며 갈등해결을 위해 치료자에게 결정을 요구하는 경우가 있다. 이때 유의해야 할 점은 목표를 결정하는 일에 치료자가 관여하지 못함을 분명히 밝힐 수 있어야 한다. 가치관이 다르며 청소년과 가족이 결정하는데 방해가 될 수 있다는 것을 이야기 하는 것이 필요하다. 다만 청소년의 자기결정의 가치를 설명할 수 있고 결정에 대한 필요한 이차적인 서비스에 대해서는 정보제공과 자원 연계를 할 수 있음을 설명할 수 있어야 하며 필요한 전문가를 소개할 수도 있다. 치료자가 자신의 의지를 표현하기보다는 걱정하고 있는 부분을 솔직하게 설명하는 것이 오히려 도움된다.

제5장

치료계획

치료계획은 치료계약의 초점을 구조화 시켜주는 지표이다. 청소년 임상 미술치료에서 치료계획은 청소년의 요구와 목표에 적절하게 개별화되고 구체화 되므로서 치료과정을 명백히 보여주므로, 현재 드러나고 있는 문제와 명시된 계획은 치료결과에 대한 불안을 감소시켜 줄 뿐만 아니라 과정을 촉진시켜 준다. 청소년은 특성상 성장이라는 목적을 배경으로 하므로 치료에서도 청소년과 직접 또는 간접적인 환경을 대상으로 접근하게 된다. 많은 청소년 대상자들은 어떠한 한 부분의 어려움이 해결되면 치료를 끝내버리는 경우가 많기 때문에 충분한 도움을 받지 못하고 떠나는 경우가 흔히 있다. 이러한 특성을 고려하여 치료계획을 구체화해야 하는데 그러한 특성적 측면에서 보면 장기 계획보다는 단기 계획이 유용하다. 구체적인 치료계획이 이루어지는 과정은 청소년의 특성과 호소하는 문제 유형 또는 정도에 따라 달라지겠지만, 청소년기의 특성과 경험했어야 했던 것의 재경험과 발달을 촉진하는 접근 방법이 치료과정 전체 흐름에서 접목되어야 한다는 점을 염두에 두면서 준비되어야 할 것이다.

[표 5-1]

치료계획 세우기
1. 여러 문제 중에서 문제를 결정한다. 2. 문제를 정의한다. 3. 필요한 자원이 무엇인지 확인한다. 4. 목적과 목표를 구성한다. 5. 개입방법을 구체화한다. 1) 치료팀에서 자신의 역할은 무엇인가? 2) 치료방법에 대한 구체적인 대안이 있는가? 3) 치료계획을 관련 대상자들에게 설명할 것인가?

문제를 결정하기

평가과정에서 드러난 문제는 다양하고 여러 가지일 수 있다. 만약 그것들을 한꺼번에 모두 다루게 된다면 치료의 핵심 방향을 잃고 목적은 상실되고 말 것이다. 치료계획에서는 중점을 두어야 하는 가장 중요한 문제를 찾아야 한다. 가장 긴박한 문제가 우선되어야 하며 위험순위로 2~3가지만 선택하고 다른 문제들은 긴급한 문제가 아니라면 제쳐 두어야 한다. 이때 치료자의 직관으로 우선 순위를 결정해서는 안되며 청소년의 욕구를 중심으로 선별되어야 한다. 그렇지 못하면 청소년의 기대에 부응하지 못하여 청소년이 치료과정에 협조할 수 없게 된다.

문제의 정의내리기

개인이 갖고 있는 문제들은 동일한 문제라 해도 각자가 느끼는 정도는 다르며 미치는 영향 또한 개별화된 독특한 의미를 지닌다. 그러므로 치료계획을 세우려는 문제가 그 청소년에게 어떠한 의미와 어느 정도의 어려움을 부여하는지 구체적으로 정의 내려지고 진술되었을 때 치료계획이 보다 효과적으로 중재될 것이다.

목적과 목표 세우기

치료가 목적인지? 치유가 목적인지? 재활이 목적인지에 따라서 치료 방법은 달라질 것이다. 궁극적인 해결책을 위해 목적은 폭 넓게 세워지는 것이며 목적을 위해 구체적인 치료계획이 세워지게 된다. 목표는 장기계획과 단기 계획으로 나뉘어져서 제시되어야 하며, 단기 목표는 장기목표를 달성하기 위한 단계로서 구성되어야 한다. 본질적으로 장기목표가 달성되었을 때 목적이 달성되었다고 생각할 수 있다.

단기목표는 개인에 따라 문제 상황에 따라 다르지만 1일 1주 또는 1개월, 3개월 단위로 또는 초기, 중기, 후기 등의 단위로 목표들이 재조정 될 수 있다. 미술치료에서는 의료적 치료와 함께 병행되는 경우가 많아서 팀 접근으로 사례회의가 이루어져야 하며 그 과정에서 목표가 재조정되기도 한다.

개입방법을 구체화하기

치료계획에서 방법을 구체화하는 것은 목적을 완수하기 위해 치료자가 구성한 행동들이다. 치료자의 역할이 무엇인지에 따라서 방법적 접근은 변화될 수 있으나 앞에서 제시한 치료계획 모두를 함축한 요소들이 조화를 이룰 수 있는지 확인해야 한다.

미술치료사가 치료팀과 공동개입하는 경우 치료계획이 청소년을 위한 총체적인 방향으로 계획되었는지 예측되는 방해요소는 없는지 평가하고 대안을 구체화 한다. 치료계획을 세우고 개입에 들어가기 전에 결정상황에 대해서는 반드시 청소년에게 설명되어야 한다. 예를 들면 최초의 면접 후, 초기면접 후의 치료계획 결정시, 치료계획이 수정되어야 할 때 등이다. 또한 종결계획에 대해서는 반드시 그동안 치료과정을 돌아보며 설명되어야 한다.

[표 5-2]

치료계획의 점검
1. 계획은 청소년의 문제와 욕구에 합당한가?
2. 청소년의 개별적 특성과 장점, 가족 상황, 주변 체계가 고려된 방법인가?
3. 구성된 치료방법이 임상가의 창의적인 사고를 촉진시키는데 도움이 되는가?
4. 적절한 치료 공간인가?
5. 적절한 매체와 방법이 충분히 준비되었는가?
6. 방해요소는 없는가?
7. 치료에 대한 확신이 있는가?
8. 임상 의료가 병행된다면 관련 전문가와의 사례회의는 가능한가?
9. 개별인가? 집단인가? 집단이라면 어떠한 유형으로 할 것인가?
10. 치료계획의 책임자는 누구인가? 미술치료사 자신의 지원자가 있는가? 누구인가?

초기에 치료계획은 충분히 체계화 되어도 그 과정은 예상하지 못했던 전문가들간에 또는 대상자와의 견해차이와 치료전체에 미치는 체계간의 영향들이 도움 요소뿐 아니라 방해 요소로 치료계획에 영향을 미친다. 이러한 가능성을 예측하고 총체적인 차원에서 관심을 가지고 차이점을 찾아내고 변화에 집중한다면 성공적인 결과를 기대할 수 있으리라 본다.

치료계획서 작성하기

지금까지 많은 미술치료사들은 나름대로 치료계획을 세우고 최선을 다해서 임상에 임해왔으리라 본다. 그러나 아무리 최선을 다해왔다 해도 치료과정을 언제 어떻게 진행할 것이며 목표성취를 할 것인지에 대해서 하나의 계획서로 만들어 내지 못한다면 전문가로서 인정받기가 어려울 것이다. 자신의 전문성을 하나의 문서로 만들어 내야 하는 일이 쉽지만은 않다. 그러나 이 일은 치료계약에 대한 책임이며 전문적인 행위의 지표이다.

치료계획서는 이 책의 첫 내용에서부터 열거한 방법론들에 의해서 탄생될 수 있다. 계획서의 목적과 구체적인 목표는 치료과정의 진행에 따라서 지속적으로 평가되고 새로운 정의와 목표가 수정되고 보완되고 또한 매체와 방법적 적용이 치료의 발달 단계를 따라서 새롭게 첨가되면서 제2, 제3의 치료계획서가 작성되어 갈 것이다. 아래의 치료계획서 유형은 어떻게 치료계획서를 작성해야 하는지에 대한 이해를 돕기 위해서 필자의 임상에서 사용되었던 한 사례의 첫번째 계획서 내용을 수정한 것이다.

[표 5-3] 임상미술치료 계획서[1]

작성일 : 200 년 월 일

문제	주의력 결핍 과잉 행동 장애(ADHD)
문제 정의	5분이상의 일관된 주의 집중이 어렵다. 반복적인 틱증상과 손톱 물어뜯기, 충동성과 산만성으로 또래 관계가 어렵다.
목적	일차적으로는 지나친 충동성과 산만성 감소를 위해(관계에 초점) 약물복용에 대해 안내하며, 부정적 행동은 무시하고 긍정적 행동을 강화하고 가족개입을 통해 안정된 부모환경을 유지할 수 있도록 돕는다.

목 표	미술치료
1. 안전하고 신뢰된 환경 제공	1. 청소년의 주된 관심을 중심으로 단계별 매체선정. 치료에 대한 동기를 부여하고 공감적 반영통해 심리적 공간으로서의 치료환경 설정
2. 구체적인 치료를 위한 초기 방법으로서 약물 안내	2. 약물에 대한 느낌을 그림으로 표현하므로써 이해와 지지통한 자연스러운 약물교육.
3. 의미 없어 보이는 활동을 의미있는 활동으로 접목하여 자기 긍정과 주의집중 유지	3. 작업을 통해 자신의 행동이 다른 사람에게 미치는 영향, 자신의 긍정적인 행동, 할 수 있는 것과 버려야 할 것에 대한 통찰로 다른사람과 다른 자기의 감각을 찾아가도록 안내.
4. 부모상담 및 교육	4. 과잉행동의 특성과 이해, 가족역할교육 및 과제사용을 위한 교육, 가족의 갈등을 다루기 위한 개별치료 또는 가족치료와 교육

미술심리치료사 :

이러한 치료계획서가 작성되기 위해 중요한 결정사항은 청소년을 개별로 볼 것인가 가족안에서 또는 집단안에서 볼 것인가에 따라 달라질 것이다. 치료계획서 작성에서 치료자는 새로운 치료계획서를 작성할 때 마다 반드시 청소년과 가족에게 치료계획과 이전 결과에 대해서 설명해야 하며 함께 평가하고 준비해야 한다. 미술치료는 치료대상과 상황에 따라 다양한 의료적 치료가 병행되기도 한다. 그러한 경우 청소년과 관련된 전문치료자들과의 의사소통체계를 구성하고 치료과정과 상황적 변화를 서로 나누는 것은 치료에 더욱 가까이 가게 하는 중요한 자원체계가 된다. 이러한 치료계획의 체계화는 치료시작에서 계획된 것이 과정을 거치면서 어떻게 변화되어 왔는지, 추가되어야 하는 것이 무엇인지, 방해요소는 없는지 등에 관해 확인할 수 있도록 안내하므로 더욱 적절한 치료개입을 가능하게 한다.

제6장

치료 개입

청소년 치료의 임상과정에서 치료 계획을 마치고 나면 미술치료사는 실제적이고 직접적인 문제 해결 과정으로 들어가게 된다. 이 단계를 치료 단계 또는 중재단계, 개입단계라고도 부른다.

치료개입 단계에서는 청소년과 치료자가 선택한 목표를 성취하기 위해 다양한 치료방법을 진행하게 된다. 그 과정은 청소년의 문제에 직접적으로 관련되어 있고, 청소년과 합의된 목표를 원칙으로 하여 개입되어야 한다. 치료개입의 단위는 청소년 개인, 가족, 집단, 지역사회가 하나의 치료 단위로서 각각의 전문적이고 고유한 치료방법론을 발전시켜 왔다. 이장에서 소개되는 각 단위별 내용은 독자들의 이해를 돕기 위해 방법적 내용을 분리하였지만 필자의 치료접근은 모든 치료단위의 통합 접근을 원칙으로 적용한다는 것을 미리 밝힌다. 그러한 체계적 통합 접근은 청소년 개인에게 지지체계로서 매우 유의미하다고 보기 때문이다. 청소년을 효과적으로 치료하기 위해서 하나의 정도란 없다. 적절한 이론과 방법으로 경험과 조화되고 창의적인 치료방법을 제공받을 수 있다면 청소년을 대하는 치료사들은 보다 만족감을 갖고 치료상황에 임할 수 있으리라 본다. 따라서 필자는 이장에서 치료 개입이란 치료의 안전한 틀을 제공하기 위해 미술치료사가 생각해 보아야 하는 이슈를 다루는데 초점을 두고자 하였다. 구체적인 치료개입에 대한 과정은 다음 장에서 다뤄지게 될 것이다.

1. 청소년 개인에 대한 개입

청소년치료에서 치료자들이 가장 힘들어하는 점은 예측할 수 없는 태도변화이며 협조적인 치료 관계라고 볼 수 있다. 치료받는다는 그 자체를 불쾌하게 받아들이는 청소년에게 적절한 미술 매체는 청소년의 관심을 불러 일으키고 빠른 협조관계를 형성하는데 중심적인 역할을 한다. 그러나 치료자의 생각이 앞선 표현과 강요, 잘못된 해석이 치료관계를 어렵게 만드는 경우가 흔히 있다. 청소년의 행동을 일반화해서는 안 되며 매체와 방법적 접근이 성인 심리학에 기초한 기술적 접근은 별 도움이 안 된다는 점이다.

아래에서는 청소년의 치료과정에서 고려해 보아야 할 몇 가지 이슈를 중심으로 소개하고 있다.

[표 6-1]

임상과정에서 유의해야할 이슈
1. 비밀 보장에 대해 언급했는가?
2. 청소년의 최대 관심사가 무엇인지 이해했는가?
3. 청소년 개인의 외부 스트레스 요인을 이해하고 있는가?
4. 통과의례의 발달적 관점으로 청소년을 보고 있는가?
5. 청소년의 은유적인 표현을 구체화 해 보았나?
6. 거리두기를 잊지는 않았는가?

7. 충분히 홀딩하고 있는가?
8. 간과된 메시지는 없었는가?
9. 발달적 매체는 적절한가?

최대관심사

청소년기에 주로 경험하게 되는 특성은 정체성 문제와 관련이 된다. 자기의 개성을 찾기위해 타인과는 다른 모습을 표현하려 최대한의 노력을 한다. 길을 가면서도 거울보고 표정관리를 한다든지, 유명 메이커의 상표를 선호한다든지, 그러면서도 특이한 것은 이러한 특별한 개성을 추구하면서 그 추구하는 방향은 또래 친구들에 대한 동일시 현상으로서 또래들이 하는 머리스타일, 옷, 음악, 언어를 사용하고자 한다. 이러한 측면들은 청소년기의 발달적 특성이 아직은 미숙하고 불안전하여 안도감을 찾기 위한 시도라고 볼 수 있다. 이러한 일차적인 청소년 문화를 이해하지 않고서는 치료개입이 어렵다. 학교에서 금지되어 있는 값비싼 운동화를 사서 잃어버릴까봐 뺏길까봐 두려워 가방속에 담고 다니는 아이들이다. 단지 소유하고 있다는 것 그 자체가 자신의 능력으로 위안을 삼는 아이들이 청소년이다. 이들에 대한 미술 치료의 치료기술은 치료자가 가진 믿음 체계를 주입하는 것이 아니다. 그들의 관심사에 귀 기울이고 그들의 행위에 열린 사고로 생각과 느낌을 교환한다면 청소년들은 쉽게 관대해지고 대화할 준비를 하게 될 것이다.

스트레스 요소에 대한 관심

미술치료의 특성은 미술작품에 청소년의 환경적 요소와 충격이 이미지화 되어 표현되며 작품의 언어화에서는 그에 대한 정보를 보다 구체화해 주게 된다는 점이다. 그러나 유의해야 할 점은 그림이 보여주는 표현은 동일한 발달단계에 있는 청소년이 유사한 표현양식의 메시지를 나타냈다 하더라도 스트레스 유형에 따라 메시지가 갖고 있는 의미는 매우 다를 수 있다는 점이다.

이렇듯 그림들은 매우 유사하거나 동일한 표현이라 해도 환경이 개인에게 미치는 영향은 다르게 다뤄진다. 어떤 청소년에게는 힘이 되는 것도 다른 청소년에게는 두려움이 된다는 점을 무시해서는 안 되며 모든 표현의 이해는 그림을 창조한 그 사람의 내적 세계에서 평가되어야 한다. 또한 청소년이 말하지 않는 한 그림의 내용을 치료자의 느낌만으로 완전히 이해했다고 믿어서도 안 된다.

은유적 의사소통

청소년들은 성인들의 언어에 구속되는 것보다 그들만의 개인화된 창의적인 언어를 선호한다. 그러므로 미술치료에서 미적 변화가 가능한 작품에 대한 은유적인 의사소통을 편안해 한다. 미술치료과정에서는 작품 내에 내재해 있는 은유적 표현을 탐구하게 하므로 그림의 범주내로 문제를 접근하게 하는 특성이 있다. 이 과정은 그림의 숨은 의미를 추적해 가기보다는 그림자체내에 머무를 수 있게 하기 때문이다. 그러나 간과해서 안 되는 것은 임상 상황에 노출된 청소년은 이미 고통스럽고 실망스러운 성인과의 상호관계를 경험한 경우가 일반적이기 때문에 그림 내용의 느낌을 청소년이 그대로 밝힐 것이라는 기대는 왜곡된 해석으로 치료관계를 파괴시킬 수도 있다는 점이다. 청소년의 저항은 예측하고 있어야 하며 직접적인 개인의 폭로를 피하면서 의미있는 대화를 나눌 수 있어야 한다. 충분한 신뢰가 형성되기까지 청소년의 저항이 그들만의 고유하고 충분한 정당성으로 인정된다면 적절한 시기에 마음을 열게 되리라 본다.

거리두기

미술작업과정을 통해 그림이 표현하고 있는 주제를 탐구하는 것 자체가 거리를 두고 안정감을 갖게 해준다. 치료자체를 거부하는 청소년에게 미술치료사는 직접적인 문제를 파헤치지 않고, 일반적인 질문을 하고, 그림을 그리게 하여 그림속의 그 아이가 걱정하는 것을 이야기하게 한다. 그러므로 대화의 주제는 사적인 의미를 담지 않고 그림세계의 탐구과정으로 연결될 수 있으며 적절한 거리로서 불편감을 해소할 수 있게 된다. 이러한 방법은 모든 청소년에게 적절한 것은 아니다. 때로는 그림그리기를 거부하고 무조건 '모른다' 라며 대화를 피하는 경우도 있고 때로는 거짓증언으로 미술치료사를 평가하려고 하는 청소년도 있다. 이러할 때 실수할 수 있는 것은 치료자가 청소년의 문제에 대한 판단을 내리고 이론에 근거하여 병리학적 구조를 설명하여 옳고 그름을 알려주려고 하는 경우이다. 지식화의 방어기제를 많이 사용하는 청소년에게 이야기 할 기회를 주므로써 안전감을 갖도록 도와준다면 그 자체 또한 침범하지 않고 거리를 두는 것이 될 것이다.

박탈에 대한 홀딩

생의 과정에서 충분한 양육적인 품의 경험을 한 사람과 박탈을 경험한 사람과의 차이는 매우 다르다. 초기애착관계에 상처가 있는 청소년들은 치료 상황에 대해서도 도움 받을 수 있는 기회라기 보다는 처벌적인 상황이라고 느끼게 되어 매우 방어적이고 거부하게 된다. 치료이전의 불안전한 상황이 치료 상황에 연속적인 느낌으로 다가오기 때문에 치료자의 자세가 매우 중요하다. 박탈경험이 심각하여 노출의 두려움이 강한 경우에는 구조화된 치료계획이 도움이 되지 못한다. 미술 교육적 측면에서 또는 창작예술의 측면에서 작품에 초점을 두어 작업과정 그 자체에 의미를 두어야 한다. 치료자 역할 또한 협력자로서의 관심과 지지를 유지하는 것이 필요하다. 충분한 홀딩 경험을 할 수 있도록 치료자는 그릇이 되어 청소년의 활동을 담아내는 것이 중요하다. 치료자 자신이 준비한 또는 이미 계획된 치료계획에서 벗어나는 것 자체가 힘든 치료자들은 보이지 않는 치료효과와 과정을 견뎌내기 힘들어하여 청소년을 공격하고 스스로가 딜레마에 빠져들게 된다. 앞에서도 이야기했듯이 치료계획은 청소년과 함께 계획되었을 때 만이 해답을 찾을 수 있다는 것을 잊어서는 안 된다.

간과된 메시지

미술작품에 담긴 메시지는 청소년이 말하고 있는 부분에 초점을 두고 이야기되어야 하고 너무 빠른 해석은 유의해야 한다고 나는 늘 이야기 해왔다. 그러나 치료 상황에서 청소년은 종종 자신의 그림이 공개되는 것을 거부하는 한편 치료자가 자신의 표현을 알아듣기 원하며 그 뜻을 이해해 주기를 기대한다. 적절한 시기에 조심스러운 해석이 이뤄지게 되면 청소년의 마음은 열리게 되지만 간과되었을 때 청소년은 신뢰의 마음을 닫게 된다. 청소년의 미술작품에 대한 형태와 색채, 언어화는 매우 중요한 메시지를 전해주지만 종종 순수한 느낌과 의미가 존재하지 않을 수도 있고, 언어에 내포된 추측과 왜곡은 작품이 전해주고 있는 특별한 가치를 치료자인 성인으로부터 피할 수 있는 보호막으로 사용하기도 한다. 그러할 때 미술치료사는 그대로를 허용하고 자신의 시각적 느낌에 초점을 두고 그들이 외부세계를 어떻게 보는지, 누가 이야기를 동반하는지, 움직임, 표정 등에 함께 함으로서 공감할 때 청소년은 위장을 내려놓고 작품에 몰두할 수 있게 된다.

적절한 매체 사용

청소년들의 치료과정에서 염두에 두어야 하는 것은 안정성이다. 귀한 재료나 수시로 변화를 주는 것보다는 기본적인 동일매체를 준비하고 일반적인 재료를 제공하여 완성된 작품에서 느끼는 만족감이 더 중요하다. 고무찰흙이나 찰흙은 움직임과 재구성이 가능하고 다양한 감정의 흐름을 반영해 주기 때문에 가장 흔히 선호하는 일반적인 매체라고 볼 수 있다.

발달 단계별로 나눠보면 청소년 초기에는 그림보다는 3차원적 재료를 선호하므로 색판지, 나무토막, 철사 등의 재료가 준비되는게 적절하다. 중기 청소년의 시기에는 독립에 대한 욕구가 강하므로 매사에 저항적일 수 있다. 이들은 무엇이든 아는체하지만 경험이 불충분하므로 그들의 약점을 보호하면서 감정을 쏟아낼 수 있는 작업을 선택해야 한다. 후기 청소년의 경우는 판단 능력이 강하고 사회적 정치적 문제까지 변화시키고자 하는 욕구가 강하므로 작품과정에서도 시각적으로 표현된 작품 속에서 문제 해결 방식을 찾는 것이 가능해진다. 그러므로 치료자는 청소년이 스스로 할 수 있도록 기다려 주는 태도가 필요하며 매체는 콜라주 그림 등으로 현실을 인지하고 새로운 미래를 준비할 수 있는 방법이 적절하다.

청소년들은 자신의 성역할을 통해 정체성을 찾으려 하며 존중받고자 한다. 예를 들면 여자아이들은 여성 모델을 동일시하여 비교하면서 남성으로부터 존중받기를 원하고 어머니와의 관련성을 유지하면서 개별화하며, 남자아이들은 아버지상과 동일시하고 여성성을 거부하면서 어머니로부터 분리하는 과정을 거친다. 청소년들은 그 과정에서 성역할의 혼란을 느낄 수 있다. 그러한 청소년들에게 미술치료는 이미지화를 통해 다양한 상상력의 표현을 가능하게 한다. 이때 그림은 다양한 역할 주제를 모두 나타내기가 쉽지 않으므로 사진을 통한 콜라주 작업이 매우 적절하게 사용될 수 있다. 콜라주 속의 인물이 느끼고 말하고 기대하는 것등을 기록하고 이야기한다는 것은 부담감 없이 대상을 통한 자신의 사고를 확장시킬 수 있다. 만약 그림속의 인물이 말하는 것조차 거부한다면 그것 자체를 중요한 메시지로서 이해하고 청소년의 참여를 기다려야 한다.

2. 청소년 가족에 대한 개입

청소년이 보이는 어려움에 대한 논의를 함에 있어서 문제가 유발되는 원인을 찾아보면 대개 생물학적 요인과 가족요인, 학교요인을 생각해 볼 수 있다. 인간은 세상의 모든 내·외적 체계영역에서 영향을 받게 되지만 그중에서도 특히 청소년의 경우 가장 크게 영향을 미치는 것은 가족이다. 그것은 이미 1장에서 밝혔듯이 가족은 청소년이 가장 최초에 만나는 대상이며 인간의 초기 인격형성의 중심이 가족이기 때문이다.

필자는 수년동안 청소년을 만나오면서 가족을 제외하고는 치료할 수 없다는 확신이 시간이 지나면서 더욱 확고해짐을 느낀다. 가족은 보충적 차원이 아니라 전체로서의 가족개념을 갖고 치료에 임하고 있다. 청소년기는 부모로부터 독립해야 하는 시기가 아니라 오히려 안정된 애착관계를 가지면서 초기 애착관계의 회복을 경험해야 하며 부족된 부분에서는 연속적으로 도움이 필요한 시기이다. 이전에는 부모에 소속되어 있던 청소년의 정신세계가 이제는 부모의 도움을 받아야 하는 시기이며 자기가 자신의 주인이 되고자 하는 시기이기 때문이다. 그러한 애착관계는 부모 대상과 가족이라는 안전하고 안정된 환경이 없이는 불가능하기 때문이다. 두 번째 탄생의 기회를 맞는 청소년기에 가족이라는 울타리는 청소년이 성인기로 이행하는 과정을 촉진시켜 주는 유일한 떼어 놓을 수 없는 환경이다. 가족에 대한 구체적인 내용을 여기에서 다루기는 어렵다. 청소년가족미술치료는 구체적인 방법론과 사례집을 따로 출간 할 예정이므로 그때 보완하기로 하고 여기에서는 청소년 임상 미술 치료에서 가족 개입을 어떻게 할 것인지에 대한 기본적인 방법론을 제시하고자 한다.

청소년의 미술치료에서 가족에 대한 일차적인 개입은 모든 치료에서와 마찬가지로 의료모델에서와 같은 진단을 중요시하지는 않지만 치료계획을 세우기 위한 과정으로 평가가 필요하다. 이때 염두에 두어야 할 것은 가족에 대한 비난은 절대 금물이며 최대한의 인정과 존중의 태도로 치료 협조자로서 요청하는 자세가 중요하다. 가족 한 사람에 초점을 두어 전체로 가족을 무시해서도 안 되며 편나누기 접근 또한 해서는 안 된다는 점을 기억해야 한다. 그러한 치료자의 개입 태도는 가족으로부터 문제가족이라는 낙인으로 받아들이지 않고 협력자로서 자연스러운 각자의 치유경험을 가능케 할 것이다.

[표 6-2]

가족평가에서 유의해야 할 이슈
1. 가족항상성을 위해 가족 내 희생양이 존재하는가? 그는 누구인가?
2. 누가 누구와 가족 삼각관계를 형성하고 있는가?
3. 지나치게 경직된 가족규칙이 있는가?
4. 가족만이 가지고 있는 비합리적인 의식이 있는가?
5. 가족 내에 문제를 해결하고자 하는 의식이 있는가?
6. 가족경계선이 명확한가?
7. 부모역할을 대신하고 있는 사람이 있는가?

가족항상성

모든 체계들은 일정한 상태나 바람직한 균형을 유지하려고 노력하는 경향이 있다. 가족에게도 일반적으로 잘 기능해야 한다고 생각되는 가족목표가 있다. 바람직한 목표를 가진 가족은 서로의 성장을 향하게 하는 상호관계를 맺으면서 균형을 유지하고 적절하고 융통성 있는 경계를 가지면서 존중하고 지지해준다. 그러나 어떠한 가족은 이러한 융통성 있는 관계의 과정을 갖지 못하고 기존의 관계유형을 유지하기 위해 어떤 한 가족구성원에게 해가 되는 역할을 하게 함으로서 가족체계 내에 원치 않는 변화가 생기는 것을 막으려는 노력이 생기기 때문이다.

예를 들면 부모가 서로 갈등을 일으키게 되면 청소년이 문제행동을 일으키거나 아프게 되어 가족의 관심을 자신에게로 집중하게 한다. 그렇게 되면 자녀를 치료하는 동안은 치료에 전념하게 되어 가족이 조화를 이루는 것처럼 긍정적인 상호작용이 자연적으로 발생하게 된다. 그러므로서 청소년은 부모의 스트레스를 행동화의 방법으로 우울감에 빠지거나 문제행동을 나타내어 희생양이 되는 상호교류가 반복되게 된다. 이러한 현상은 청소년 치료상황에서 흔히 접할 수 있는 문제이다.

가족항상성 문제는 가족의 관계를 유지하기 위해 증상을 가진 누군가를 필요로 할 때 나타나는 현상으로서, 치료자는 가족원의 행동을 수정하거나 감소시켜서 긍정적인 정서적 균형을 이루도록 하는데 목표를 설정해야 할 것이다.

가족삼각관계

가장 보편적인 삼각관계는 부모와 자녀 사이에 일어나는 삼자관계의 패턴을 들 수 있다. 대립하고 있는 부부는 각각 자신의 편이 되기를 자녀에게 요구한다. 이때 자녀는 부부 어느 편에 있든지 다른 한 부모로부터 공격받고 있다고 생각하기 때문에 어느 쪽도 선택할 수 없게 되어 중립성의 갈등과 경직을 나타내기도 하고 한쪽에 밀착되어 불안을 완화시키지만 문제해결이 되지는 않는다. 이처럼 삼각관계의 개념은 세 사람의 인간관계를 설명하는데 사용되고 있지만 둘 이상의 자녀가 하나가 되어 부모의 2인 체계와 삼각관계를 이루기도 한다. 삼각관계의 가족관계를 맺고 있는 가족들은 자신들의 관계유형을 부정하고 결국은 정형화되어 병리적인 상황으로 나타나는 경우가 청소년 문제와 관련하여 흔히 나타난다.

가족삼각관계 문제는 반드시 대상이 개입되는 것만은 아니다. 많은 경우가 갈등하고 있는 관계의 대안책이 삼각관계를 형성하기 위해 사용되기도 한다. 그러므로 삼각관계가 항상 가족병리의 지표가 되는 것만은 아니고 때로는 긴장감을 주는 어떤 에너지의 방향을 긍정적인 외부활동으로 변화시켜 보다 정상적이고 자유롭게 표현되며 가족기능을 유지하기도 한다.

실제 청소년치료상황에서는 치료자가 이러한 삼각관계를 의도적으로 만들어 적용하기도 한다. 미술작업과정에서 관찰될 수 있는 삼각관계의 형태는 보다 표면화 될 수 있다. 예를 들면 가족이 공동 작업을 할 때 두 사람이 한 쌍이 되어 그림을 그리기 시작하는 것으로 나타나며 이 두 사람이 대부분의 공간을 차지하고 있거나 다른 한 사람이 무시되거나 배척되어지는 것으로 나타난다. 이것은 미술작업과정에서 두 사람이 자신들의 불만을 제 삼자에게 쏟을 때 표출되는 것으로 가족삼각관계를 예측할 수 있다.

가족규칙

일정한 가족기능의 반복을 통해서 만들어진 규범이나 가치로서 가족내에는 다양한 규칙들이 존재할 수 있다. 역기능적인 가족의 경우에는 가족의 규칙이 한정되어 있으며 역기능적 가족기능이 심할수록 제한된 규칙에 의해 가족역할이 이루어진다. 예를 들면 '아버지가 외출중이면 식사시간에 꼭 전화를 해서 식사하시라는 전화를 해야 한다는 규칙이 가족내 불문율로 내재하고 있다거나, 10시까지는 어떤 일이 있어도 귀가를 해야 한다. 아버지의 말씀에 의견을 제시하면 집안이 시끄러우니까 그냥 따르자.' 라는 암암리에 터득하게 되는 행동등의 규칙이 가족간의 행동을 유형화시키는 틀이 된다. 이러한 가족의 청소년을 치료할 때 부딪히는 어려움은 치료사가 자신들의 가족에 대해 언급할 때 다양한 방법으로 규칙을 강화하기도하여 치료과정을 방해하려는 노력이 자연발생적으로 나타나는 경우이다. 예를 들면 면담과정에서 가족 중 누군가가 관련이 없는 어떤 이야기로 끼어들기를 하거나 부모상담 중에 자녀가 방해되는 어떤 행동을 한다거나 하여 치료자의 관심을 다른 곳으로 유도하는 것 등으로 가족내 비밀을 유지하려는 노력들을 추론해 볼 수 있다. 청소년 치료에서 그러한 상황들은 흔히 있으며 치료계획을 위해 가족규칙을 평가해 보는 것은 가족기능을 긍정적으로 촉진시켜 청소년 치료를 보다 가능하게 하는데 도움이 된다.

가족신화

가족규칙과 비슷한 기능을 가지나 보다 무의식적인 기능으로서 가족구성원에게 받아들여지고 지지되고 있는 가족의 정신적인 기제로서 특정한 스테레오 타입화된 관계 방식이다. 그 가족만이 갖는 독특한 테마와 규칙이 공유되는 비현실적이고 비합리적인 현실로 가족관계가 구성된다. 가족신화는 가족개인들에게 불합리하게 작용하는 것이 분명해도 가족들은 없어서는 안 될 정서적으로 필요한 부분으로 여기고 있다는 점이 중요하다. 가족신화는 가족의 행동이나 관계를 나타내주기도 하고 가족 항상성 기능을 유지시키기도 하며 긴장감을 유발시키기도 한다. 이러한 가족신화는 가족내에서 습관적으로 기능하여 긍정적인 관계를 폐쇄시키기도 하므로 청소년 치료에서 치료자가 가족 신화에 민감하므로서 가족의 행동들이 어떠한 결과를 위해 나타내는 것인지를 파악할 수 있게 해준다. 그게 안 되면 치료상황에서 가족의 저항을 왜곡시켜 치료를 중단시키게까지 하는 오류를 범할 수 있게 된다. 신화를 유지하고 싶은 가족의 욕구를 이해하고 존중할 때 청소년의 치료를 위해 가족이 협력하게 되며 그 과정에서 신화가 없이도 가족이 기능할 수 있음을 알아가게 될 것이다.

가족경계선

가족경계선의 개념은 가족간의 상호관여 정도를 측정하는데 도움이 된다. 치료상황에 노출된 청소년의 대부분이 가족경계의 부조화가 대부분임을 치료를 경험한 사람들은 아마도 누구나 공감하는 부분일 것이다. 미누친(1974)은 가족의 기능을 평가하기 위해 가족하위체계의 상호관계 속성을 설명하는데 명확한 경계선, 경직된 경계선, 모호한 경계선으로 구분하여 개념을 발전시켰다. 명확한 경계선이란 하위체계들 사이에서 가장 이상적인 경계선으로 가족경계가 분명하여 안정되고 융통성 있는 것을 의미한다. 이러한 가족은 서로 지지하고 양육적이며 상호간에 자율성을 존중한다. 체계간에 적절하게 분리되어 있고 독립적이면서 전체 가족체계 내에 소속되어 있다는 것을 강조한다. 이러한 가족관계는 서로에게 잘 적응되어 있고 안정적이다. 경직된 경계선이란 가족의 경계가 지나치게 분리되어 있고 분명해서 가족간의 거리가 있고 서로 소외감을 느끼며 사회적으로도 고립되어 있다. 가족이 스스로 기능은 하지만 소속감이 부족하고 지나치게 독립적이고 긴장되어 있어서 필요할 때 서로 원조를 구하거나 돕지 못하고 각자에 대한 다양성을 인정하지 못하므로 개별화가 어렵다. 모호한 경계선은 지나치게 서로가 밀착되어 있어서 미분화되고 침투가 쉽고 유동적이다. 이때 가족들은 서로 역할에 구분이 없고 거리감도 없고 지나친 소속감 때문에 자율성을 방해받고 어려운 상황에서 자발적인 문제해결이 어렵게 될 뿐만 아니라 한 개인의 긴장이 극도로 빨리 전파되어 혼란스럽고 필요이상으로 관여하게 된다. 부모는 지나치게 헌신적이므로 자녀들은 매우 의존적이고 자신감이 없어 독립적으로 자기 생활이 어렵게 된다.

청소년치료에서 가족 경계의 평가는 청소년의 문제가 단순히 청소년 개인의 병리문제라기 보다는 가족 내에서 사용하고 있는 가족구조상의 문제라는 양 측면을 볼 수 있게 한다. 구조주의적 접근의 청소년 가족개입에서는 평가를 위한 면담과정을 따로 하는 건 아니고 평가는 가설로서 치료목표를 향해 개입과정이 행해지고 그 결과는 평가를 위한 자료로서 피드백과정이 일어난다. 예를 들면 문제를 정의하고 정보수집을 하고 가설을 설정하게 되며 그 가설에 의해 치료목표가 설정되면 치료개입을 하게 되는데 이때 다시 문제와 관련된 정보수집과정을 재구조화하고 재편성하는 반복과정을 통해 가족이 호소하는 증상에 초점을 두면서 가족구조의 변화를 끊임없이 시도하게 된다.

[표 6-3]

구조주의 가계도에서 사용되는 기호	
– – – – – –	명료한 경계선 (clear boundary)
···············	애매한 경계선 (diffused boundary)
————	경직된 경계선 (rigid boundary)
═══	협력관계 (affiliation)
≡≡≡	지나친 밀착관계 (overinvololrement)
—┼┼—	갈등관계 (comfilict)
}	연합 (alliance)
⇒	우회 (detour)

청소년 가족개입에서 가계도 사용하기

정신역동에 초점을 두는 미술치료임상에서 보웬의 가계도 활용은 매우 유익하다. 보웬의 가족치료는 현재 청소년을 괴롭히고 있는 과거 기원을 가진 유형을 찾아내어 어려움에서 벗어나게 하는 것을 목표로 한다. 보웬의 가계도는 3세대 이상의 가족력을 도식화하여 가족관계 유형을 한눈에 볼 수 있게 해 주므로 임상상황에서 매우 유익하게 활용될 수 있다. 보웬의 가족치료방법은 가계도 작성을 치료상황에서 반복적으로 확장시켜가는 과정을 거치는데 여기에서는 가계도 작성방법에 사용되는 도식기법에 대해서만 간략하게 소개하였다.

[표 6-4]

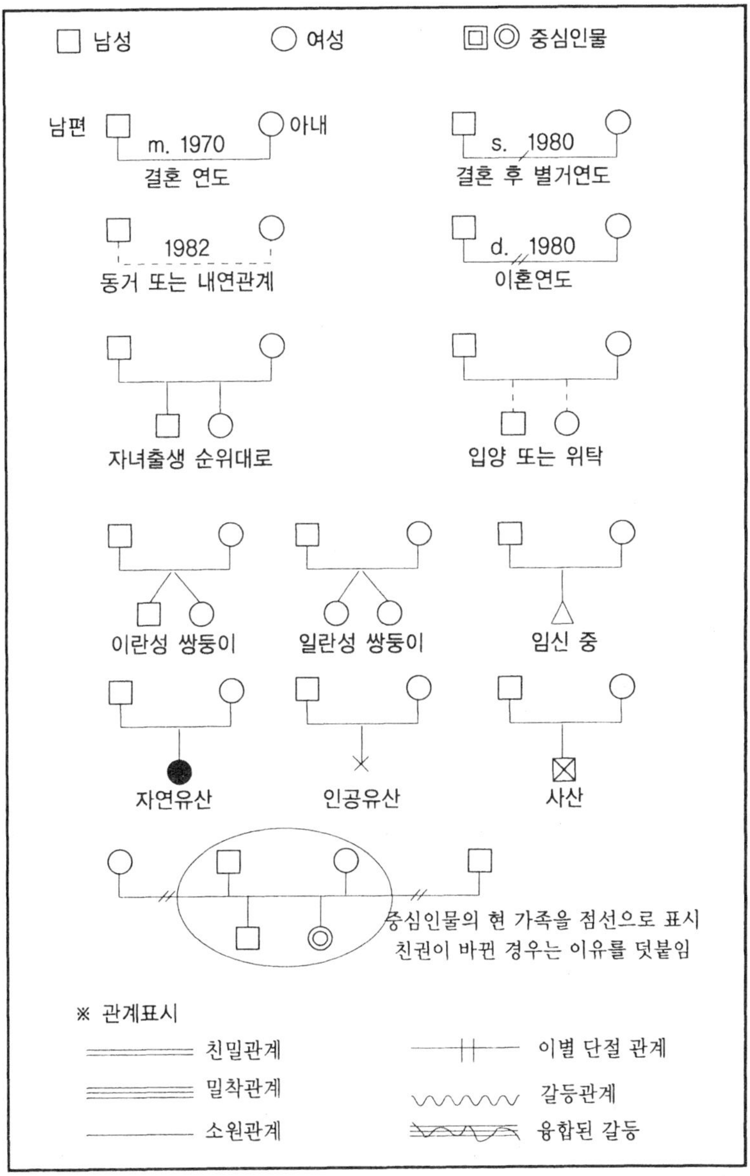

남성
여성
중심인물
남편
아내
m. 1970
결혼 연도
s. 1980
결혼 후 별거연도
1982
동거 또는 내연관계
d. 1980
이혼연도
자녀출생 순위대로
입양 또는 위탁
이란성 쌍둥이
일란성 쌍둥이
임신 중
자연유산
인공유산
사산
중심인물의 현 가족을 점선으로 표시
친권이 바뀐 경우는 이유를 덧붙임
※ 관계표시
친밀관계
밀착관계
소원관계
이별 단절 관계
갈등관계
융합된 갈등

질문범위

문제의 배경을 중심으로 동거가족에서부터 시작하여 확대가족, 주변체계로 확장해 간다. 특징적인 가족사건을 연대기까지 질문하며 대답하기 쉬운 것에서부터 불안하거나 힘들 수 있는 것까지 지지적인 태도로 질문한다.

[표 6-5]

문제에 대한 동거 가족의 반응 평가
가족의 최근 변화나 사건은? 생활에 가장 중요한 사람은 누구이며, 그의 역할은? 핵가족과 동거가족의 객관적인 정보 즉 출생, 결혼, 이혼, 사망, 출생순위, 학력, 직업, 현주소는? 상실이나 출생과 관련하여 가족의 적응 정도는? 가족내 갈등 관계? 친밀 관계는? 가족내에서 누가 양육적 역할을 하는가? 문제아 취급받는 사람은 누구인가? 성공자? 실패자? 복종자? 지배자는 누구인가? 등의 질문들을 통해 가족력을 평가한다.

보다 구체적인 내용은 부록에 제시한 필자의 연구소에서 사용하고 있는 면담 기록지를 참고하기 바란다.

3. 청소년 집단에 대한 개입

청소년 치료에서 집단적 접근은 불만족한 외부 환경의 영향과 경험을 또래집단으로 대체하고자 하는 욕구를 반영하기 때문에 청소년 치료상황에서 종종 선호된다. 이 시기의 아이들은 부모의 간섭을 벗어나기 원하고 자신의 비밀을 만들며 그것을 부모와 나누는 대신에 친구와 나누고 위로 받기 원하다. 부모들은 청소년이 또래 집단에서 좋지 못한 영향을 받을 것에 대한 두려움을 갖기도 한다. 다수의 부모들은 발달적인 어려움을 가진 아이들을 제외하고는 특히 행동문제를 가진 자신의 자녀가 집단에서 노출되는 것에 두려움을 갖는 경우가 흔히 있다. 그러나 오히려 치료집단은 그 행동에 대한 대안을 제공하고 청소년들에게 자신의 무한한 에너지와 욕구를 인정받고 보다 긍정적인 자기를 확인할 수 있는 기회를 만나게 된다.

미술치료 집단에서 청소년들은 자신이 말하고 싶은 것을 안전하게 통제된 작품 안에서 시각적 언어적으로 표현하게 된다. 미술매체를 이용하여 은유적 상징을 이용한 표현들은 어른들이 끼어들어 함부로 해석할 수 없을 것이라는 믿음을 가지므로 자기 도취적으로 맘껏 창조력을 발산할 수 있게 하고 편안한 마음으로 즐거움을 누릴 수 있게 된다. 또한 치료자는 권위주의적이지 않고 양육적인 태도로 청소년이 맘껏 표현할 기회를 제공하므로 주변에 신경 쓸 필요없이 가족으로부터의 분리와 유대감을 동시에 누리면서 또래 속에서 의지하고 지지 받고 충고 받으며 정체감을 확립해 가게 된다. 이러한 장점에도 불구하고 어떤 상황에서는 청소년의 집단적 접근은 어려움이 있을 수 있다. 예를 들면 폭력집단에 가입되어 있거나 또 다른 행동문제와 관련된 문제를 청소년이 안고 있다면 집단에서 자신의 문제를 개방하기란 쉬운 일은 아니다. 집단에서 나눈 이야기가 부모에게나 주변에 알려질 수도 있을 거라는 불안을 갖게 되므로 청소년들은 집단에서 말하기를 거부하고 표현한 것들에 대해 불안해하기도 한다. 뿐만 아니라 치료자를 가르치려고 한다든지 시험해 보려는 태도 또한 집단에서 두드러지므로 청소년을 만나는 것에 대한 두려움을 갖는 치료자들도 있다. 이러한 여러 가지 어려움들은 청소년기의 특성상 투사와 함입의 불안정한 심리상태와 관련이 있으며, 불안에 대한 저항의 수단으로 선택되어지므로 치료자가 집단 초기의 청소년이 자신을 드러낼 것이라는 기대를 갖고 너무 빨리 깊은 문제를 다루게 되면 마음을 닫아버릴 가능성이 있다. 그러므로 치료자는 청소년이 신뢰와 확신을 가질 때까지 기다리는 태도가 필요하다. 청소년과의 미술작업은 구체화되지 않은 방법으로 시작하여 좋아하는 것 기대하는 것으로 바꿔갈 수 있는 방법으로 혼란기의 청소년에게 불확실성에서 길을 발견하는 것으로 연결하며, 청소년의 비난과 투사마저도 비난하지 않고 수용하고 받아들이는 태도가 필요하다.

[표 6-6]

청소년 미술치료사의 역할	
1. 집단을 사용하는 이유가 분명한가?	
2. 비밀보장의 규칙을 반복 설명하고 있는가?	
3. 너무 빠른 기대를 하고 있지는 않은가?	
4. 주제는 청소년의 특정 관심사를 주제로 선택했는가?	
5. 작업 후 토의방법은 어디에 초점을 두었는가?	
6. 해석은 적절했는가?	
7. 일상으로 돌아가기 위한 준비가 된 상태에서 종결이 되었는가?	
집단과정에서의 일반적인 문제 다루기	
1. 외적인 요소	2. 보조치료자 문제
3. 구성원간의 감정	4. 집단내 감정
5. 미숙한 치료자	6. 결석하는 구성원
7. 이탈행동	
8. 독점하거나 침묵하는 구성원	
9. 지나치게 합리적이거나 감정적인 구성원	

청소년 집단에서 지켜져야 할 가장 기본사항은 신뢰감 형성이며 비밀보장이다. 첫 회기부터 비밀보장의 규칙은 설명되어야 하고, 집단내에서의 기본 사항은 구성원이 사교적인 만남을 외부에서 갖는 것을 제한해야 하며, 출석과 시간엄수, 규칙 등에 대한 설명과 함께 청소년 스스로가 지켜야 할 조건을 결정하도록 해야 한다. 그러므로서 보다 의미있는 책임감과 신뢰된 관계를 유지할 수 있게 된다. 집단의 인원은 충분한 나눔을 위해 최대 8명 이내로 구성하는게 적절하다. 연령은 청소년 초기, 중기, 후기로 나눌 수 있으나 염두에 두어야 할 것은 나이보다는 심리상태, 사회적 행동, 성 역할 등 성숙도가 비슷한 대상으로 구분하는 것이 문제를 공유하는데 도움이 된다. 청소년 치료에서 집단과정은 개별치료보다 집단 내에서 경험하는 문제에 대한 보편성이 불안에 대한 염려를 줄여주고 참여욕구를 조성해 줄 뿐만 아니라 가족관계를 재경험하는 등의 집단이 갖는 장점 때문에 보다 유용하고 선호된다. 보다 효과적인 집단치료 과정을 유지하기 위해서는 [표 6-5]와 [표 6-6]에 제시한 몇가지 사항을 고려해 보는게 도움이 될 것이다.

[표 6-7]

집단의 응집력을 파악할 수 있는 기준
1. 출석율
2. 구성원들의 상호관계
3. 치료실에서의 편안한 자세
4. 미술도구에 대한 관심
5. 치료자가 있는 상황에서도 적극적인 대화
6. 집단과정에 적절한 참여가능

4. 청소년의 위기 개입

위기개입이란 일반적으로 삶의 과정에서 우발적으로 발생하거나 개인이나 가족의 발달단계에서 유발되는 혼란이나 불균형 상태로서 고통을 겪고 있는 개인 또는 가족에게 적용하는 치료과정을 의미한다. 흔히 다루게 되는 청소년의 위기 개입은 급성기 정신문제, 알콜 및 약물문제, 자살, 가출, 학대 등 급박한 상황에 노출되었을 때 이루어지게 되며 청소년이 위기를 극복하고 어려움이 발생하기 이전의 적응수준으로 기능 회복을 할 수 있도록 도와주게 되는데 경우에 따라서는 입원을 통한 위기 개입이 이뤄지기도 한다.

위기개입의 목표는 청소년의 근심, 공포감, 심리적, 신체적 증상 등의 위기로부터 벗어나게 하는데 있다. 그러기 위해서는 신속하게 '지금 여기' 의 청소년 개인 행동에 초점을 두고 최소한의 가능한 제한된 목표를 설정하여 희망과 기대를 갖게 해야 한다. 치료자는 '청소년이 가지고 있는 문제의 촉진적 요인이 무엇인지, 청소년이 생각하는 문제가 무엇인지, 위기문제의 배경이 되는 이슈들이 있는지, 현재 보이고 있는 행동과 감정, 심리적, 신체적 증상, 인지적 기능, 관계' 등의 평가가 다뤄짐으로서 문제를 파악하고 구체적인 방법을 모색해야 한다. 위기상황에 노출된 청소년들은 많은 경우 부정적인 자기상을 가지고 있다. 그러므로 치료자는 청소년이 하나의 방법으로 선택한 그의 문제가 자기상에 미치는 영향을 고려해야 한다. 그러한 과정에서 치료자가 염두에 두어야 할 것은 청소년을 적극 참여시켜 지지적이고 신속하되 의존을 불러 일으켜서는 안 되며 스스로 할 수 있도록 자극함으로써 자립성을 촉진시켜야 한다. 이러한 과정들은 성공 지향적이고 실망감을 주지 않으며 보상적이어야 한다.

미술치료는 청소년이 경험하게 되는 다양한 차원의 위기 경험의 평가와 치료적 경험을 안내하며 만성적인 이차적 징후를 일으킬 수 있는 것들까지를 예방하여 도울 수 있다. 그러나 모든 미술치료 접근 방법이 그러한 효과를 일으키는 것은 아니며 간혹 선택된 위기 개입이 청소년이 경험하고 있는 스트레스에 부가적인 스트레스를 주는 부작용을 유발하기도 하므로 유의해야 하며 보다 전문적인 치료개입이 요구된다. 이에 대한 임상 접근은 다음 장에서 일부 다루게 될 것이며 구체적인 것은 다음으로 미루고자 한다. 다만 여기에서는 위기 개입의 방법론으로서 치료자의 평가 및 기술적인 부분을 제시 하므로써 미술치료 위기 개입에 적용될 수 있기를 바란다.

[표 6-8]

일반적인 위기 개입 기술
1. 신뢰관계 형성 2. 위기 평가 잠정적 문제가 있는가? 문제의 변수는? 원인이 있는가? 청소년의 강점과 약점, 이전의 대처 기술은? 3. 목표설정 4. 지지적, 지시적, 탐색-서술-환기적 기술

청소년의 많은 경우가 학교 교사나 부모에 의해 청소년의 행동이 갑자기 달라졌다거나 응급처치가 필요하다는 평가에 의해 의뢰되는 경우가 일반적이다. 이때 들수 있는 응급상태의 예로는 우울, 폭력행동, 공황상태, 조증 상태, 식욕문제, 분열성 사고, 불면증, 신체 증상 등을 나타낸다. 이러한 증상들을 가지고 청소년이 미술 치료실을 찾게 되었을 때, 위기중재에서 치료자가 고려해 보아야 할 점을 몇 가지 제시해 본다.

[표 6-9]

미술치료사가 고려해야 할 사항
1. 문제가 발달 단계와 관련된 일시적인 변화인가? 만성적인가에 대한 평가
2. 청소년을 만나기 전에 심리적, 신체적, 법적 문제 등 가능한 많은 정보를 수집한다.
3. 물리적인 치료실 환경의 안전도를 확인한다.
4. 난폭 행동의 위험도를 평가하고 폭력은 묵인되지 않는다는 점을 청소년에게 전달한다.
5. 무리하게 입원 결정을 하지 않는다.
6. 청소년과 먼저 면담 후 가족 면담을 한다.
7. 청소년과의 사적 공간을 존중한다.
8. 일방적으로 청소년을 끌어내지 않는다.
9. 함부로 평가하고 비난하지 않는다.
10. 청소년을 혼자 두지 않는다.
11. 최대한 비위협적인 태도로 현실검증을 돕고 안심시킨다.
12. 치료사는 필요시엔 언제든지 청소년과 가족과 접촉할 준비와 자세를 가지고 접근한다.

[표 6-10]

미술치료사의 반응
1. 청소년이 말하고 있는 내용이 정확한지 확인한다.
2. 청소년 자신이 말하고 있는 내용과 감정을 깨닫게 한다.
3. 자유롭게 표현하도록 격려한다.
4. 주제를 확인한다.

5. 이야기를 요약하고 반복한다.
6. 구조화한다.
7. 암시하거나 애매하고 긴 문장의 내용으로 질문하지 않는다.
8. 침묵을 깨지 않도록 주의한다.
9. 청소년이 표현하는 것을 무시하지 않는다.
10. 감정없이 기계적이고 의식적인 말을 하지 않도록 주의한다.

5. 보호시설에서의 치료 개입

청소년 치료에서 보호시설이라고 하면 일반적으로 학대 경험이 있는 초기 청소년기의 아동 보호 시설과 가출, 임신 등의 문제와 관련된 쉼터의 의미를 떠올릴 수 있다. 따라서 여기에서는 이들의 대개가 폭력가정에서 자란 아이들이라는 전반적인 고찰에 초점을 두고 미술치료 임상 개입을 어떻게 해야 하는지 제시해 보고자 한다.

아동 청소년 보호시설에서 행하는 미술치료의 주된 목적은 다양한 유형의 위기 개입이 초점이 되며 보호시설의 치료개입은 치료 기관에서 이뤄지는 치료상황이나 앞에서 제시한 일반적인 위기 개입과는 다른 특성을 가진다. 이유는 미술치료사가 보호시설의 청소년을 만나는 기간은 주로 몇 일에서 길게는 몇 개월에 한정되어 있기 때문에 구체적인 치료개념으로 접근하기가 어렵다는 사실이다. 그러한 제한성에도 불구하고 미술치료의 경험은 표현하기 힘든 정신적 충격과 내적 혼란을 표현하는 의사소통 수단이 되며 불안정한 심리를 안정으로 안내하는 역할을 하고 퇴소 후에도 내적인 자기 존중의 근거를 강화시키는 역할을 하게 된다. 그러한 미술치료의 가능성을 위해서는 치료자가 미술치료에 대한 분명한 확신이 있을 때 더욱 가능해지리라 본다. 쉼터나 보호시설에서 일하는 치료자들이 특히 고려해야 할 몇 가지 사항이 있다.

보호시설에서 미술치료를 구성할 때 반드시 고찰되어야 할 요소는 '청소년들이 필요로 하는 것이 무엇인가' 이다. 이것은 청소년 치료의 모든 영역에서도 마찬가지일 것이다. 치료과정은 미술작업을 통해 억압된 감정을 상처받지 않고 토해내고 감정을 이야기 할 수 있도록 안내되어야 한다. 그러기 위해서는 치료자 자신이 유사한 상처를 안고 있을 때 자기 감정을 조절하지 못하고 투사하는 경우가 있을 수 있으므로 치료자 자신의 능력을 스스로 평가하여 개입을 할 것인지 결정하는 부분도 간과해서는 안 된다. 미술작업 자체가 의사소통의 통로로 활용되므로 미술치료 상황에서 청소년들은 가족관계에서 경험하지 못한 것을 향해 퇴행하고 상황에 맞지 않은 미숙한 행동을 보일 수 있다. 이러한 미숙함이 치료과정에서는 충분히 허용되어야 하며 치료공간과 작품은 스트레스를 담아내는 그릇이 되어야 한다. 그러한 과정에서 청소년은 긍정적인 사고와 현실감각을 갖게 되고 그로 인해 자기 이미지를 형성할 수 있게 된다.

보호시설에서의 미술치료는 시간 제한성에 따르는 문제가 있음에도 분명한 것은 예술만이 가지는 표현의 제한성이 없다는 특성이다. 원하는 것은 무엇이든 은유적으로 표현하고 중화시키고 제거할 수 있게 도와준다는 점이며 미술작업 그 자체가 해독제 역할을 하고 피난처가 된다는 점이다. 물론 예술작업 자체가 문제의 원인을 제거하고 직접적으로 필요한 것을 바꿀 수는 없지만 자아기능으로서의 모델로서 보조되고 대처할 수 있는 방법을 들여다 볼 수 있는 통찰력을 제공한다. 이러한 장점을 최대한 활용하기 위해서 치료개입 전에 다뤄져야 할 것은 시간적 환경적으로 어느 정도 다룰 수 있는지 평가되어야 한다. 치료과정에서 다뤄지게 되는 정신적 고통이 열려 놓여진 채 수습이 안 되고 끝내게 된다면 더욱 혼돈만 줄 수 있기 때문이다.

그러므로 단기보호시설의 청소년 개입에서 치료자가 기억해야 할 일은 위기중재가 첫째라는 것을 잊어서는 안 된다. 치료의 단계는 초기, 중기, 후기로 나눠지지만 단계의 내용은 중복되고 계속적인 평가와 치료가 서로 보완적으로 이뤄지는게 보호시설의 치료개입 특성이기도 하다. 치료목표의 첫째는 평가에 의한 행동계획이며 장 · 단기 목표가 설정될 수 있지만 장기목표는 청소년이 필요에 의해 타 기관으로 전환되는 경우에도 계속될 수 있는 내용을 함축하고 있다. 둘째는 한정된 목표를 향하게 되고 안정된 상태의 회복이 초점이 된다. 셋째는 청소년이 자기의 감정을 인지하고 구별하며 경험한 고통을 인지하고 새로운 환경을 탐색하게 한다. 마지막 목표는 자존감을 강화하고 퇴행과 의존에서 독립할 수 있도록 돕는 것이다.

방법적으로는 환경적인 측면에서 다수의 청소년을 개별 접근하기는 어려우므로 집단 개입을 필요로 할 것이다. 집단은 전반적으로 서로가 비슷한 문제와 가족력을 가지고 있어서 서로에 대해 편안감을 갖고 죄의식이나 불만을 줄여줄 수 있다는 점이 장점이다. 집단을 구성할 때는 또래집단, 형제집단, 어머니와 자녀집단으로 나눌 수 있다. 보호시설에서의 집단 규칙은 더욱 강조되어야 하는 부분이다. 비밀유지, 개인공간 유지, 각자의 경계에 대한 규칙을 통해 개인적인 영역에 대한 침범으로 불안정해질 수 있는 가능성이 배제되어서는 안 된다.

결론적으로 보호시설의 청소년 개입에서는 보호시설을 떠나서도 두려움 없이 도움을 청할 수 있는 방법을 제공해야 한다. 미술작품의 과정은 그 준비 과정의 상징으로서 제공되며, 치료의 첫 번째 목표인 시설을 떠난 이후의 장기목표를 함축하는 평가가 될 것이며, 그것은 긍정적인 새로운 목표의 재구성을 가능하게 한다. 성공적인 작품결과는 용기와 성취한 것에 대한 상징으로서 실제 상황에서도 유사한 것으로 발전시킬 수 있는 독립된 감정을 갖게 한다. 보호시설에 단기 입소되는 청소년들의 일반적인 문제들은 세대간의 문제와 다양하게 얽혀 있으므로 미술치료는 이들의 삶의 은유로서, 카타르시스의 도구로서, 제2의 상처로의 예방으로서, 치유의 깊이를 더해주고 무한한 가능성으로 마음이 아픈 청소년들을 만나게 된다.

제7장

기록과 평가

1. 관찰 기록

좋은 치료계획과 평가는 좋은 관찰 기록을 통해 가능케 된다고 보아도 과언이 아니다. 한 청소년을 치료하기 위해서 다양한 전문가들이 팀으로 개입하는 치료기관을 예로 들어보자. 질적인 치료를 위해 청소년의 다음 단계를 계획한다면 그때 사용되는 핵심자료는 각 전문가들이 작성한 치료 기록지일 것이다. 관찰된 치료상황을 토대로 작성된 기록자료를 종합하여 평가하고 계획하는 이러한 과정은 치료 시작부터 종결까지 끊임없이 진행되어 가야 하므로 치료기록이 담고 있는 기능은 근거자료로서의 기능 이상의 중요성을 함축하고 있다고 볼 수 있다.

미술치료의 기록

좋은 기록의 목적은 미술치료의 전문적이고 효과적인 과정을 가능하게 하며 치료기관과 치료자의 책임성을 다하고 행정적인 요구에 부응하기 위함이기도 하다. 뿐만 아니라 임상사례를 지속하게 하고 전문가간의 의사소통의 수단이기도 하며 그 결과는 연구자료로서의 기능과 교육감독 자료로서의 기능을 제공한다.

미술치료 과정에서의 기록은 치료초기에 정보수집을 위한 면접 기록과 치료과정 기록과 평가기록 등 세 유형으로 나눌 수 있다. 전자의 면접기록과정은 치료계획을 세우는데 핵심 내용이 되며 후자는 치료를 보다 효과적으로 수행하기 위한 필수조건이자 그 효과성을 확인할 수 있는 근거자료가 된다. 이러한 기록은 무엇보다 치료자의 전문적인 훈련이 선행되어야 할 것이다. 필자의 경험에 의하면 치료 기록지의 잘못된 기록으로 인해 치료상황에 혼돈을 주거나 법적 문제까지 가능케 하는 사례가 간혹 있다. 그러한 실수들은 치료자의 윤리를 망각했거나 그에 대한 전문훈련이 충분하지 않아서 생긴 결과이기도 하다.

미술치료과정을 기록하는 방법은 다양하다. 예를 들면 치료과정을 비디오로 녹화하거나 녹음하는 방법이 있고 치료자가 과정을 간단하게 메모하는 방법도 있다. 가장 좋은 방법은 녹화 방법이겠으나 이때 유의해야 할 점은 청소년과 가족에게 충분히 이유를 설명하고 동의를 받은 후에 시행되어야 한다. 기록내용은 초기면접기록과 과정기록, 종결을 위한 평가기록에 차이점이 있다. 초기면접기록에 포함되어야 하는 내용은 청소년의 기초자료와 치료상황까지 오게된 경로와 동기, 개인의 발달과 심리사회력, 가족력이 자세하게 포함되며 문제의 평가와 치료계획을 기록하게 된다. 구체적으로는 부록의 초기면담 기록지와 1부의 3장 내용이 담고 있는 사항들을 참고하면 도움이 될 것이다. 과정기록은 치료과정에서 나타내는 상호작용과 각 회기마다의 평가와 기록으로 구성된다. 종결시의 기록에는 진단명, 미술치료사 이름, 초기면접일과 종결일, 문제영역별 치료시작과 후의 문제평가, 치료방법, 종결사유, 사후관리, 치료자의 전체평가 등으로 구성된 종합적인 평가 기록이 된다. 이러한 다양한 측면에서의 기록은 치료자가 철학과 윤리적 책임을 가지고 기록에 임해야 한다. 다음에서는 좋은 기록을 위해 치료자가 유의해야 할 사항을 제시하고 있다.

[표 7-1]

기록에서 유의 할 사항
1. 간결하고, 정확하고, 명료하고 논리적으로 목적에 맞게 기록해야 한다. 2. 검정볼펜을 사용하는 것을 기본으로 하되 내용을 수정할 때는 빨간색 볼펜으로 두 줄을 긋고 error라고 쓴 후 날짜와 담당자 이름을 쓴 후 수정하는 것이 원칙이다. 3. 기록자 이름을 반드시 기록하되 보조 치료자나 기록자가 참여했을 경우(ex. 치료자 OOO/ 보조치료사 OOO)로 기록하고 임상 감독자의 서명을 받아야 한다. 4. 기록일자를 반드시 기록한다. 5. 문구는 반복 사용하는 것을 피하고 가능한 중요한 내용은 참고 표시와 소제목을 붙인다. 6. 전문용어 사용에 주의하고 단정한 필체를 사용한다. 7. 과정기록에 관찰된 상황과 언어를 쓰되 (ex. " ")로 묶어서 치료자의 견해를 기록할 때는 대상자의 관점을 중심으로 기록되어야 한다. 8. 적절한 이론에 기초하여 기록을 한다.

기록에 대한 치료자의 윤리적 책임은 치료대상인 청소년의 사생활을 보호하기 위해 기록에 포함되어야 할 정보는 어디까지인지 내용과 유형을 정하고 보관과 공개에 대한 규정을 지켜야 하는 책임을 가진다. 기록에 포함될 수 있는 내용은 치료과정 내용과 평가를 기록하고 사적인 비밀은 일반적인 용어로 기술하되 정확한 정보만 기입하고 불확실한 내용은 정확치 않다는 말을 추가해야 한다. 기록은 소중히 다뤄져야 하며 비밀보장을 원칙으로 한다. 비밀보장에 대한 원칙은 대상자인 청소년의 사적권리를 존중하는 것이며 효과적인 치료를 위한 목적과 청

소년과 주변체계의 보호를 목적으로 한 경우를 제외하고는 비밀보장의 원칙을 지켜야 한다. 기록이 사례연구로 공개될 경우에는 본인의 허락이 있어야 하며 익명성을 원칙으로 한다. 노출의 가능성이 있는 지명과 익명에 대한 수정이 요구되기도 한다.

미술치료에서 기록은 이러한 일반적인 사항과 관련하여 앞의 치료 상황과 비교되는 작업내용과 행동, 감정표현, 지속적으로 반복되었던 그림 형식의 변화 등을 기록에 포함시켜야 한다. 매체 사용에 대한 과민반응이 있었는지, 중간대상으로 사용가능한 것들에 대한 반응 등을 기본적인 사항에 포함시킨다. 그림 자체가 기록이기도 하므로 결과물에 대한 보관에 유의해야 한다. 예를 들면 다른 사람이 자주 드나드는 장소에 전시를 하는 경우 익명성이 보장되어야 하며 가능한 결과물은 자물쇠가 있는 방에 보관되는 것을 원칙으로 하되 최소한 보관함에 소중히 다뤄져야 한다는 사실을 잊지 않아야 할 것이다.

[표 7-2]

치료과정 기록에 대한 동의서

보다 전문적인 치료를 위해서 예술심리치료사 ________에게 나의 치료과정을 녹음하거나 비디오녹화에 기록하도록 허락합니다.

다만 치료과정의 기록은 나의 치료목적과 수퍼비젼을 위해서만 사용될 것이며, 절대비밀보장이라는 약속하에 동의합니다.

날짜 ____________ 서명 ______________

광주 표현예술 심리치료 연구소

[표 7-3]

미술작품 활용 동의서

예술심리치료사인 나 ________ 는 ________ 의 미술작품을 소중히 간직하고, 작품을 공개하게 되는 경우 절대 비밀을 보장할 것입니다. 또한 동의한 내용 이외에 작품을 사용하지 않을 것을 약속합니다. 만약 이후에 동의를 철회하기로 원하는 경우 언제라도 철회할 것을 약속합니다.

예술심리치료사 ____________

나 __________ 는 예술심리치료사 ____________ 가 다음의 목적으로 작업과정의 결과물인 작품을 사용하는 것을 동의합니다.

치료를 위한 전문가 컨퍼런스에서 발표 _____
치료를 위해 다른 전문가와 상의 _____
치료전문가를 위한 교육지에 발표 _____
정신 건강을 위한 전람회에 전시 _____
치료 연구를 위해 전문 학술지에 출판_____

날짜 ____________ 서명 ______________

광주 표현예술 심리치료 연구소

[표 7-4] 치료상황 평가기록지 (일반 행동)

이름 :

		1	2	3	4	5	4	3	2	1	
치료자에 대한 태도	협조적										비협조적
	순응적										공격적
	긴장										느긋
	자율적 활동										쉽게 포기
	눈을 마주침										눈을 피함
집단원에 대한 태도	주도적										수동적
	수용적										비난적
	타인에 관심										무관심
	눈맞춤										눈을 피함
자신에 대해	확신감										확신없음
	수용적										비판적
행동	편안										긴장
	조용										산만
	자율적 활동										쉽게 포기
칭찬	기쁘게 받아들임										어색해함
언어표현	풍부함										빈약함
	분명한										불분명한
	적극적반응										질문에만 반응
	자유로움										지나친 예절
시지각 운동	반응이 빠름										반응이 늦음
	계획적										실수잦음
	능숙한 동작										어색한 동작
표정	편안										우울, 굳은 표정

날짜 / 회기 :
미술 심리 치료사 :

[표 7-5] 치료상황 평가기록지 (작업에 대한 반응)

이름 :__________

	소중히 다룸	1	2	3	4	5	4	3	2	1	파괴적
재료 선택과 반응	만족										불만족
	물감재료										드로잉 재료
	흙										일반재료
	다양한 재료										선택적 사용
	조화로운 선택										무분별한 선택
	몰입										불안정
	바로선택										망설임
작품에 대한 태도	구체화										난화
	자발적										비자발적
	완성										미완성
	내면반영인식										저항
	만족										불만족
	주제관련										주제무시
작품의 형식	동적										정적
	풍경										인물
	대형										소형
	원형										각형
	약하고 가는선										무르고 굵은선
	고착된선										끊어진선
	상위공간										하위공간
	우위공간										좌위공간
	면적충만										공백

날짜 / 회기 :
미술 심리 치료사 :

[표 7-6]

치료 상황 평가기록지(상징, 메시지, 행동과의 관계)

이름 :__________

주 제	작 품	행 동	메 시 지
정체성			
현실감각			
대인관계			
자기존재의식			
자기주장			
자기애적 성향			
지나친 의존성			
퇴행행동			
자기수용이상			
창조성			
안정성			
표현력			
문제해결능력			
방어기제			
자기실현욕구			
왜곡			
반복사용			
전체평가			

날짜 / 회기 :
미술 심리 치료사 :

[표 7-7] 개별 임상 상황에 대한 치료사 자신의 평가지(1)

이름 : ____________

	치료사의 반응	그렇다	부족
1	치료 준비는 되었는가? (매체, 감정)		
2	심리적 · 신체적 거리 두기를 하는가?		
3	개입과정은 청소년의 관심이 초점이 되었는가?		
4	청소년을 무시하지는 않았는가?		
5	청소년을 교육하려고 하지 않았는가?		
6	치료자 자신의 개방을 너무 자주하지는 않은가?		
7	청소년의 마음에 들기위해 지나치게 비위를 맞추지는 않은가?		
8	돌발적인 행동이나 질문에 당황하지는 않았는가?		
9	재료 사용에 대해 간섭하는가?		
10	청소년의 침묵에 반응했는가?		
11	청소년에게 지나친 칭찬을 하는가?		
12	청소년의 감정을 다루었는가?		
13	분석적인 태도로 청소년을 공격하지는 않았는가?		
14	적절한 상황에 개입을 했는가?		
15	자신의 이야기를 너무 많이 하지 않았나?		
16	임상가로서 부족했다고 느끼는 부분에 대해 어떻게 대처해 보겠는가?		

날짜 / 회기 :
미술 심리 치료사 :

[표 7-8] 집단에 대한 치료사 자신의 평가지(2)

이름 :__________

	치료사의 개입	그렇다	부족
1	집단미술 치료사로서 자신이 준비되었나(매체, 대상, 자기감정)		
2	사용된 매체와 주제는 적절 했는가		
3	물리적 환경은 준비 되었는가		
4	공동 치료자와의 사전준비는 충분히 연계하고 토의 되었는가		
5	새로운 구성원 또는 중단될 구성원에 대한 워밍업과정 소개가 있었는가		
6	충분하고 적절한 워밍업과정은 있었는가		
7	토의과정에서 집단원과의 시선접촉은 계속 유지했는가		
8	자발적인 발표와 감정표현을 할 수 있도록 격려 했는가		
9	과정 중에 돌발적인 상황에 대한 느낌을 표현할 기회를 제공했는가		
10	공통의 관심사에 대한 토의과정에서 적절한시기에 개입했는가		
11	발표순서는 공통관심사에 몰입할 수 있도록 이뤄졌는가		
12	집단원 모두에게 적절한 관심을 주었는가		
13	집단원의 감정곡선과 상호작용은 충분히 지지적이고 무비판적으로 유지 되었는가/분석적인 태도는 없었는가		
14	감정이나 즐김, 공유된 내용들은 충분히 다뤄졌는가		
15	종료결과는 성장을 촉진하고 보상적이었는가		
16	종료를 위한 적절한 이완 경험을 제공했는가		
17	집단과정의 시간 비율은 적절 했는가		
18	집단과정에서 공동치료자와의 협력은 적절했는가		
19	집단 미술치료사로서 부족했다고 느끼는 부분에 대해 어떻게 대처해 보겠는가		

날짜 / 회기 :

미술 심리 치료사 :

2. 평가

미술치료 임상에서 치료자와 청소년 그리고 그 가족들은 미술치료 과정이 얼마나 성공적으로 이루어져 왔는지, 미술치료 초기에 세웠던 치료목표가 달성이 되었는지, 그 결과에 대해서 알고 싶어한다. 미술치료사들은 나름대로의 치료과정을 기록하고 단계별 계획을 세우지만 많은 경우가 전문성과 체계성이 배제된 주관적인 견해로 결과의 평가를 도출해 내고 의미 부여를 하는 경우를 흔히 보게 된다. 평가의 기초가 되는 치료과정의 무엇을 관찰해야 하는지에 대한 전문적인 접근의 훈련경험이 부족하여 제한성이 있기도 하다. 그러나 치료임상에서의 평가는 다음 단계의 치료계획을 세우고, 바람직한 치료과정을 확인하고, 학문적 기능을 바탕으로 치료적 기능을 강화하며, 치료자의 책임성을 강화시켜주는 중요한 의미를 함축하고 있다. 평가는 치료 마지막 단계에서만 이뤄지는 것이 아니라 모든 치료의 마지막 과정이자 치료의 시작과정으로서 전체로서의 치료과정과 함께 가는 전문적인 치료의 순환과정이다.

평가의 과정은 초기면접의 정보수집 과정에서부터 청소년과 가족의 반응, 치료자에 대한 반응, 치료과정의 반응, 작품의 결과에 대한 반응 등을 구체화 할 수 있다. 이러한 평가과정은 임상상황 매 회기마다 이루어지므로서 다음 회기를 계획하고 재수정하며, 종결단계에서는 전체적인 평가에 대하여 청소년과 가족과 치료사가 공동으로 치료과정의 결과를 평가하고, 종결 후의 예측되는 문제까지 재조정하여 종결 준비를 하게 된다. 다음에서는 치료전반에서 치료자가 관찰하고 평가해야 하는 구체적인 평가 내용은 앞장의 평가기록지 내용을 참조하도록 한다.

3. 평가 기법

청소년의 그림을 이해하는 과정에서 강조되어야 할 부분은 그림의 상징적 표현들이 청소년의 느낌과 현실상황을 뒷받침하지 않는다면 큰 의미가 없다. 그림을 그리는 상황에서의 표정과 행동, 언어, 느낌, 일상의 상황 모두가 관찰되고 확인되지 않고서는 그 사람의 그림은 검사자의 편견으로 왜곡된 결과를 알려주게 될 것이다. '세찬 파도와 절벽 위에 서 있는' 청소년의 그림 이미지를 생각해 보자. 그림만 보고 평가한다면 현재 그 청소년은 매우 위험한 상황이라고 평가될 것이며 보호가 필요하다고 제안할 것이다. 그러나 이 그림에 대한 설명에서 청소년은 '이곳은 나만이 아는 유일한 안식처이다. 나는 속상하고 답답할 때면 이곳에 가서 휴식을 갖는다. 그러고 나면 다시 일상으로 돌아와 자신의 역할에 열중할 수 있게 된다' 라고 말한다면, 위험스럽게 보이는 그곳이 이 청소년에게는 매우 편안하고 쉴 수 있는 장소가 될 것이다. 최선을 다해 열심히 살고 있는 사람의 그림에서도 알 수 없는 병리적인 표현들은 종종 발견될 수 있다. 그림의 이미지들은 과거에 상처로 경험했던 부분들이 작업에서 자기만의 표현으로 투사된 것이라고 볼 수 있다. 그 상처적인 갈등은 쉽게 사라질 수 없는 아픔이기에 어떠한 방법으로든 표출되어 나오지만 지금 그 사람은 삶의 과정 속에서 자기 발견을 하고 있고 통찰하고 있으며 승화시키고 있는 사람들이라고 볼 수 있다. 그림을 평가할 때 병리적으로 보이는 그 흔적들을 병리 자체로만 본다면 문제를 더욱 확대시키게 되고 치료를 위한 강점은 간과될 수 있다는 점을 잊어서는 안 된다. 통합된 평가를 위해서는 치료자가 불안하지 않은 상태여야 하며 자기 치유가 가능해야 그림에 대한 통찰이 가능해지며 선입견이나 왜곡이 아닌 객관적인 시각으로 그림을 이해할 수 있게 될 것이다. 아래의 내용은 필자(2003)의 투사그림 검사의 실제(p.6-7)내용을 일부 수정하고 보완한 내용이다.

그림 평가기법의 유형

[표 7-9]

기법	중요성 및 타당성	방 법	연 구 자
인물화검사	인물화는 자아상의 투사인 동시에 무의식 세계의 동기나 욕구를 종합적이면서 객관적으로 표현해 주는 중요한 구실을 한다. 즉 인물화는 머리, 얼굴, 손, 발, 몸, 어깨, 목 등 신체 각 부분에 대하여 자아상의 표현방법을 구별할 수 있고, 여러 가지 상, 자세, 연령, 복장으로 성격을 추리할 수 있다.	사람을 그리도록 하고 다시 반대의 인물을 그리게 하여 자유 이미지, 연상기법, 무의식의 환상을 표출, 상징, 해석 및 언어화 한다.	Florence, Good-enough (지능검사), 1926 오오도모 (성격검사),1956
나무그림검사	자기 상을 나무에 투사. 인간의 무의식의 영역이 이미지화 되는 것(Jung, 1967). 발달과정과 상태관찰이 가능하다	나무 한 그루를 그리도록 한다. 단점은 해석에서 연령변인이 고려되어야 하며 문화적 차이 때문에 상징적 의미의 기계적 적용은 피해야 한다.	Karl Koch, 1949
집·나무·사람그림검사	그림을 전체적으로 보므로서 나타나는 역동성은 자아상과 환상세계를 진단할 수 있다. 그러나 HTP검사는 진단적 목적으로 개발되었으므로 어떤 행위나 상호반응 불가능 등의 임상적 가치의 제한점이 있다.	집, 나무, 사람을 각 장에 따로 그리도록 하여 각 그림의 연상, 무의식을 표출케 함으로써 언어화를 시도한다.	Buck, 1948 Hammer, 1969

기법	중요성 및 타당성	방 법	연 구 자
동적집·나무·사람그림	HTP검사의 제한성인 병적 진단에의 초점이 아닌 일반인의 발달적(매슬로우적 관점에서의 발달이 아닌)연구에 의미부여를 하고 있다. 움직임의 반응은 한 개인 스스로의 내적 작용과 그의 환상 및 심상들로의 출입 가능성을 반영하므로 개인의 내적 풍요로움의 정도에 대한 중요한 단서가 될 수 있다는데 중요성이 있다.	집, 나무, 한 사람이 어떤 행동을 하는 그림을 그리도록 하여 언어화, 상징성, 역동성 해석을 한다.	Robec.Bums, 1970
동적가족화	정신분석, 장이론, 지각의 선택성 등의 이론을 기초로 하여 가족 내에서 그 사람의 자아개념과 관련된 측면 그리고 대인 관계 영역에서의 그 사람의 감정을 표출하도록 이끄는데 도움을 준다. 가족 치료적 측면에서 볼 때 KFD는 의식적, 무의식적 투사기법으로서 진단 또는 치료하는데 가치가 있다. 특히 1차적 장애를 가진 아동에게 실시할 경우 면접이나 다른 기법보다 더욱 빠르고 적절하게 많은 정보를 얻어낼 수 있다.	자신을 포함하여 가족 모두가 무엇인가를 하고 있는 모습을 그리도록 한다.	Burns & Kaufman, 1970
학교생활화	학교에서의 상호관계와 역동성을 알아내는 투사기법으로서 그림을 통해 학교생활에서의 갈등관계와 어려움의 상호장면을 인지하게 하여 학교생활 부적응을 치료할 수 있으며, 자아개념을 파악할 수도 있다.	자신을 포함한 교사와 교우가 학교 내에서 무엇인가 하고 있는 모습을 그리게 한다. 인물상의 역동성 변인(우월성, 그림순	Prout& Plillips,1974

기법	중요성 및 타당성	방 법	연 구 자
		서, 방향, 표정, 크기와 거리)에 따라 학교생활의 지각 특성을 분석한다.	Knoff&Prout, 1988
풍경구성법	초기에는 정신분열증 환자를 대상으로 모래상자요법의 가능성을 결정하는 예비검사로 고안되었으나 최근에는 진단, 평가의 검사 차원뿐 아니라 치료적으로도 활용되고 있다. 임상에서 이 방법은 문제의 증상을 회복시키기 보다는 관계성의 다리역할로 사용된다.	강, 산, 밭, 길, 집, 나무, 사람, 꽃, 동물, 돌이나 바위, 더 그리고 싶은 것 등 11가지를 지시에 따라 그리고 풍경으로 완성시킨다. 풍경 전체의 통합성, 분화성, 공간성 등을 검토하여 각각의 의미를 모래상자 요법의 해석 기준에 의해 분석한다.	나까이(山中), 1969
자유화	그림의 색채, 형태, 구성 등에서 그 사람의 정서, 성격, 에너지의 양과 통제력 등을 파악할 수 있다.	비지시적으로 자유연상에 의해 그리고 싶은 것을 그리게 한다. 무의식 세계의 환상을 표출하게 하여 상징 해석 및 언어화 시도	Alschuler & Harrwick
발테그검사	8개의 자극도와 관련된 주제에 대한 반응이나 태도를 통해 문제를 발견시 곧바로 상담의 자료로서 사용이 가능한 점이 타 검사도구와의 차이점이다.	자극도를 제시하여 8칸에 무언가를 그리도록 지시하고 가장 마지막에 그린 그림에 표시를 하게 한다.	발테그 (Ehring Wartegg), 1939

기법	중요성 및 타당성	방 법	연 구 자
별·파도그림검사	1978년에 간행되어 성격진단검사로 주로 사용되었음. 3세부터 취학전 아동의 경우 발달기능검사로도 사용. 검사 실시 후 그림의 표현에서의 형태, 움직임, 공간사용법에 의해 그 사람의 정신적인 면이 특성과 감정, 실생활의 상태를 이해할 수 있다.	검사지를 제시하고 바다의 파도와 별이 있는 하늘을 그리세요 라고 지시한다.	울쥬라, 아베랄르멘 (Ave-Lallernant, Vrsura) 1970년대 개발
기타	이외에도 난화(The Scriblle), 이야기 게임(DAS: Draw-A-Story), 진단적 그림 시리즈(DDS: The Diagnostic Drawing Series), 사과 따는 사람그림(PPAT: Person Picking an apple from tree), 빗속의 사람 그림검사(DPRT: Draw Person in the Rain Test), 자화상(SPT: Self-Portrait Test), 색채화 검사(Chromatic or Color Drawing Test), 청소년의 가족 평가를 위한KwiatKowsKa, Rubin, Landgarten등의 기법이 있다. 가족에 대한 평가 기법은 아래에서 별도로 언급되어있으므로 참고하기 바란다.		

위에서도 설명했듯이 그림을 평가하기 위해서는 그림을 그려가는 전체적인 태도와 임상소견이 종합되어야 하며 검사자로서의 체계적이고 구체적인 훈련이 되어야 한다. 그림이 검사로서 사용될 때는 갖춰야 할 사항이 많지만 미술치료에서의 검사 유형을 이해하는 차원에서는 위의 기법이 적절하게 적용될 수 있으리라 본다. 이 책에서는 독자의 이해와 도움을 위해 그림의 상징들을 첨부하였지만 개인의 다양한 상황과 경험을 무시한 채 단편적인 이해는 배제되어야 한다. 여기에 수록된 내용은 필자가 국내외 그림평가 연구자들의 의견을 모아서 도표화한 것으로 이것 자체가 한 사람의 전체를 평가할 수 없다는 것을 다시 한번 강조해 둔다. 다만 청소년을 돕기 위한 참고자료로서 이해되어야 하고 그들의 목소리에 귀 기울이기를 잊지 않기 바란다. 더욱 구체적인 상징은 원문을 통해 확인하기를 바란다.

청소년 가족 평가 기법

가족 평가 기법으로는 kwiatkowska(자유화→가족화→추상적가족화→난화→합동가족화→자유화)의 6단계 과제 기법과 Ulman(자유화→난화→난화에서 시작한 그림과제→난화에서 시작하거나 자유화에 의한 그림)의 4가지 과제 기법, 동적 가족화, 동그라미 가족화 등의 평가기법이 있으나 여기에서는 Landgarten(1987)의 체계진단기법만을 간단히 소개하겠다. 가족체계의 진단을 위한 방법으로 사용되는 미술평가기법은 가족구성원의 상호 역동성을 탐구하게 된다. 일차적으로는 미술작업과정을 통해서 이차적으로는 내용을 통해서 평가를 하게 된다. 이때 치료자는 가족체계를 형성하는 일련의 사건을 관찰하게 되는데 구성원의 행동을 구체적으로 관찰하므로서 가족 개개인을 평가할 수 있게 된다.

준비물 : 전지 또는 도화지 2장, 전지 2장, 크레파스, 파스텔

방 법 :

1) 가족을 두 집단으로 나누도록 한다.
   원하는 한 가지 색을 선택하여 무언으로 함께 그림 그린다.
   작업이 끝나면 언어를 사용하여 제목을 기록하도록 한다.
2) 부모를 중심으로 나뉘었던 집단이 서로 구성원이 교체되어 1)과 같은 방법으로 팀작업한다.
3) 전 가족이 무언으로 한 장의 종이에 그림을 그린다.
   작업이 끝나면 언어를 사용하여 제목을 붙인다.
4) 언어를 사용하여 3)과 같은 방법으로 집단 그림을 그린다. 가족이 공동작업을 하고 끝나면 의논하여 제목을 붙인다.

4. 표현공간과 심리관계

[표 7-10]

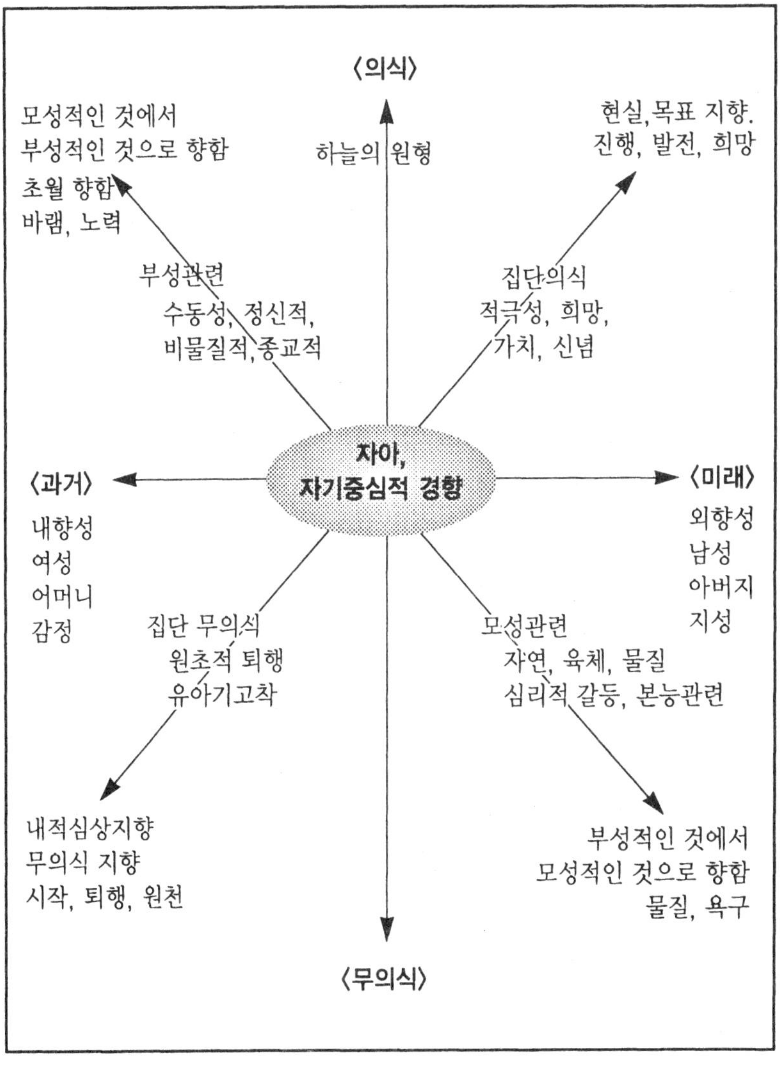

5. 색채와 심리관계

[표 7-11]

색	알슐러/해트윅	아사리	정대식	켈로그 외
빨강	• 자유롭고 느낀대로 표현 • 건강하고 협동적, 지속적 • 충동적, 흥분의 상징 • 스트로크: 조화롭고 둥근 경우는 애정표현, 기분좋은 상태/수직이나 수평으로 거칠고 위압적 또는 길고 폭넓은 경우는 적대감이나 자기주장	• 불만 • 비난 • 공격	• 활발, 자기주장 • 의식적인 과격행동 • 친구를 깊이 사귀지 못함 • 부모 말은 잘 듣지 않음	• 빨강색의 부재는 수 동성과 자기주장 결여(켈로그) • 적개심, 공격성 표현 (김재은) • 거세에 대한 두려움 (브릭) • 윗부분에 표현된 경우: 열등감(우찌와다)
파랑	• 불안, 공포 • 명령, 금지, 규칙 등 받아들이기 힘든외적 규범에 어울리는 행동을 보이는 아동에게서 많이 사용 • 날카로운 스토로크나 덩어리물감사용:통제된 불안 • 선과 형으로 나타내며 구성적그림:명랑, 활동적, 잘적응 • 어른들의 규준에 맞추려는, 더 크고 싶은 욕구 • 노랑 위에 파랑이 덧칠: 더크고 싶은욕망 • 파랑 위에 노랑이 덧칠: 어린아이이고 싶다는 욕구표현	• 의무감 • 복종 • 순종	• 긴장감, 불안 • 잦은 공상적인 꿈 • 잦은 놀램	• 불안조절 (알슐러, 벨) • 자기향상욕구 (우찌와다) • 어머니 불신, 유아기 상처, 불안(켈로그)
노랑	• 파랑과 동시에 사용: 어린 아이이고 싶은 욕구 • 의존성향	• 애정 욕구	• 냉정한 성격 • 친구를 선별하여 사귐	• 강한 적의적 태도, 애정을 구하려다 도피

색	알슐러/해트윅	아사리	정대식	켈로그 외
노랑	• 친구관계가 좋고 인기있음. 평이좋은 행동상의 특징 • 어른의 규범에 맞추고 싶지 않아하고 좀더 어린아이이고 싶은 욕구 • 태양이 노랑색: 아버지에 대한 정서적 결함	• 검정과 혼합사용은 아버지 부재, 꾸중을 나타냄	• 지능이 높다 • 예민한 성격 • 권위적 • 강한 결단력과 의지력 • 외부와의 관계 거부	• 밝은 색은 호기심, 선한 마음을 나타내고 칙칙한 색은 부정적인 아버지에 유착(켈로그)
초록	• 감정자제 • 지나치게 엄격한 훈육환경에서 양육된 아동	• 허약 • 피로 • 비애 • 소극적, 무기력	• 완고한 가정 분위기 • 강한 자기주장 • 사물에 대한 판단을 잘함 • 친구와 잘 어울림	• 신경피로(김재은) • 감정불안, 부모교육 불일치 등 환경적 문제
검정	• 공포나 불안에 의한 억압 반영 • 가정상황, 신체결함에 대한 위축 • 외적으로는 순종, 온순하나 내적으로는 과도하게 자신을 통제 • 정서적 행동의 결핍, 우울	• 공포심 • 어머니의 히스테리적 정서상태또는그에대한공포 • 검정색의 윤곽: 어머니의엄격한 훈육 검은구름: 어머니에대한불안	• 적응력 강함 • 지능이 높음 • 가정환경이 어두움	• 개인이나 환경에 대한 두려움(알슐러, 벨, 아사리) • 감정이나 근심의 억제 (브릭스, 우찌와다) • 엄격한 훈육(김재은)
주황	• 주위환경에 적응하나 감정을 표현 못하는 겁이 많음 • 소심한 성격 • 공상적이고 현실도피 경향 • 태양이 주황이면 애정이 부족한 아버지 상징	• 극도의 애정 결핍		• 애정을 구하는, 도피 반응(우찌와다) • 자기주장, 권위에 대한 적대적 태도, 자제력 부족, 야심(켈로그)

색	알슐러/해트윅	아사리	정대식	켈로그 외
보라	• 아동에게 흔하지 않은 색채이나 문제로 보는건 배제되어야 함 • 억제된 불행한 심리 상태와 관련 • 우울 • 친구관계 어려움	• 질병과그 영향 • 분홍, 빨강, 파랑의 대체 • 대인관계의 어려운경우가 많음 • 배경과 지면에 보라: 외고집, 심술, 비사교적, 자기중심적	• 고집이 셈 • 지능이 높고 응용력 강함 • 세밀한 성격 • 운동을 좋아하고 어떤 일이든 잘 해냄	• 대인관계 문제, 거부적 심리(우찌와다) • 신체장애, 질병, 상해 (우찌와다, 아사리, 김재은): 환경의 부적응 (김재은)
갈색	• 지나치게 일찍 배변훈련, 청결습관을 과도하게 강요하는 가정의 아동 • 유아적 상태에 머무르고 싶은 욕구 • 모성애의 결함과 관련 • 더럽히고 싶은 욕구	• 욕구 • 식욕 • 물욕	• 의지력이 약하고 의존적임	• 유아적 경향, 미숙(브릭스) • 방어적 반응 (우찌와다)
분홍		• 마음의 고통 • 보라 대용	• 내향적 성향 • 순진, 솔직	• 마음이 아픔, 몸에 열감, 열등감 (보라색 대용) (아사리, 우찌와다) • 질병, 연약함, 의존성(켈로그)
흰색		• 경계심 • 실패감	• 폐쇄적 • 고집세고 친구적음 • 주관성이 강하고 과시적임	• 지적지체(김재은) • 큰 상실, 영성적인 힘에 대한 양가적 느낌 (켈로그)
회색		• 불안 • 검정 대용	• 경계심 많고 외로움탐 • 냉철하고 내향적 • 창의력 • 편식	• 열등감, 강한 경계심 (우찌와다) • 우울증, 죄책감 (켈로그)

6. 선의 형태와 심리관계

[표 7-12]

	선의 형태	심리적 관계
선의 질	선이 짧고 딱딱하다	정서적 긴장, 정신지체아에 흔함
	부드러운 선	(과민성, 강박, 불안정 등)신경질, 겁쟁이, 공포심, 자아약함의 표현
	일부분만 상세하고 강한 선	그린 대상에 대한 집착, 불안감 또는 적의나 억압을 나타냄
	일부부만 약함	그린 대상에 대한 혐오감
	불안정한 선	소극적
	흔들리듯한 선	초조한 감정, 기질적 질환의 경우 많음(폴리)
	자주 끊어진 선	고집, 거부증
	직선이 많음	결단력, 안정
	선의 압력이 강하거나 약한 경우	강한 압력으로 그린 선은 강한 내적 에너지 반영, 약한 압력으로 그린 선은 심리적 에너지 반영
	빨리 그린 선	충동적
	가는 선	억압
	흐리고 질퍽한 선	엄격한 통제로부터의 도피
선의 형태	나선형의 선을 많이 쓰는 경우	마음의 해방을 바라고 있고 흥분하기 쉬운 성격(브릭스)
	사선이 많다	불안감
	가로 선이 많다	침착하나 허약, 여성적 경향
	세로 선이 많다	독단적, 남성적, 자기주장적
	원형이 많다	작은 원형이 많은 경우 강한 소유욕 표현, 정서적 발달의 미숙, 의존적, 자기중심적 심리
	각진 선이 많다	네모꼴이나 삼각형 등 각진 선은 엄격한 훈육환경에서 부모에 불만이 많고 고집 세고 욕심 많으며 친구와 자주 다툼
	윤곽선만 많다	정서적 발달미숙을 나타내기도 함
	곡선같은 굴곡이 많음	형식적 훈육에서 벗어나고픈 욕구
	수직과 수평선이 많다	복종과 자기주장과의 사이에서 갈등
	전체적으로 상하로 그림	상향그림은 자신감 없는 상태, 하향그림은 목적달성의 욕구를 과시할 때가 많음
선의	난잡한 선이 모여 있다	비협력적 태도, 우유부단, 꽁한 태도를 표현 억압되어 있음을 표현

	선의 형태	심리적 관계
사용방법		한행동에서 다른 행동으로 옮겨갈 때 무질서함
	네모난 선이 많다	공격적 특징
	네모난 둥근 윤곽을 그린 경우	내향적 감정에 갇혀있음을 표현
	그물같은 선을 많이 그린다	엄격한 훈육. 독립심의 부족
	빈틈없이 칠함	답답함. 행동의 제약과 두려움
	수직선이 오른 쪽으로 기울어지거나 왼쪽으로 기울어짐	오른 쪽으로 기울어진 경우는 지나친 긴장을 표현하고 왼쪽으로 기울어진 경우는 의지가 약하고 반항적 태도
	아무렇게나 그림	개성의 표현일 수도 있음. 일에 흥미 없고, 때로는 이해 바라는 욕구가 숨어있음
	짧은 선	신경질. 모호한 훈육태도, 자기주장, 엄격한 어머니
	그림의 좌우 균형이 없다	갈등상태
	선에 자신이 없다	연약한 마음, 지구력이 약하여 자신의 일에 실증을 잘 냄
	주제가 어느 한편으로 쏠려있다	오른쪽에 쏠려있는 경우는 공격적 경향이 있고 외향적, 지도성을 나타내기도 하며, 왼쪽으로 쏠린 경우는 도피적이고 내향적, 고립된 성격이 많다. 아래쪽에 쏠린 경우는 행동에 자신감이 부족하고 소극적인 반면에, 위쪽에 그리는 경우는 환경에 대한 인식이 부족하다
부분적 형태의 특징	각 부분의 형태가 정확하지 않다	자기통제력 부족
	늘 같은 것을 많이 그린다	현실경험과 상상력 부족. 감정의 폭이 좁다. 자기만의 세상에 갇혀 살고 있다.
	선위에 그림	안정감을 구함
	일부는 상세하나 일부는 조잡하게 그린다	대상물에 대한 혐오의 정도 표시. 상세히 그리는 것은 좋아하는 대상인 경우가 많다
	부분적으로 거꾸로 그려진 경우	내적 통제가 충분치 않음
	화면전체에서 일부분만 가득히 그린다	자기과시욕
	한쪽 구석에 그린다	열등감, 내향성, 자발성이 약하다 가족으로부터 억압. 환경에 대한 인식이 잘 안됨

7. 표현대상과 심리관계

[표 7-13]

대상	표현 대상	심리적 관계
인물	인물 자체	자화상(버크) 주위와의 관계(버크)
	인물이 옆으로 향하거나 비스듬히 쏠려 있음	부모의 요구가 많아 억압감을 느낌, 대인관계에 장애 있음(우찌와다)
	인물이 등을 보이고 있음	대상인물과의 문제(우찌와다)
	표정이 좋지 않음	그 인물에 대한 감정표현(리트먼)
	팔을 그리지 않음	긴장, 교육의 문제(우찌와다)
	신체의 세부 강조	경계심(버크)
	인물의 크기가 실제와 다를 때	좋아하거나 중요한 사람을 크게, 싫은 사람을 작게 그림(우찌와다)
	인물이 없음	사회적 관계 어려움(브릭스)
	구석에 작게 그린 인물	거리감 느끼는 경우, 미워하는 사람의 경우 (우찌와다)
	배우나 운동선수가 군중과 함께 있음	주의집중 요구, 열등감과 불안정(브릭스)
	의상에 장식강조	자기애적 기대(버크)
	붉은 선으로 인물을 그림	부모에 대한 불만과 심각한 가정문제로 항상 긴장과 갈등 속에 웅어리져 있는 상황
집	집 자체	자화상, 가정생활, 가족관계(버크) 어머니 상징(우찌와다, 아사리) 아동의 신체적, 경제적 배경을 나타냄(애펄))
	지나치게 높은 집	가정내의 불안(우찌와다)
	지나치게 큰집	가정에서 자기를 나타내고 싶은 욕구(우찌와다)
	멀리 있거나 너무 가까이 있음	가까이 그린 경우 가족과 함께 하고 싶은 욕구 멀리 그려진 경우는 의존심이 강한 경우 또는 타인으로부터 거절적인 기분(우찌와다)
	양쪽으로 몰려 있는 집	자기 통제력이 약함(우찌와다)
	내부가 투시적으로 표현	가족간의 거리감(우찌와다)
	창문이 검거나 회색으로 칠해졌을 때	어머니의 꾸지람에 화가 났을 때
	굴뚝 강조	자신을 드러내 보이고 싶은 욕구, 독립욕구 (우찌와다)
	너무 높은 굴뚝	불안정 표현(우찌와다)

대상	표현 대상	심리적 관계
	연기가 너무 가늘다	애정결핍의 표현(우찌와다)
	삼각형 창문	가정에 대한 불안이나 불만(우찌와다) 창문이 지나치게 큰 경우는 의존성향
	문이 열려 있고 사람이 있거나 없음	가운데 사람이 있으면 가정에 희망이 있고, 없으면 자기방어감 결핍(버크, 우찌와다)
	계단	열등감(버크)
	현관이 어둡게 표현	유아적 상황으로 돌아가고 싶은 욕구, 불안감정(버크)
	현관문의 빗장	과거 불유쾌했던 가정에의 거부적 태도(버크)
	창, 문, 굴뚝, 지붕 등이 있으나 연관성 없는 표현	personality 무질서, 혼란(버크)
	집 주변의 나무	부모, 형제 상징(버크)
나무	나무 자체	환경으로부터 얻은 경험, 자화상 또는 중요한 다른 사람(버크)
	많은 나무 표현	소유욕이 강한 마음(우찌와다)
	나무의 그림자 강조	불안정한 기분표현(우찌와다)
	소나무	기다림(아사리)
	고목	통제력이 약하고 불안정하며 쓸쓸함(우찌와다)
	너무 굵은 줄기	자신 있어 보이나 불안하고 특히 자기주장이 강하거나 열등감의 보상으로 자기과시(우찌와다)
	아래로 갈수록 가는 줄기	애정결핍(우찌와다)
	가지가 너무 가는 경우	세심한 성격, 환경의 부적응. 욕구를 건전하게 발달시킬 힘 부족(우찌와다)
	뿌리 강조	강한 현실지배욕, 성격이 대담함(버크)
	열매가 많음	여러 색의 열매는 부모의 간섭이 많을 때, 정서가 부족하고 틀에 맞게 행동(우찌와다)
	잎이 난잡하게 표현	협동심 결핍, 인정받고 싶은 욕구(우찌와다)
	잎의 흔적(줄기 위의 두 잎)	친구나 형제의 죽음(아사리)
	작은 잎을 짧고 강하게 표현	자기주장을 하고 싶은 기분(우찌와다)
	나무를 검게 칠함	마음을 열지 못하고 남과 어울리기를 싫어함
산	봉우리 하나/여러 개	아버지 상징(아사리)/어머니 상징(우찌와다)
	꼭대기가 보이지 않음	아버지 태도에 문제(우찌와다)
	뾰족한 산이 두 개	부모의 가정교육문제, 욕구과잉으로부터 오는 심리적 반항(우찌와다)
	산에 작은 꽃이 많음	다소의 불평관련(우찌와다), 때로는 희망

대상	표현 대상	심리적 관계
동물	동물자체	성적 호기심, 두려움(브릭스, 애펄)
	많은 동물	애정욕구(우찌와다)
	맹수	공격적이며 외향적 성격(우찌와다)
	코끼리, 소, 고래, 말, 뱀, 오리	어머니와 관계된 상태에서 나타나며 내향적 (아사리)
	뱀	공포심(우찌와다)
	싸우는 황소	집단에서의 순종적 역할에 저항(브릭스)
	고양이, 개 등 작은 동물	집을 상징, 개, 고양이는 애정갈구(벤더, 래퍼퍼트)
	새, 말	태만, 방랑성(벤더, 래퍼퍼트)
	바다속 물고기나 땅속의 벌레를 뭉개거나 지우면서 그림	부모와 대화 없고 침울한 분위기에서 생활하는 아동의 불안심리
나비	나비 자체	왕래(우찌와다)
	정지하고 있는 나비	근친의 사망, 부재, 병환
	화면향해 날아 들어오는 나비	먼 곳에 있던 근친이 돌아온다는 희망, 공상, 소원
	화면 밖으로 나가는 나비	사망한 사람과의 이별에 대한 쓸쓸한 감정
차	철교를 지나감	자기에 대한 불만(우찌와다)
	정면 향함	강한 반항심(우찌와다)
	멀리 달려가고 있음	애정결핍 기분(우찌와다)
기차	건널목에 서 있는 기차	가정불안(우찌와다)
	철도 선로 밖에 그려진 기차	환경에 대한 불만(우찌와다)
	멀리 달려가고 있는 기차	집을 자주 비우거나 애정이 적은 어머니 때문에 체념하고 있는 심리
	기관차	어머니(아사리)
비행기	낮게 나는 비행기	
	크고 작은 비행기	어머니 꾸중이 심한 상황
	작고 많은 비행기가 배에 폭탄을 떨어뜨림	어머니 잔소리에 대한 공격 감정
배	파도를 헤치고 항해하는 배	가정의 경제를 맡고 있는 어머니가 열심히 일하고 있다는 의미(아사리, 벨)
고래	큰고래	억압적인 어머니를 뜻하나 기차나 배보다는 온순한 어머니를 의미함(아사리)
	그물이나 끈으로 고래를 잡는 그림	집을 자주 비우는 어머니를 묶어두고 싶은 소망

대상	표현 대상	심리적 관계
꽃	꽃 자체	여성적(아나스타시, 포울리)
	해바라기	아버지(아사리)
	튜울립	어머니(아사리)
	해바라기와 튜울립이 나란히 그려진 경우	부모화목(아사리)
	꽃이 분홍, 보라, 녹색	병석에 있는 아버지, 흰색과 보라색의 나비가 함께 그려진 경우는 병원에 다니고 있는 상황의 심리
	검정 또는 보라색의 튜울립	어머니의 히스테리가 심한 경우
	튜울립을 녹색과 검정으로 그린 경우	정신질환 또는 학대하는 어머니를 상징
해	크기정도	소유욕을 의미하며, 크기에 따라 욕구의 크기가 다름(우찌와다)
	위치가 낮고 거의 진 상태	아버지와의 정신적 거리감(우찌와다)
	햇빛이 길다	과시욕과 성취욕구, 자기의식 강함(우찌와다)
	강한 후광	강한 과시욕과 독점욕(우찌와다)
	흩어진 후광	아버지의 잘못된 교육으로 오는 심적혼란(우찌와다)
	빛살이 없거나 끊어진 후광, 약한후광	애정이 부족하거나 아버지의 부재(우찌와다)
	해의 윤곽이 검은 색	대인관계문제, 정신적 불안정(우찌와다)
	윤곽만 그려짐	의존적 성향, 가정 내 성향, 가정 내 불안, 환경인식의 부족(우찌와다)
	빛살이 굵고 톱니처럼 그림	아버지 권력이 강함
	둥근 산에 걸쳐있거나 조각난 해	환경에 불만, 멀리 있는 아버지
	구름에 가린 해	가정에 문제 있거나 애정이 차단된 아버지
	태양이 두개	아버지 사망 또는 부모에 대한 불만
기타	물에 비친 해	아버지 사망 또는 병
	과일	여성적(아나스타시, 벤더와 래퍼포트)
	화산	적의(브릭스)
	무지개	추억(아사리)
	숲, 집, 마른 풀	적의(브릭스)
	화재, 홍수에 의한 파괴	이상자(아나스타시와 포울리)
	전쟁	적의, 퇴행(나움버그)
	묘지, 유령	공포심(우찌와다)

대상	표현 대상	심리적 관계
	추상적 도안	억압된 공포를 감춤(우찌와다)
	삼각형	정삼각은 아버지, 직삼각형은 어머니(아사리)

8. 숫자와 심리관계

[표 7-14]

숫자	심 리 적 관 계
1	마음상태. 시작. 자기중심
2	조화. 깨달음. 개인의 이중성. 분열. 갈등. 극복
3	역동. 자신에 대한 발견과 시작. 가족이 형성되는 수. 부모와 아이
4	균형. 전체성의 완성. 에너지. 자기인식에의 노력
5	목표향함. 능동적. 신체적인 현실과 연관
6	조화의 수. 성취에 대한 만족과 공허감. 여성과 남성. 자부심
7	가능성의 마지막 단계. 깨달음의 단계. 자기발견
8	새로운 탄생. 행운. 영원성. 자기. 안정성
9	신체적, 정서적, 영성적인 요소의 조화. 진실. 가능성
10	완성. 윤리성. 현실성. 삶에 대한 구체적인 대처 자세
11	변화에 대한 갈등. 균형 위한 도전. 죽음과 재생
12	완성. 미해결 부분에의 해결. 마감. 개별성
13	새로운 시작과 마감. 양가감정. 이중가치. 불행한 종말

제8장

종결과 사후개입

1. 미술치료의 종결

미술치료에서 종결이 갖는 의미에는 한 회기의 종결과 치료 전체 과정의 종결의 두 가지 의미를 포함하고 있다. 회기의 종결준비는 청소년이 치료를 효과적이고 만족한 경험을 가지고 떠날 수 있도록 돕는 것이며 치료 경험이 일상생활에 부정적인 영향으로서 이차적인 문제를 발생하지 않도록 돕는 것을 포함한다. 전체과정의 종결이란 치료의 최종단계로서 청소년이 치료계약과 치료관계를 완전히 종료하는 것으로서 여기에서는 치료 전체 과정의 종결에 초점을 두겠다. 미술치료 임상에서의 모든 노력과정들은 언젠가는 종결에 이르게 되는데 대체로 종결의 이유는 치료계획에서 이미 사전에 동의되어진 약속기간과 치료가 충분히 목표 달성된 경우, 청소년과 치료자의 의견 불일치 또는 치료과정의 불만족 등의 이유로 한쪽이 종결을 결정한 경우, 또는 이사 등에 의해 다른 곳으로 옮겨가야 하는 경우, 치료자의 한계성 등에 의해 치료를 종결하게 된다.

[표 8-1]

종결준비에 대한 치료사의 평가
1. 종결의 목적과 이유가 분명한가?
2. 종결을 위한 준비시기는 언제부터인가? 미리 준비되었는가?
3. 종결준비에 청소년과 가족을 포함 시켰는가?
4. 불만족한 결과에 대한 적절한 개입을 했는가?
5. 사후관리(의뢰, 사후개입)에 대한 언급은 했는가?

종결의 이유가 무엇이었든 간에 종결과 관련된 청소년의 심리적 상황은 독특한 감정과 특성을 가지고 있다. 정신 역동적 측면에서 보았을 때 치료의 시작은 출생과 같은 불안의 심리적 의미를 함축하고 있어서 편안하고 안정된 치료환경으로 치료대상자인 청소년을 담아내야하지만, 종결은 분리개별화의 단계와 같은 분리감정을 불러 일으켜 불안과 부정, 저항, 애도의 반응을 불러 일으킨다. 실제로 치료환경에서 떠나야 하는 치료 대상자들에게서 수없이 느끼는 경험들 가운데 한 예를 들어보면, 6년전 필자가 정신병원폐쇄병동에서 만났던 그 청소년은 부모에 의해 원치 않은 퇴원을 결정하고 입원실 문을 나서는 순간 입이 귀까지 돌아가 버리는 신체 증상을 나타내었기에 퇴원을 포기할 수 밖에 없었는데, 부모가 퇴원을 포기하고 돌아가자 1시간도 채 안 되어 다시 원상으로 회복되는 경우가 있었다. 물론 그러한 현상은 약물 부작용의 반응결과로 간혹 나타날 수 있는 현상이지만 그 청소년의 경우는 약물을 사용하지 않았다는 점이 심리적 반응이라는 추론의 근거가 된다. 이외에도 종결과 관련된 당혹스러운 상황들은 종종 있다. 치료결과에 대해 만족하면 만족한대로 불만족하면 불만족한대로 종결에 대한 양가감정은 누구에게나 이차적인 문제로 등장할 수 있다. 이에 대한 치료자의 준비가 소홀해서는 안 되며 이 과정은 청소년 본인과 가족이 포함되고

충분한 시간을 가지고 준비되어야 한다.

종결 단계에서 경험하게 되는 심리적 반응은 불안, 부정, 분노, 애도, 고별 증후군의 다섯 단계의 심리적 반응의 경험을 하게 된다. '2년전 머리 뽑는 행동문제를 보였던 한 청소년이 필자와 미술치료를 시작한 지 18개월 만에 치료를 종결하는 과정에서 어머니에게 치료를 계속하겠다고 고집을 부리며 치료를 그만두면 아마도 다시 머리를 뽑게 될 거라고 종결을 미뤄 줄 것을 하소연했다. 치료자에게 청소년은 엄마가 요즘 잔소리가 다시 심해졌고 앞으로 자신은 분명히 엄마 때문에 힘들어 질거라며 엄마를 설득시켜 줄 것을 요구하기도 했다.' 이러한 종결 단계에서 보이는 감정의 주제는 상실과 분리에 대한 불안이다. 상실에 대한 반응은 행동에서 뿐 아니라 그림 작업에서 보다 표면적으로 드러나 보인다. 치료자가 유의해야 할 사항은 청소년이 치료자에 대한 분리 불안과 관련된 문제 이외에 가족과 다른 사람들과의 상실 경험을 동시에 경험하고 있는지에 대해서도 민감하게 고려되어야 한다. 간혹 그림 작업에서 종결에 대한 상실의 보상욕구로 퇴행의 형태를 드러내기도 한다.

이 장에서는 반사회적 행동문제를 보이는 청소년치료 임상에서 필자가 사용했던 종결준비를 위한 평가와 사후 계획을 위한 질문지를 제시하였다. 실제 치료상황에서 적절하게 사용되길 바란다.

[표 8-2]

종결준비 평가 기록지 (청소년용/가족용)

1. 치료과정에서 가장 (청소년/가족) 힘들었던 점은 무엇입니까?
2. 치료후의 변화는 무엇입니까?
   청소년 본인의 변화?
   가족의 변화?

3. 종결 후 염려되는 문제는 무엇인가?

염려되는 문제	이전의 대처방법	앞으로의 대처방법	청소년 가족이 도울 수 있는 방법	가족 청소년이 도울 수 있는 방법
1.				
2.				
3.				
4.				
5				

4. 사후 계획

2. 다른 전문기관으로의 의뢰

미술치료자는 치료종결이 만족한 치료의 결과인 경우를 제외하고는 청소년의 지속적인 도움을 위해 다른 전문가에게 연결시켜 주어야 할 의무가 있다. 청소년이 가진 문제의 정도가 기관의 환경이나 치료자 자신의 전문적 기준을 넘어서는 경우라면 치료중이라도 적절한 다른 기관을 소개해야 하는데 이러한 과정을 의뢰라고 하며 의뢰는 종결과정에서 배제해서는 안 될 중요한 전문 치료사의 책임성과 관련된다.

종결상황이 아닌 치료과정에서 이미 치료가 진행중이라 하더라도 치료의 지속이 부적절하고 치료자의 전환이 필요하다고 평가되었거나, 청소년의 요구에 다른 치료자가 개입되어 있어서, 그 요구의 배경과 치료지속의 부적절성을 치료자의 전환으로 해결될 수 있다고 평가되었다면 동일기관내에서 담당 치료자가 바뀔 수 있는데 이러한 경우도 의뢰라고 한다.

의뢰시 치료자가 해야할 일은 청소년과 가족에게 의뢰 이유에 대하여 거절당했다는 느낌을 갖지 않도록 감정이 다뤄져야 하며 의뢰기관에서 도움 가능한 서비스 정보에 대해서만 소개하여 스스로 선택하게 해야 한다. 개인에 따라서는 정보만으로 충분하지 않고 보다 구체적인 도움이 필요할 수도 있다. 예를 들면 주소나 전화 번호, 치료자의 성함까지 알려 줄 필요가 있을 수도 있다. 간혹 미술치료사들은 자신의 전문성이 청소년을 충분히 도울 수 없는 상황인데도 불구하고 비현실적인 희망을 주거나 긍정적인 약속을 하거나, 의뢰 받은 치료자가 기관의 기능이나 자신의 전문성을 넘어서는 가능성을 약속하거나 하는 오류를 범해서는 안 된다. 의뢰는 이처럼 다른 기관이나 다른 전문가에게 소개하는 것 이외에 필요한 자원을 충분히 활용할 수 있도록 돕는 것까지도 포함한다.

[표 8-3]

의뢰시 미술치료사의 자세
1. 청소년이 가진 욕구는 치료자 자신의 전문적 기능과 부합하는가?
2. 의뢰시 청소년의 감정을 충분히 다루었는가?
3. 도움 가능한 한계를 분명히 설명했는가?
4. 의뢰 시기와 과정은 적절했는가?
5. 의뢰가 치료자 자신의 책임 회피는 아니었는가?
6. 청소년의 자기결정을 존중했는가?

3. 종결 후의 사후개입

사후개입이란 치료 종결 후 청소년이 치료자의 개입 없이도 잘 기능하고 있는지, 다른 문제는 없는지 평가하고 지속적인 치료결과를 촉진시키고 극복할 수 있도록 지지하기 위한 과정으로 하는 종결 이후의 부가적 개입을 의미한다. 필자는 종결 시에 사후관리에 대한 언급을 일반화 하는데 이유는 가족들이 치료자의 사후 개입을 기본적인 치료과정의 연속으로 받아들이므로서 재발의 요소를 예방하고 견고한 회복으로 안내하기 위함이다. 청소년과 그들의 가족은 종결 이후의 치료관계를 불편해 하는 경우가 흔히 있기 때문에 사후만남의 일정이 포함된 동의서를 받는 것도 적극적인 사후개입의 한 방법이 된다. 사후개입은 이전의 만남과는 달리 전화나 편지로 시작되기도 하며 비공식적인 만남을 가질 수도 있지만 정해진 일정에 따라 직접만남의 방법이 가장 효과적이다. 사후관리는 매우 중요하나 의료기관의 치료자들은 과업무로 인해 개입이 쉽지만은 않은 것 같다. 그러나 청소년의 경우 최소한 3~6개월 정도의 사후개입은 기본적인 과정이다. 때로는 새로운 도움이 필요한 경우가 흔히 있기 때문이며 치료자의 분명한 철학이 그것을 가능하게 하리라 본다.

[표 8-4]

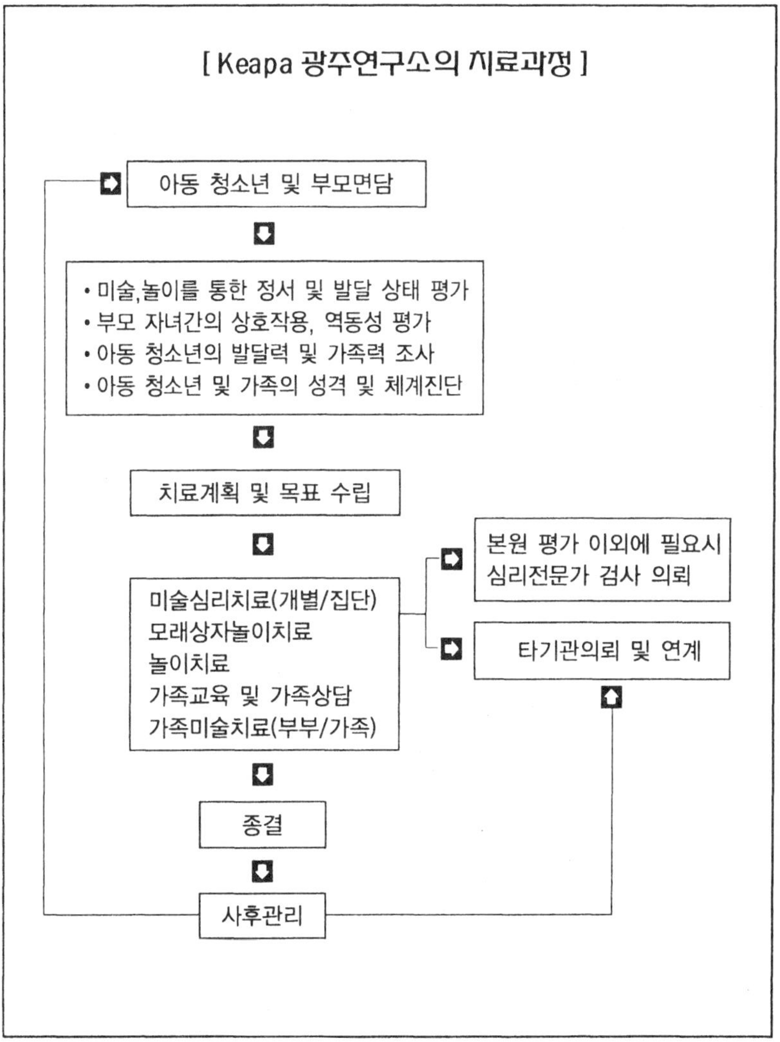
[Keapa 광주연구소의 치료과정]
아동 청소년 및 부모면담
• 미술,놀이를 통한 정서 및 발달 상태 평가
• 부모 자녀간의 상호작용, 역동성 평가
• 아동 청소년의 발달력 및 가족력 조사
• 아동 청소년 및 가족의 성격 및 체계진단
치료계획 및 목표 수립
미술심리치료(개별/집단)
모래상자놀이치료
놀이치료
가족교육 및 가족상담
가족미술치료(부부/가족)
본원 평가 이외에 필요시
심리전문가 검사 의뢰
타기관의뢰 및 연계
종결
사후관리

제 2 부

청소년 임상 미술치료를 위한 지침

청소년기 정신병리에 대한 임상 미술치료 지침

앞에서 살펴보았듯이 청소년기는 그 자체가 하나의 과정이면서 의미 있는 성취가 된다. 유아기의 의존적 관계에서 벗어나 자기를 책임지고 자신의 주인이 되어야 하는 과정에서 청소년기는 이제까지 자기의 중심이 되었던 부모를 부정하고 잃어버렸다는데 대한 상실감인 반면에 해냈다는 것에 대해 기뻐해야 할 성취이기도하다. 그러므로 이들의 감정은 수시로 변하고 불안하고 의존과 독립, 무관심과 열정, 성적쾌락과 이상주의, 과대 망상적인 자신감과 소외감, 희망과 절망, 극단의 이기주의와 이타주의 그리고 부모에 대한 동경과 반항적 태도 등 이 모두가 그들이 처하고 있는 이중적 결속(double bind)의 곤란성을 말해주고 있다. 청소년들의 이러한 극단적인 정서는 자아의 추구를 포기하기도 하며 심한 소외감을 느끼게도 한다. 대부분 청소년들은 이러한 스트레스와 갈등을 비교적 순탄하게 거치지만 고통과 심적 갈등을 감당할 수 없을 만큼 공상과 망상의 세계에 빠짐으로서 현실을 도피하려는 정신병적 상태에까지도 갈 수 있다.

따라서 청소년을 만나는 치료자들은 청소년문제 그 자체에만 국한하지 않고 청소년의 특성과 발달과제에 관한 폭넓은 지식과 이해를 가지고 있어야 한다. 그들의 감정변화와 예측하기 힘든 사고와 행동, 발달과제의 본질이 어디에서 오는지 청소년의 문제나 증상의 의미와 기능의 이중성을 이해하지 않고서는 그들을 도울 수가 없다는 것은 당연한 사실이다. 더불어 정신의학에서 제시하고 있는 청소년의 정신장애를 이해하고 있다면 통합적인 접근에 더욱 도움이 되리라 생각한다. 그러한 측면에서 아래에 제시한 내용들은 청소년기에 흔히 일어날 수 있는 정신병리를 이해하게 할 뿐만 아니라, 임상미술치료를 위한 지침으로서 청소년 임상을 시작하는 이들에게 길잡이가 되리라 기대한다.

소아청소년기의 정신장애는 상당히 흔한 것으로 알려져 있는데 한두 가지의 증상이 있다고 하여 정신장애라고 진단할 수는 없다. 나이, 발달단계, 처해 있는 환경의 상황 등을 고려하여 발달을 저해할 만큼 그리고 일상생활에 장애를 가져올 만큼 정신병리상의 문제인가를 결정해야 한다. 특히 청소년기에 드러내는 문제는 아동기문제의 지속일 수도 있고 청소년기의 특징적인 문제일 수도 있으며 성인정신장애의 초기증상으로서 주요 정신병(대부분 정신분열증)이 시작되는 시기이기도 하므로 자세한 감별진단이 되어야 한다.

1. 정신병리를 결정하는데 있어 고려해야 할 점

- 청소년의 행동이 나이와 성에 적합한가?
- 특정 행동이 얼마나 오래 지속되는가?
- 발달과정이 어느 시점에 있는가?
- 행동이 사회 문화적 배경에 용납되는 행동인가?
- 문제의 정도는 어느 정도인가?
- 증상의 종류는 무엇인가?

2. 장애의 정도

- 청소년과 가족이 장애로 인해 고통을 받고 있는가?
- 특정한 증상으로 인해 자신이 하고자 하는 일을 못하고 있는가?
- 이상으로 인해 청소년의 발달이 지연되고 있는가?
- 타인에게 영향을 끼치는가?

3. 증상의 의미와 기능

- 증상은 몇 가지 기능을 가지고 있다.
- 의사에게 오는 입장권이다.
- 아이가 무엇인가 잘못되어 있다는 암시이다.
- 참지 못하는 환경으로부터의 방어기제이다.
- 최상의 문제해결 방법일 수 있다.
- 부모나 주변의 중요한 사람들에게 자신은 귀찮은 존재라는 것에 대한 시사일 수 있다.

그러므로 치료기관에 의뢰해 왔을 때 치료자는 의뢰자의 입장과 동기, 무엇때문에 이 시기에 방문하게 되었는지를 자세하게 살펴보아야 한다.

4. 개인차

성별차이에서 여아가 남아보다 전반적인 성장과정에서 더 빨리 성숙하며 청소년기가 되면 2년 정도의 차이가 난다. 남아가 신체적으로는 여아보다 크지만 어떤 종류의 신체적 문제점에는 더 약하고 출산시 합병증도 남아가 더 많다. 생물학적인 차이뿐만 아니라 정신과적 문제도 예외가 아니며 부모 양육태도가 다르고 사회적 기대와 학업 면에서도 남아에 대한 압력도 더 강하다.

성적 개인차 외에도 기질상의 차이에서 유아는 태어날 때부터 운동

량이나 생물학적 주기, 적응능력, 정서반응 등에서 크게 차이가 있다. 장애를 보이는 아동들의 기질은 적응이 늦고 부정적인 정서반응을 보이는데 이러한 기질적 차이점은 부모의 반응에 따라서도 영향이 있으며 주변인들의 반응은 아동의 성격형성에 영향을 미치게 된다. 신체질환의 영향에서 만성적인 신체질환을 가진 아동들은 정서적, 행동적, 학습의 문제가 더 많이 나타난다. 유전성향은 정신지체를 제외하고는 유전성의 문제는 거의 없다고 봐도 과언이 아니다. 개인은 생물학적, 환경적 두 요소의 상호작용의 결과로 특정한 인격이 형성되는 것이다.

5. 가족의 역할

정신과적 문제를 가진 아이들의 많은 경우가 생물학적 요소가 작용하지만 부모의 심리적 환경, 양육태도, 가족 내 정신 병리적 요소가 원인이 되는 경우가 많다.

가족이 정서적으로 안정되어 있으면 아이에게 가정은 새로운 탐험과 실험의 장이 되며 안전한 놀이터가 된다. 이러한 정서적 유대관계가 이루어지는 곳이 가정이고 그러한 가정은 모든 인격형성과 발달에 기초가 된다.

6. 치료의 일반 원칙

- 청소년의 나이가 어릴수록 개별화 되어야 한다.
- 치료는 직접대면 상태에서 이루어져야 한다.
- 현재기능과 의식, 전의식 내용에서 시작되어야 한다.
- 직접적인 비판은 삼가한다.
- 지지를 통한 명료화와 문제의 직면과정 중심으로 이뤄져야 한다.
- 포괄적인 평가를 통한 치료여야 한다.
- 부모를 포함한 치료 계획이어야 한다.
- 타 전문가들과의 팀 접근이 필요하다.

7. 치료방법

- 약물치료
- 정신심리치료
- 행동치료
- 가족치료
- 집단치료
- 입원치료
- 기타치료

8. 치료의 방해요인

- 부모와 치료자와의 관계 단절
- 명확하지 못한 치료자의 표현
- 부모의 지나친 불안
- 치료자 자신의 한계 부정
- 문화적 차이
- 치료자의 편견
- 치료자가 청소년과 동일시 할 때

제9장

청소년 초기의 임상적 문제

1. 정신지체(Mental Retardation)

정의

지능을 포함한 정신기능이 전체적으로 늦어지고 실생활에 적응이 안 되는 경우이다. 유병률은 약 1% 내외이며 대개 12세 이전에 진단이 내려지고 남아가 여아보다 2배 정도 빈도가 높다. 자폐아동의 약 70%가 정신지체를 동반하게 되는데 자폐증을 동반하지 않은 경우는 사람을 보면 좋아하고 반응에 적절하게 반응한다. 지능저하에 따른 언어지연이 있으나 언어사용에 있어서는 적절하다.

원인

정신지체는 성장발육의 초기에 영향을 미치는 여러 가지 질환과 관련된 하나의 증상으로 단일 질병단위는 아니므로 사례에 따라서 원인, 증상, 병리가 각각 다를 수 있으며 생물학적 요소와 그 원인은 다양하고 복합적이라고 할 수 있다.

The American Association on Mental Deficiency에서 제시하는 정신지체의 원인은

감염과 중독에 의한 정신지체(예: 선천성 홍역(rubella)), 외상이나 물리적 요인에 의한 정신지체(예: 출생시의 기계적 손상), 대사(代謝)와 영양성질환에 따른 정신지체(예: phenylke tonuria), 심한 뇌질환(출생 후)에 관련하여 발생하는 정신지체(예: 뇌종양), 아직은 알려지지 않은 출생 전 영향으로 생긴 질환이나 상태와 관련하여 발생한 정신지체(예: 수두증 hydrocephalus, 소두증 microcephalus), 염색체 이상으로 인한 정신지체(예: 다운증후군), 임신장애(gestational disorder)와 관련된 정신지체(예: 미숙prematurity), 정신과 질환 후에 온 정신지체(예: 자폐증), 환경적 영향과 관련된 정신지체(예: 문화-가족성 정신지체(cultural familial retardation)등 기타요인으로 설명된다.

지금까지 알려진 전반적인 원인은 약 25%가 생물학적인 요인으로 보고 되고 있고 나머지 약 75%는 심리사회적 환경요인으로 또는 복합적인 요인으로 생각되어져 왔으나 최근 연구결과로는 30~40%를 제외하고는 원인이 규명되었다. 예를 들면 유전적 요인이 약 5%, 태아발달 초기의 염색체이상이 30%, 임신기의 영양부족이나 조산 및 미숙아 또는 출산시의 뇌손상 등이 30%, 소아기 후천성질병이 5%를 차지하며 환경적 영향과 정신장애가 15~20%를 차지한다.

행동특성 및 임상 증상

주된 임상증상은 주의력결핍 과잉행동, 상동행동, 이식증, 자폐증상 등을 볼 수 있으며 정서적으로 불안정하고 공격성과 분노발작도 흔히 볼 수 있다. 정신지체아가 정신증상을 보일 때는 먼저 그 증상이 정신지체 그 자체에 의한 증상인지, 대인관계 또는 환경적 요인에 의한 것인지, 두 가지 관점에서 관찰할 필요가 있다.

중증정신지체의 경우 정신지체 그 자체에 의한 정서 행동장애를 보이나 대부분의 가벼운 또는 중증지체의 경우에는 대인관계, 학업기능, 사회적 기술, 가족과 사회로부터의 거절에 대한 불안, 좌절, 분노 등에 대한 반응으로 위축되거나 안절부절하거나 난폭행동이 많음을 유의해야 한다.

통찰이 부족하므로 행동결과를 예측하지 않고 파괴행동을 한다. 성적발달은 일반적인 수준보다 다소 늦거나 유사하며 교육이나 조절능력의 미숙으로 성적 탈선이나 범죄문제가 높을 수 있다.

진단

학령기 이전에는 정신 신체적 발육상태를 평균수준과 비교하여 추정하거나 이후에는 학습능력, 성인기에는 사회적응력을 통해 평가할 수 있다.

[표 9-1]

DSM-IV 진단기준
A. 심하게 평균수준이하인 지적기능 : 개별적으로 실시된 지능검사에서 70이하의 지능지수(유아의 경우는 지적지능이 유의하게 평균이하라는 임상적 판단).
B. 다음 항목 가운데 적어도 두 가지 항목에서 현재의 적응기능(예 : 개인의 연령이나 문화집단에서 기대되는 수준을 만족시키는 개인의 효율성)결함이나 장해를 동반한다. 의사소통, 자기 돌봄, 가정생활, 사회적 기술과 대인관계적 기술, 지역사회 자원의 활용, 자기관리, 기능적 학업기술, 직업, 여가, 건강 및 안전.
C. 18세 이전에 발병한다.

심각도 가벼운 정도 : IQ 50~55에서 약 70까지
중간 정도 : IQ 35~40에서 50~55까지
심한 정도 : IQ 20~25에서 35~40까지
아주 심한 정도 : IQ 20 또는 25이하
※경계선 지적 기능(borderline intellectual functioning)
IQ in 71 to 84-학습지진아(slow learner)

전반적인 발달장애와 학습장애, 신경증적 장애, 정신병적 장애와 감별되어야 한다. 특히 사춘기의 무표정, 준혼수상태나 사고장애를 가진 초기 정신분열증에서도 정신지체로 오인되는 경우가 흔히 있다.

치료

치료에 앞서 무엇보다 선행되어야 하는 것은 예방으로서 유전성 질환에 대한 이해와 환경적요인 인식을 위한 교육과 상담이라고 볼 수 있다. 정신지체의 치료란 결국 병의 경과를 단축시키고 후유증과 사회적 제한을 최소화 하는 것이라 할 수 있다. 중요한 것은 가족과 다른 분야의 전문가들이 협조하여 전 생애에 걸친 지속적인 치료계획을 세워 최대한의 능력을 발휘할 수 있도록 돕는 것이다. 치료는 부모에게 정신지체진단을 알려주는 때부터 시작되며 의학적 치료, 조기교육, 증상완화, 사회기술훈련, 부모상담, 지지적 정신치료, 예방 및 재활치료가 함께 이뤄져야 한다. 치료계획을 위해서는 장기목표와 단기목표를 세워 구체화해야 한다.

임상미술치료 제안

미술치료에서는 개별치료를 중심으로 소집단치료, 부모교육과 가족치료를 할 수 있다. 부모교육과 치료를 통해 가족의 고통문제를 다룰

수 있어야 하며 직접적인 지체에 대한 치료의 방법은 교육적, 재활적 접근을 하게 된다. 개별과 집단치료에서는 색, 선, 형태, 크기, 공간, 방향, 물체 등에 대한 인식능력과 구분능력의 발달을 돕고 대 근육 운동을 강화시킨다. 방법적 접근은 단계적이고 반복적인 기법으로 구체화되고 집중력을 돕고 표현력을 개발하는 등 긍정적인 재 강화에 초점을 둔 인지행동적 접근을 하게 되지만 미술매체를 가지고 놀이를 하는 그 자체가 환경적 제한으로 오는 좌절과 분노의 분출을 위한 통로가 되고 문제행동을 감소시키고 자신감을 가능하게 한다. 지체의 정도별 미술치료접근은 아래와 같은 방법으로 적용될 수 있다.

가벼운 지체(지능지수 20~55에서 70가지)-교육가능

교육이 가능한 경증 정신지체의 경우는 미술치료과정에서 읽고, 쓰고, 셈하기 등의 최소한의 기능이 습득될 수 있도록 배려해야 한다. 미술치료 구성은 추상성과 일반화가 어려우며 반복학습을 통해 서서히 도달해 갈 수 있도록 구성되어야 하며 적절한 치료적 학습 자료나 활동을 다양화하는 것은 매우 도움이 된다. 그러나 매체와 방법, 과정을 선택하는데 있어서는 개인적 제한성이 따르므로 오히려 학습과정과 기능에 대한 표현능력에 혼돈을 가져다 줄 수 있다. 따라서 미술치료사는 장애의 특성적 이해와 다양성을 인식하므로서 개별성에 의한 치료의 다양화에 접근할 수 있는 능력을 갖추어야 한다.

우연의 연상기법이 어려우므로 완성도 높은 구체적인 작업에 초점을 두므로서 좌절을 최소화하고 자존감을 가질 수 있도록 돕는다. 과정에서 계속적인 지지적 강화와 용기를 주므로서 집중력과 자신감을 높이도록 한다. 같은 미술활동에서 단어와 기술적 반복사용을 통해 인식능력을 발달시킨다.

쉬운 과제에서부터 시작하여 복잡한 과제와 개념으로 확장해가는 계열성 있는 조직적 방법을 사용한다. 미술치료시간에 경험한 주요개념

을 반복 학습하도록 교사와 협력관계를 유지하며 미술치료과정이 발달(기술, 언어, 개념, 사회성)을 돕는다는 것을 알리고 놀이적 과제분석을 사용한 인지행동 방법을 적용한다.

중간 정도의 정신지체(지능지수 35~40에서 50~55까지)-훈련가능

훈련 가능한 정신지체의 경우는 일반적으로 운동발달의 지체를 포함하므로 미술치료 프로그램에서는 매체와 도구, 재료의 사용방법을 안내하는 것에서부터 시작되어야 한다. 짧은 집중력과 제한된 기억력을 가지고 있으므로 단시간의 짧은 활동과 반복활동으로 프로그램이 구성되어야 한다. 독립기능과 사회적응 기능에 초점을 둔 치료적 교육프로그램이 요구되며, 중기 청소년기는 일상생활 훈련과 직업훈련 중심의 치료접근을 한다.

제한된 매체를 사용하여 좌절을 최소화해야 하며 기본적인 미술기법(자르기, 선 그리기, 섞고 나누기 등)에 초점을 둔 프로그램을 구성한다. 감각자극과 미술도구와 매체사용법을 적용한다. 단순 활동의 작업과정에서 나온 단어를 반복 사용하여 언어기술과 개념화를 돕고 과제기법과 인지행동 방법을 적용한다.

중증 정신지체(지능지수 20~25에서 35~40까지 심각한 경우는 20~25이하)-보호대상

미술치료 환경과 시간, 기본적인 행위와 공간사용에 항상성을 유지해야 하며 정신연령과 생활연령을 고려한 총체적인 운동신경 발달에 초점 둔 활동중심의 프로그램과 사회기술 훈련 방법론을 적용한다.

난화기 정도의 미술발달을 보이므로 매체사용의 기술보다는 재료사용 방법부터 시작한 과제기법을 적용하고 행동수정을 위한 토큰제와 방법론을 사용한다. 근육운동감각활동과 감각적 이완을 위한 매체를 부분적으로 적용하되 형태의 일치감을 갖게 하기 위해 적절한 색과 형

태도구를 사용한다.

정신지체아동의 표현적 특성

정신지체아 그림의 발달은 보편적으로 매우 느리게 발달하지만 정신장애 아동의 그림이 비현실적이고 왜곡된 것과는 다르게 정상적인 순서를 따르는 특성이 있고 내용 면에서는 나이가 든 아동일수록 풍경이 많이 나타나고 어릴수록 인물그림이 많이 표현되는 것을 볼 수 있다.

[그림 9-1] 시들어 버린 꽃

이 그림은 알코올중독인 아버지로부터 학대를 경험한 후 지속적인 가출행동을 보이는 경계선 정신지체 진단을 받은 10세 여아가 그린 자유화이다. '시들어서 곧 죽어버릴 것 같은 꽃이 있고 돌이 쌓여 있는 동네를 돌아다니는 자기' 라고 설명한 이 그림의 내용은 아동의 현재 심리와 환경적 상황을 그대로 이해할 수 있게 한다.

[그림 9-2] 오이가 필요한 사람

성 폭력에 노출된 정신지체 9세 여아의 자유화이다. 얼굴만 있는 인물상의 표현양상과 각 인물의 감정을 다루고 있다. 아래에는 오이를 그려 오이가 필요한 것은 사람이라고 표현하므로서 자신의 폭력상황에 대한 감정과 방어를 드러내고 있다.

[그림 9-3] 7세 정신지체 여아의 풍경화

[그림 9-3]의 전체적인 표현은 색채의 대부분이 고동색으로 사용되

었고 구성포기현상을 나타내고 있다. 고동색은 정신지체아의 그림에서 흔히 나타나는 색채이다. 구성포기는 장애자체의 징후이며 색채는 그로 인한 갈등과 낮은 자존감의 투사와도 관련이 있을 수 있다.

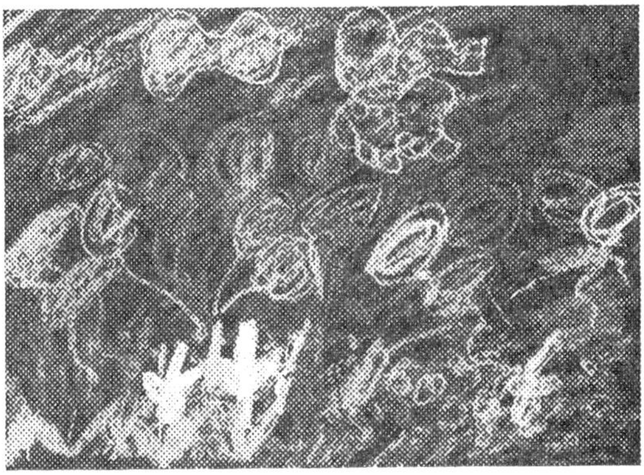

[그림 9-4] 17세 청소년의 풍경화

2. 학습장애(Learning Disorders)

정상적인 지능과 신체상태를 가지고 있으면서도 학교공부를 따라 가지 못하고 좌절에 빠지고 학교 가기를 꺼려할 경우 진단을 내릴 수 있다. DSM-IV에서는 읽기장애, 산술장애, 쓰기장애로 분류하고 있다.

읽기장애(reading disorder)

정의

지능이 정상적이며, 지각장애가 없고, 수업참여에 문제가 되지 않음에도 읽기능력과 읽기와 관련된 인지 및 수행에 장애가 있는 경우이다. 유병율은 2~8%이며 남아에서 3~4배 정도 더 높고 청소년 후기에는 차이가 거의 없다.

원인

복합적인 요인으로 추정되고 있으나 감염, 유전적 소인, 대뇌반구의 기능장애등이 원인이 될 수 있다는 가설이고 언어장애가 읽기장애와 관련이 있다는 주장도 있다.

행동특성 및 임상증상

임상적으로는 7세경에 분명한 장애를 확인 가능하나 지능이 높은 경우는 9세까지도 모를 수 있다. 주된 행동특성은 단어를 왜곡하거나, 빼먹고 읽거나, 추가하여 읽기도 한다. 글자크기를 구별하는데 어려움이 있고 긴 문장을 읽는데 어려움이 있어 중간부터 읽는다든지 속도도 느리고 이해력도 떨어진다.

이러한 장애를 가지는 경우 읽는 상황자체에 불안을 느끼게 되므로 글 읽기를 피하게 되고 그 결과 수치감을 느끼기도 하고 우울감에 빠지기도 한다.

진단

진단시 유의해야 할 것은 정신지체와 교육의 부적절한 환경적 문제가 있는지, 시력이나 청력문제는 없는지, 전반적인 발달문제가 없는지 감별되어야 한다. 주의력결핍 과잉행동장애, 행동장애, 우울장애등 에서도 읽기장애가 동반될 수 있다.

[표 9-2]

DSM-IV 진단기준
A. 정확하게 읽거나 이해를 제대로 하는가를 보는 표준화된 나이, 측정된 지능이나 학력을 고려할 때 기대수준보다 훨씬 낮다. B. A의 장애가 학업성취나 읽기기능을 요구하는 일상생활의 활동에 현저한 지장을 준다. C. 지각장애가 있다면 그 장애의 정도보다 더 심한 읽기장애가 있어야 한다. 코드시 주의 : 내과질환(예: 신경계통질환)이나 지각장애가 있다면, 이를 Axis III에 기술한다.

읽기장애를 진단할 때 정신지체, 부적절한 학교교육으로 인한 장애와 시청각 기능장애 등과는 감별되어야 한다. ADHD, 행동장애, 우울장애에서도 읽기장애가 공존할 수 있다.

치료

언어치료 등의 특수교육이 필요하나 정서적인 개입이 배제되어서는 안 된다.

산술장애(mathematics disorder)

정의

개인적인 능력이나 교육의 근거로 설명할 수 없는 산술능력의 장애를 말하며 지능이 정상적인 학령기에서 약 6%의 빈도로 나타나고 성비는 분명하지 않으나 여아에서 더 흔한 것으로 보고 되고 있다.

원인

정확한 원인은 밝혀지지 않았으나 복합적인 요인 즉 뇌의 성숙, 인지, 정서, 교육의 문제, 사회경제적인 요인들이 영향을 미칠 수 있다고 알려져 있다.

행동특성 및 임상증상

대개 8~9세가 되면 장애가 확인되며 산술능력 외에 다른 부분에서는 일반적인 기능을 나타낸다. 특징적인 양상은 산술용어를 이해하고 산술기호로 바꾸는 언어적 능력이 안 되며, 기호의 인지나 배열의 지각능력이 부족하다. 기본적인 계산방식의 수리능력의 제한성과 주의력능력과 관련된 정확성의 문제가 특징이다.

진단

올바른 진단을 하기 위해서는 학교성적이나 특히 산수성적에 대해서 확인하는 것이 필요하다. 표준화된 산술능력검사를 통해 평가할 수 있으며, 유의해야 할 점은 지능저하와 부적절한 학교교육, 행동장애, 주의력결핍 과잉행동장애로 오는 증상인지 감별되어야 한다.

[표 9-3]

DSM-IV 진단기준
A. 표준화된 검사를 개별적으로 시행하여 측정된 산술능력이 그 사람의 나이, 측정된 지능, 학력에 비하여 확실히 낮다.
B. A의 장애가 학업성취나 산술능력을 요구하는 일상생활의 활동에 현저한 지장을 준다.
C. 지각장애가 있다면, 그 장애의 정도보다 더 심한 산술장애가 있어야 한다.

> 코드시 주의 : 내과질환(예 : 신경계통질환)이나 지각장애가 있다면, 이를 Axis III에 기술한다.

정신지체, 부적절한 학교교육, 전반적인 발달장애, 행동장애, 주의력 결핍장애와는 감별되어야 한다.

치료

특수교육이 필요하며 감각통합 능력에 문제가 있다면 물리적인 접근도 도움이 된다.

쓰기장애(disorders of written expreesion)

정의

특성은 읽기장애의 병력은 없으면서 철자와 관련하여 장애가 있는 경우이다. 대개 학령기의 3~10%의 유병율로 나타나고, 성비는 보고된바 없으나 가족 내에서 많이 나타나는 것으로 알려져 있다.

원인

정확한 원인은 불분명하나 기질적인 특성 즉 주의력집중문제, 주의산만 등이 원인이 될 수 있다고 한다. 가족이나 친척 간에서 많이 나타나고 있어서 유전적 소인에 대한 가설도 나오고 있다.

행동특성 및 임상증상

학령기 초기부터 단어 선택이 부족하고 문법이나 철자법도 부정확하다. 추상적인 단어가 나오면 어려움은 더욱 심해지므로 학습능력이 저하되고 좌절감에 빠져 만성 우울문제가 나타나기도 한다. 이러한 적응문제는 학교를 거부하게 되고, 무단결석, 행동장애 등의 문제들을 동반하게 된다. 성인이 되어서도 적응문제가 생길 수 있다.

진단

읽기장애와 동일하며 다만 운동협동과 관련된 쓰기장애인 경우에는 발달성 협동장애의 진단을 고려해야 한다. 그러므로 반드시 표준화된 지능검사를 실시한 후에 표준화된 쓰기검사를 해야 한다.

[표 9-4]

DSM-IV 진단기준
A. 표준화된 검사(또는) 쓰기능력에 대한 기능적평가를 개별적으로 시행하여 측정된 쓰기능력이 그 사람의 나이, 측정된 지능 및 교육(나이에 적합한)에 비하여 충분히 낮다. B. A의 장애가 학업성취나 원문으로 쓰여진 작문(예 : 문법에 맞는 문장으로 쓰기)을 요구하는 일상생활의 활동에 현저한 지장을 준다. C. 지각장애가 있다면, 그 장애의 정도보다 더 심한 쓰기능력장애가 있어야 한다. 코드시 주의 : 내과질환(예 : 신경계통질환)이나 지각장애가 있다면, 이를 Axis III에 기술한다.

의사소통장애, 읽기장애, 시청각장애와 감별되어야 하며 반드시 지능검사 후 쓰기검사를 시행해야 한다.

치료

특수교육적인 치료방법이 효과적이다. 집단보다는 개별치료가 도움이 되며 정서장애나 행동장애가 동반될 수 있으므로 심리적인 개입이 중요하다.

학습장애 청소년의 임상미술치료 제안

학습장애에 대한 임상미술치료 적용은 문제해결을 돕는 근원적인 치료방법이 될 수 있다. 예를 들어서 지각장애를 가졌다면 전체를 보지 못하고 어느 한 부분만 강조하는 경우가 있게 되는데 이때 미술재료를 선택하고 도구를 만지고 작업을 하는 과정의 특성이 나름대로의 순서를 가지고 있으므로 그자체가 계열성의 문제를 돕게 되며 시지각과 촉각을 자극한다. 그림을 그리고 색을 칠하는 창작과정은 본 것과 만져본 것에 대한 시각화에 도움을 준다. 과잉행동으로 인해 주의가 산만해져서 학습문제를 초래한 경우는 체계적이고 조화로운 자극을 제공할 수 있는 환경을 제공하되 외부자극을 최소화 한다. 근육운동지각을 잘 사용하지 못하는 경우에는 미술작업 전에 움직임을 사용한 활동적 내용이 선행되어야 한다.

학습장애의 또 다른 특성은 신체개념에 대해 부정적인 자기상을 가진 경우가 많으므로 미술치료에서는 신체 자극도나 자극화를 사용하여 신체개념과 자기개념 발달을 도와 자신감과 자기상을 갖게 하고 환경에 적응할 수 있게 한다. 이처럼 미술작업으로 인한 의식화된 기억내용은 가정과 학교, 또래집단에서 연결되고 보충되고 적용될 수 있다. 학습장애의 치료접근은 집단보다는 개별작업이 더욱 적절하며 집단의 경우에는 개별성이 고려된 작업이 준비되어야 한다.

학습장애를 가진 청소년의 표현적 특성

학습장애청소년들의 표현적 특성은 장애가 가진 특성인 과제에 대한 불만족과 관련하여 미술표현의 선택성과 한계성이 두드러지고 부정적인 자아개념과 관련하여 그림에 나타나는 표현적 이미지는 지체되고 왜곡된 모습으로 등장하는 경우가 보편적이다. 전체를 잘 보지 못하고 어떤 한 부분만을 보거나 전체는 보나 부분적인 구체성이 안 되는 경우도 있다. 색채사용에서도 불균형을 이루는 경우가 흔히 있으며 내용적으로는 애착관계의 결함과 회피적 표현이 두드러지게 나타난다.

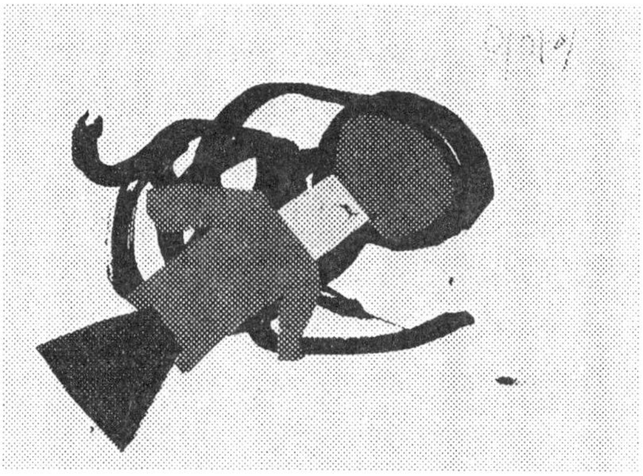

[그림 9-5] 나쁜 이 아이

[그림 9-5]는 정신과에서 학습치료를 받고 있는 9세 여아의 난화이다. 미술치료 초기에는 배열과 시지각화에 제한성이 있었으나 치료 8개월이 지나면서는 연상 작업이 가능할 만큼 시각화 발달이 가능해 졌다. 제목에서 느낄 수 있듯이 아직 자아 개념을 회복하기까지는 많은 시간이 필요한 것 같다.

[그림 9-6] 따뜻한 봄이 와요

[그림 9-6]은 학습지체로 진단 받은 10세 여아의 자유화이다. 방임에 의해 양육적 돌봄이 안 되었던 이 여아는 의식화된 방어로 '따뜻한 봄에 소풍을 간다.'고 설명하고 있으며 애정과 관련된 욕구의 결핍을 긍정적인 요소로 바꾸어 방어하고 있는 것 같다.

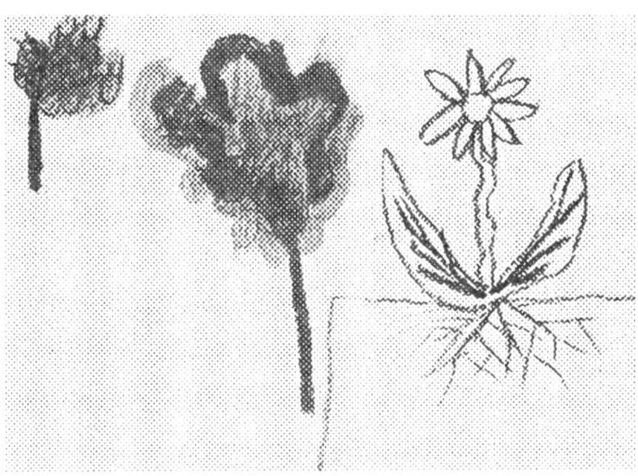

[그림 9-7] 꽃동산

[그림 9-7]은 16세 여아의 자유화이다. 주의력결핍문제로 치료를 시작했으나 차후 분열증상과 학습부진의 징후가 두드러지게 나타나 재평가에 의해 학습지체로 진단을 받고 구체적인 치료를 받게 된 사례이다. 드러난 증상을 지나친 평가로 단순화하는 것은 배제되어야 하지만 청소년이 보이는 문제의 형태는 성인질환으로 진행되어 심각한 문제로 발전될 수 있는 시기이므로 올바른 평가는 치료의 방치와 왜곡을 예방하고 효과적인 안내를 위한 중요한 요소이다.

3. 자폐장애(Autistic Disorder)

정의

자폐장애는 아이가 자신 속으로 또는 자신이 창조한 환상의 세계로 철회하는 것이 특징이다. 여아보다 남아에서 3배 이상 높게 발생하며 과거에는 사회경제적으로 상위계층에서 많이 볼 수 있었으나 최근 연구에는 하위층에 더 많이 발생한다고 한다. 약 1~2% 정도만이 독립적인 생활이 가능한 것으로 보고 있다.

원인

Mahler(1975)는 자폐란 발달의 전공생단계(presymbiotic phase)에 고착되어 있다고 지적하고 있다. 아이가 어머니와 공생관계(symbiotic relationship)를 할 수 없고 어머니로부터 자신을 구별하지도 못한다. 자아발달이 지연되고 아이는 의사소통을 하지 못하거나 관계를 형성하지 못한다. DSM-Ⅲ에서는 이 장애의 소인으로서 모체의 풍진, 페닐케톤뇨증, 뇌염, 뇌막염, 결절성 뇌경화증, 다음의 생물학적 요인을 확인하였다. 가족역동 이론에서는 생의 초기 상호작용 유형이 유아 자폐증의 소인으로써 아이에 대한 정서적 애착이 거의 없어 무관심하고 냉담한 어머니, 자극의 결여 및 모성박탈(maternal deprivation)이 이 장애와 중요하게 관련(Kanner, 1954)되어 있다고 지적하고 있다.

행동특성 및 임상증상

임상적 행동증후군으로 타인과의 상호작용에서 관심이나 반응이 결여되고 의사소통 및 언어발달장애, 행동장애, 제한된 활동, 특정한 사회적 관심이 특징적이다. 정서가 매우 다양하여 우울감, 불안정감, 쉽게 흥분을 하며 또한 타인 감정에 지나친 애정 감정을 갖기도 한다. 인칭대명사 사용이 안 되거나 반향언어를 보이고 괴이한 행동을 반복적으로 한다. 동일성 행동과 언어사용, 놀이에서의 상징성 사용 결여, 과잉행동, 자해행위 등을 자주한다.

반면에 자폐증 청소년의 특성은 틀에 박힌 기억력과 시각에 의한 공간적 문제를 푸는 능력을 가지고 있는 경우가 있으며 예술적 능력을 가진 경우도 흔히 볼 수 있다.

진단

현재로서는 자폐증의 확실한 병인은 알려지지 않았지만 최근 유전학 연구에서는 자폐증의 원인이 여러 유전자와 관련이 있다고 보므로 다양한 전문가들의 평가에 기초하여 진단을 내려야 한다.

[표 9-5]

DSM-IV 진단기준
A. (1), (2), (3)에서 총 6개 이상의 항목, 적어도 (1)에서 2개 항목, (2)와 (3)에서 각각 1개 항목이 충족되어야 한다. (1) 사회적 상호작용에서의 질적인 장애-적어도 2개 항목

a. 눈 마주치기, 얼굴표정, 몸자세, 몸짓과 같은 다양한 비언어적 행동을 사용함에 있어서 현저한 장애
b. 발달수준에 적합한 친구관계 발달의 실패
c. 자발적으로 타인과 기쁨, 관심, 성공을 나누지 못한다(예: 관심의 대상을 보여주거나, 가져오거나, 지적하지 못함).
d. 사회적으로나 감정적 상호교류의 결여(예: 단순한 사회적 놀이나 게임에 적극적으로 참여하지 않고, 혼자 놀기를 좋아하며, 단순한 도구나 기계적인 수단으로 다른 사람을 놀이에 참여 시킨다).

(2) 질적인 의사소통의 장애-적어도 1개 항목
a. 언어발달의 지연 또는 완전한 발달결여(몸짓이나 흉내내기와 같은 의사 소통의 다른 방법에 의한 보상시도가 수반되지 않는다).
b. 적절하게 말을 하는 경우, 다른 사람과 대화를 시작하거나 지속하는 능력의 현저한 장애
c. 상동증적이고 반복적인 언어나 괴상한 언어의 사용
d. 발달수준에 적합한 자발적이고 다양한 가상적 놀이나 사회적 모방놀이의 결여

(3) 제한적이고 반복적이며 상동증적인 행동이나 관심, 활동 - 적어도 1개 항목
a. 강도나 초점에 있어서 비정상적인 한 가지 이상의 상동증적이고 제한적인 관심에 집착
b. 특이하고 비효율적인 틀에 박힌 일이나 의식에 고집스럽게 매달림(예: 사소한 환경변화에 심하게 놀라는 파국반응, 매일 학교에 갈때에 어김없이 똑같은 길을 간다).
c. 상동증적이고 반복적인 동작성 매너리즘(손이나 손가락으로 딱딱 때리거나 틀기, 또는 복잡한 몸 전체 움직임,

몸 흔들기, 몸 기울이기, 발끝으로 걷거나 기이한 손동작 과 기이한 몸자세).

d. 대상의 부분에 지속적으로 몰두(예: 단추, 신체 부분, 움직임에 매료, 생명이 없는 대상; 끈, 고무밴드에 애착).

B. 다음 영역 가운데 적어도 한가지 영역에서 기능이 지연되거나 비정상적이며, 3세 이전에 시작

(1) 사회적 상호작용

(2) 사회적인 상호작용에서 사용되는 언어

(3) 상징적 또는 상상적 놀이

C. 장애가 레트장애 또는 소아기 붕괴성장애로 잘 설명되지 않는다.

소아기 정신분열증, 정신지체, 혼합언어장애, 정신사회적 결핍, 심한 난청, 퇴행성 정신병적 상태와 감별되어야 한다.

[표 9-6] 자폐증과 정신분열증의 감별진단

준거	자폐증	정신분열증
발생 시기	3세 이전에 나타남	3세 이후에 나타남
발달	정상적 발달시기에 발달이상이 나타남	2세 이후에 나타남
지능	대부분 70%에서 70이하의 지능	15%에서 70이하의 지능
태아기 합병증과 뇌기능 장애	공통적으로 나타남	공통적으로 발생되는 경우가 흔치 않음
발달 이상	전반적인 발달장애가 심함	전반적인 발달장애 경미함
환상과 공상	일시적, 장기적으로 나타나지 않음	현재와 장기적으로 나타남
상징놀이	상징놀이를 함	상징놀이를 함
사회경제적 지위	높은 사회경제적 집단에서 나타난다고 과장됨	낮은 사회경제적 집단에서 공통적으로 나타남
신체건강	양호함	신체조건이 나쁨
가족력	가족력이 있음	가족력이 다소 발견됨

[표 9-7] 자폐증과 아스퍼거증후군의 감별진단

준거	자폐증	아스퍼거증후군
언어성	언어발달 지연 및 일탈	언어발달의 지연과 일탈이 없음
운동성	세련되지 않은 행동이 보이지 않음	세련되지 못한 행동을 보임
인지능력	인지능력의 지연이 나타남	인지능력의 지연이 나타남
흥미와 관심	제한성이 보임	제한성 없음
이상행동	일반적이지 않은 행동을 많이 나타냄	약간의 이상행동이 나타남
사회성	사회적 관계의 의도성이나 상호작용이 부족	사회적 상황에서 의도성과 상호작용 가능
관계능력	안정적인 친근함을 추구하지 않음	안정적인 친근감 추구

[표 9-8] 자폐증과 정신지체의 감별진단

준거	자폐증	정신지체
대인관계	정신수준과 무관하게 원만한 대인관계 어려움	정신연령의 수준에 따라 대인관계 형성됨
언어사용	적절한 언어사용이 어려움	의사소통에서 적절언어 사용 가능
기능발달	발달이 이루어짐	나이와 지능을 대응했을 때도 발달이 잘 안됨
일상생활	정보나 지식습득 양식에 쉽게 적응이 어려움	정보와 지식습득 양식에 쉽게 적응
감성자극	사회적 상호작용과 특정학습 곤란	사회적 상호작용과 감성자극에 대한 특정학습 가능
운동협응 능력	양호함	어려움이 있음
외모	이상외모는 없으며 때로는 매력적임	외모의 이상이 나타나고 덜 매력적임

치료

아직까지는 자폐증의 치료는 불가능한 것으로 간주되어 오고 있다.

그러므로 치료목표는 지연된 발달을 촉진시켜 주고 문제행동을 감소시켜 나가며 가족의 고통을 도와주는 것이며 체계화된 특수교육과 행동수정치료가 필요하다고 한다. 최근 심리학계에서는 자폐증에 대한 관심이 모아지고 있어서 참으로 다행한 일이라고 본다. 임상적 관점에서 호기심의 대상으로서가 아닌 고통받는 인간존재로서 바라볼 수 있도록 도울 것이기 때문이다. 자폐껍질이 지닌 보호적인 기능 그것은 타고난 생존을 위한 기제라는 사실을 우리는 항상 기억해야 할 것이다.

정상적인 내적 젖가슴 대신 만들어진 두터운 보호껍질이 더 이상은 두터워져서는 안 되며 더 이상은 일상적인 삶으로부터 단절되지 않아야 한다. 안전한 관계경험을 통해서만 그 아이들을 도울 수 있게 될 것이다. 예술치료에서의 비언어적 표현은 통합되지 않은 자기애적 자폐막을 허물고 감정의 표현과 정화를 가능하게 하고 세상과의 관계를 가능하게 하는데 도움이 되리라 본다.

임상미술치료 제안

자폐장애의 주된 특성이 갖는 사회성 행동문제와 자폐적 세계를 만나는데 있어서 미술매체의 창조적 만남은 그 어떠한 다른 치료방법보다 적절하다. 이유는 자폐성의 특성과 관련하여 보았을 때 치료란 자폐적 발달 상황과 단계를 접할 수 있는 유의미하고 적절한 환경조성이 되어야 한다. 또한 그 환경을 유지할 수 있는 역할이 가능해야 하며 환경의 자극을 조절하고 적절한 사용의 동기를 유발시킬 수 있어야 하며 선택이 가능해야 하는데, 미술 매체들은 이러한 조건들을 충족시켜 주는 특성을 가지고 있다는 점이 장점이다. 예를 들면 감각운동기의 자폐특성을 자극하는 방법으로서 점토나 찰흙, 핑거페인팅은 초기 생애의 감각적 접촉과 관련되며, 신체 움직임을 통한 조형활동은 촉각과 기본적 감각체계를 발달시켜 주며 지각과 자아와 타인과의 접근을 강화시킨다. 미술재료를 사용한 그리기 작업은 색의 차이와 섞임의 변화, 입체적 매체의 경험은 행동이나 동작을 동시에 사용하고, 모방하고, 자발적으로 참여하게 하며, 관계의 변화를 가능하게 하여 실제 사회적 관계의 확대를 가능하게 한다.

언어장애를 가진 자폐장애의 경우 이러한 미술이 갖는 표현적 기능은 외부 세계와의 의사소통 수단이 되며, 색과 형태의 표현 그 자체가 감정과 느낌을 표현 하므로서 성취감과 자신감을 갖게 하므로 정서적 기능으로서의 역할을 돕게 된다. 중요한 것은 치료자의 자폐특성에 대한 공감을 토대로 한 정서적 관계이며 결과보다는 과정상의 변화에 초점을 둔 자발적 참여가 우선시 되어야 한다. 평가와 간섭이 아닌 현상 그내로를 받아늘이므로서, 함께 퇴행하고 같이 갈 수 있는 미술치료사의 자세와 개인의 발달단계에 적절한 매체와 과정이 고려되지 않고서는 치료결과를 기대할 수 없으리라 본다. 적절한 매체란 장애를 가진 개인의 관심이 선호된 매체에서 시작되었을 때 더욱 가능하게 된다.

자폐장애청소년의 표현적 특성

보편적인 아이들의 그림 표현이 발달적 단계를 거쳐 양식화되듯이 자폐장애를 가진 아이들 또한 일반적인 아이들과는 다른 체계를 거쳐 독특한 예술의 수준에 도달하는 것을 볼 수 있다. 자폐장애를 가진 아이들의 대다수가 언어장애와 사회부적응, 눈 마주침이 안 되고 사람을 피하는 대신 사물에 더 많은 관심을 가지게 되면서 자기만의 자폐적 세계를 만들고 강박적이면서 반복적인 행동을 보이는 것을 볼 수 있다. 이러한 특성적 증상과 관련하여 어느 한 부분에서는 놀라운 재능을 발휘하기도 하는 현상 또한 자폐장애를 가진 아이들의 예술적 특성이다.

나의 임상경험에 의하면 자폐장애청소년의 많은 경우가 재료나 도구 선택과 색채사용에서 제한적인 선택을 하고 세부묘사에서 강박적 집착의 특성을 보이는 경우를 흔히 만날 수 있다. 반면에 자신이 그린 그림 위에 색을 칠하거나 그림을 덮어 씌우듯 겹쳐 그리는 특성을 보이며 반복적 형태표현에서 벗어나지 못하거나 도형형태에 머무는 것을 볼 수 있었다. 제한된 시각과 빈약한 개념체계화로 언어 표현 역시 매우 단조로움을 보일 뿐 아니라 독특하고 세밀한 기억력으로 놀라울 만큼의 창조성을 발휘하기도 한다.

[그림 9-8] 까맣게 타 버린 마음

[그림 9-8]는 15세 남아의 자화상이다. 이 청소년의 그림 형태는 자폐장애의 특성적 형태 표현으로서 자신의 그림 위에 사진을 붙이고 다시 보라색을 덧칠하고 있다. '앞을 볼 수 없을 만큼 마음이 까맣게 타 버렸다.' 고 한 표현에서 경험의 세부상황을 기억해내는 기억력을 토대로 두 개의 그림을 결합하면서 자기만의 마음의 눈으로 심상을 표현하고 있다.

[그림 9-9]는 직관적 심상을 사용한 13세 남아의 그림이다. 집과 나무를 그린 후 즉시 나무 위에 다시 겹쳐진 나무를 그려내고 이것을 다시 결합시키고 의미부여를 하여 아이를 업고 있는 인물을 그려냈다. 이 청소년의 그림에서는 자폐증의 특성으로서 흔히 표현될 수 있는 시각

적 배열에 대한 기억에 의해 예술언어를 마음의 형상으로 묘사하고 있다.

[그림 9-9] 이사가는 엄마와 아기

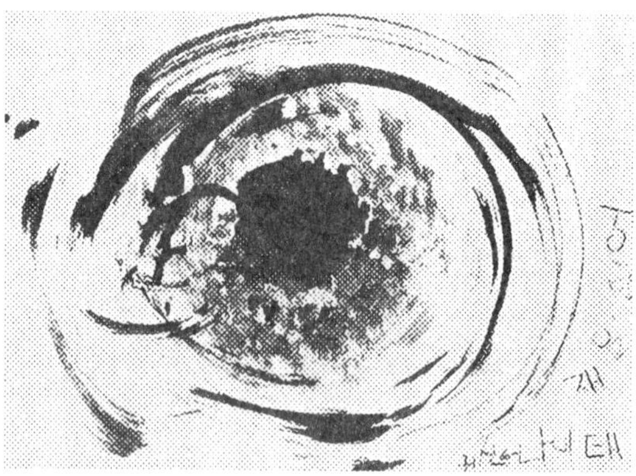

[그림 9-10] 귀신과 나이테

'귀신-나이테 제일 싫어' 라고 제목을 붙인 만다라 형태의 [그림 9-10]은 물감불기, 찍기와 휴지로 그린 13세 남아의 난화이다. 고립된 일상 속에서의 의미 있는 심상을 표현하고 있다.

[그림 9-11] 단순화된 도식 사용

[그림 9-12] 변형된 도식화를 사용한 보이지 않는 차

[그림 9-11]과 [그림 9-12]는 단순화된 도식과 변형된 도식을 사용한 16세 청소년의 그림발달이다. 이 청소년은 [그림 9-11]과 같은 형태의 단순한 도형그림을 반복적으로 그려가다가 치료 4개월이 되면서

[그림 9-12]와 같은 약간의 변형을 보이는 도식적형태의 그림을 그리기 시작했다. 6개월이 지나면서 마블링에 집착하고 그 과정은 단순한 심상작업을 가능하게 했다.

[그림 9-13] 무덤 앞에 선 우산 쓴 사람

[그림 9-13]은 [그림 9-11]과 [그림 9-12]를 그린 청소년이 치료가 시작된지 1년이 지나면서 그린 자유화이다. '비오는 산소' 라고 기록한 후 제목은 '무덤 앞에 선 우산 쓴 사람' 이라고 설명했다. 왼쪽 아래에 무덤과 꽃과 중심에 우산을 그려 넣은 후 우산대를 잡은 손이 용지 아래에서 올라와 있고 빗줄기가 우산 왼쪽으로 쏠려 표현된 것을 주의깊게 볼 필요가 있다. 이 그림은 과정 시작부터 마무리까지 전체를 파랑색으로 표현하고 있어서 분명한 형태가 나타나지는 않지만 크레파스로 표현된 시작 그림을 통해서 이 청소년의 심리적 표현이미지를 느낄 수 있을 것이다.

4. 주의력 결핍 과잉행동장애 (Attention-Deficit/Hyperactivity Disorder)

정의

보통 3세경에 발병하며 발달과정에서 부적절하게 나타나는 주의력 부족과 충동성이 특징이다. 일반아동의 3~5%에서 나타나며 3~5배 정도의 남아에서 더욱 흔하다. 과잉운동은 행동증상의 일부일 수도 있고 정서장애의 일부일 수도 있다. 15~20% 정도는 성인기까지 증상이 지속된다. 과잉활동은 성인이 되면서 감소하나 충동적인 모습은 지속된다. 청소년기까지 지속되는 경우 약 50%는 성인기에 반사회적 인격장애로 발전될 수 있다.

원인

발생원인에 대해서는 아직까지 정확한 원인을 알 수도 없지만 다양한 원인들이 ADHD를 일으킨다고 보고되고 있다. 유전적 요인으로는 일란성 쌍둥이에서 그리고 부모의 과잉행동이나 알콜, 우울증 등 가족문제를 가진 사람이 4배 정도의 더 높은 확률에서 ADHD를 일으킨다고 알려져 있으며, 뇌 모델에 의하면 전두엽 손상은 행동결과에 대한 무관심, 충동성과 불안감 증가, 과도한 정서상태, 낮은 감수성과 학습곤란을 초래하며 출산 또는 출산 후의 뇌손상도 관련이 된다고 한다. 신경생리학적 요인에 의하면 ADHD아동의 25~50%에서 뇌파검사에서 비 특이적 이상소견이 보이는데 이러한 소견은 외부자극에 의한 중추신경의 성숙지연 때문이라고 한다. 인공염료와 향료, 방부제 등을 첨가한 음식이나 자연적 당분, 납 또는 출산 전 알콜에의 과다노출이 ADHD와 관계가 있으며, 최근에는 부적절한 초기양육 경험의 중요성과 사회경제적 수준 등이 논의되고 있다.

심리사회적으로는 부모역할의 중요성이 제시되고 있다. 그러므로 인간행동과 환경간의 상호영향력을 강조하며 부모의 특성, 아동의 특성, 부모 자녀관계의 상호맥락에서 주의력과 과잉행동과의 관련된 요인의 사회적 맥락에서 정신병리의 발달을 이야기하고 있다.

행동특성 및 임상증상

심한 움직임과 부산한 과다활동, 짧은 집중력과 싫증을 잘내는 주의 산만함, 참을성이 적고 감정변화가 많고 충동적인 행동 특성을 갖고 있다. 일상생활에서 말을 잘 안 듣는 아이라는 인상을 주며 적절한 시간 내에 어떠한 일을 끝내지 못하여 가족 내에서 반복적인 갈등이 일어나기도 한다. 건방증이 많고, 들떠있고, 말이 많고 지나친 행동이 수반된다. 친구간에 간섭이 많은 아이라는 느낌을 주며 상대방의 말이 끝나기도 전에 끼어들고, 몰두하지 못하고, 파괴적인 행동이나 공격적인 태도를 보인다. 책임감이 없거나 책임을 전가하는 경향도 있고, 친구관계나 사회적 기술이 부족하고 자존감도 낮다.

진단

정확한 진단과 평가가 중요하며 출생전·후 유아기부터의 발달 양상에 대해 알아보아야 하고 부모와 교사로부터의 평가보고와 심리검사 소견, 임상에서의 관찰이 중요하다.

[표 9-9]

DSM-IV 진단기준
A. (1) 또는 (2)가운데 1가지 : (1) 부주의 : 6가지 이상 증상이 6개월 동안 부적응적이고 발달 수준에 맞지 않는 정도로 지속 a. 세부적인 면에서 면밀한 주의를 기울이지 못하거나, 학업,

작업 또는 다른 활동에서 부주의한 실수를 저지른다.
b. 일을 하거나 놀이를 할 때, 지속적으로 주의를 집중할 수 없다.
c. 다른 사람이 직접 말을 할 때 경청하지 않는 것으로 보인다.
d. 지시를 완수하지 못하고 학업에서의 임무를 수행하지 못한다.
e. 과업과 활동을 체계화하지 못한다.
f. 지속적인 정신적인 노력을 요구하는 작업(학업 또는 숙제 같은)에 참여하기를 피하고, 싫어하고, 저항한다.
g. 활동하거나 숙제하는데 필요한 물건들(예: 장난감, 학습과제, 연필, 책 또는 도구)을 잃어버린다.
h. 외부의 자극에 의해 쉽게 산만해진다.
g. 활동하거나 숙제하는데 필요한 물건들(예: 장난감, 학습과제, 연필, 책 또는 도구)을 잃어버린다.
h. 외부의 자극에 의해 쉽게 산만해진다.
i. 일상적인 활동을 잊어버린다.
(2) 과잉행동–충동: 6가지 이상 증상이 6개월 동안 부적응적이고 발달수준에 맞지 않는 정도로 지속.

과잉행동

a. 손발을 가만히 두지 못하거나 의자에 앉아서도 몸을 움직락거린다.
b. 앉아 있도록 요구되는 교실이나 다른 상황에서 자리를 떠난다.
c. 부적절한 상황에서 지나치게 뛰어다니거나 기어오른다(청소년/성인은 주관적인 좌불안석).
d. 조용히 여가활동에 참여하거나 놀지 못한다.
e. 끊임없이 활동하거나 마치 자동차(무엇인가)에 쫓기는 것

처럼 행동한다.
f. 지나치게 수다스럽게 말을 한다.

충동성

g. 흔히 질문이 채 끝나기 전에 성급하게 대답한다.
h. 흔히 차례를 기다리지 못한다.
i. 흔히 다른 사람의 활동을 방해하고 간섭한다(예: 대화나 게임에 참견한다).

B. 장해를 일으키는 과잉행동-충동 또는 부주의 증상이 7세 이전에 있었다.
C. 증상으로 인한 장해가 2가지 또는 그 이상의 장면에서 존재한다(예: 학교 (또는 작업장), 가정에서). 임에 참견한다).
D. 사회적, 학업적, 직업적 기능에 임상적으로 심각한 장해가 초래된다.

3세 이전에는 기질적으로 다소 주의산만과 과잉운동이 있을 수 있으므로 기질적 특성과 감별되어야 한다. 이 장애는 흔히 여러 질병(주요 우울증, 학습장애, 품행장애, 적대적반항장애, 인격장애, 아동학대, 불안장애 등)과 동반하거나 증상의 일부로 나타날 수 있다. 그 중 적대적 반항장애가 가장 흔하게 나타나며 약 40~70%에서 이들이 공존하는 것으로 알려져 있다.

치료

어떻게 양육할 것인지에 관한 부모상담과 교육이 필요하며 학교생활에 대하여 교사와의 밀접한 연락과 협조가 필요하다. 임상적 치료에서는 교육적, 인지 행동적, 약물치료가 상호보완적으로 필요하다고 한다. 문제가 심한 경우에는 약물치료가 우선적이 될 수도 있고, 정신 사회적인 측면에서 볼 경우 정서적 박탈 즉 심리적 스트레스나 불안에 대한 접근이 우선되어야 한다. 실제로 필자는 인지 행동적 치료에 실패한 많은 대상들을 경험했었다. 의료기관을 찾는 아이들이 유전성이나 신경학적 문제 외에 정서문제가 많은 범위를 차지하고 있고 이들에 대한 치료접근이 약물로만 해결될 수는 없으며 심리 정서적 개입과 교육 등 적절한 치료적 개입이 함께 되었을 때 치료는 가능하다는 것이다.

임상미술치료 제안

잠시도 가만히 있을 수 없는 ADHD아이들에게 미술치료는 매우 중요한 구성요소가 된다. 지나친 산만성과 충동성이 또래관계를 방해하기 때문에 이들은 일반적이지 못한 아주 엉뚱한 방향으로 특별한 관심을 나타내게 되는데 그것은 다른 사람들이 못하는 것을 할 수 있고 볼 수 있는 특성을 가지고 있다는 점이 일반적인 아이들과 다른점이다.

미술치료에서는 다른 사람이 갖지 못하는 남다른 감각을 찾아가게 하고 못하는 것보다는 잘할 수 있는것을 알게하여 자신감을 갖게 하는 것이 치료의 목표가 된다.

그림은 시각적으로 자기표현의 기회를 갖게 하고 구성물을 만들어 내므로 표현 못하고 이해할 수 없는 행동으로 자기방어를 하는 아이들에게 지속적인 지지와 상호연관성을 유지시켜 준다. 또한 그 결과물은 행동을 멈추게 하여 생각해 보아야 할 때 도움이 된다. 주로 사용하게 되는 방법은 일관성이 없고 산만한 특성을 고려하여 앉아서 하는 작업보다는 서서 움직이고 재료를 다뤄보게 하는 것이 도움이 된다. 충분히 경험하고 치료상황에 익숙해지면 다양한 매체를 사용해 볼 수 있겠으나 초기에는 흰색도화지와 마커펜이 적절하다. 이유는 재료자체의 구성효과 때문이라고 볼 수 있으며 치료계획에서 기억해야 할 사항은 본인 뿐만이 아니라 가족치료와 교육이 필수적이다. 구체적인 내용은 필자의 사례연구(한국 표현 예술심리치료학회지 1호)를 참고하기 바란다.

주의력 결핍 과잉행동 장애 청소년의 표현적 특성

미술표현은 ADHD의 감정과 생각의 기록이 되며 문제 상황과 감정과 생각을 떠올리는 하나의 매개체가 되며 ADHD의 주된 징후로서 흔히 느낄 수 있는 충동성과 미숙함이 미술표현에서는 강렬한 경험을 담아 상징화되는 것을 볼 수 있다. ADHD를 가진 청소년들의 관심이 한 곳에 머무르지 않고 흩어져 있어서 언제 어디로 튈 줄 모르는 산만성과 부주의한 행동은 시 지각 조직화의 제한성을 동반하는 꽉 채운 공간사용과 안정적이지 못한 기울어진 형태의 표현과 날개를 달거나 공중에 떠 있는 공상적인 내용을 담은 이미지로 흔히 표현된다. 또 다른 표현의 특징은 대체로 그림이 크고 불안정하고 선의 흐름도 강하게 표현되는 것이 보편적인 특성이다.

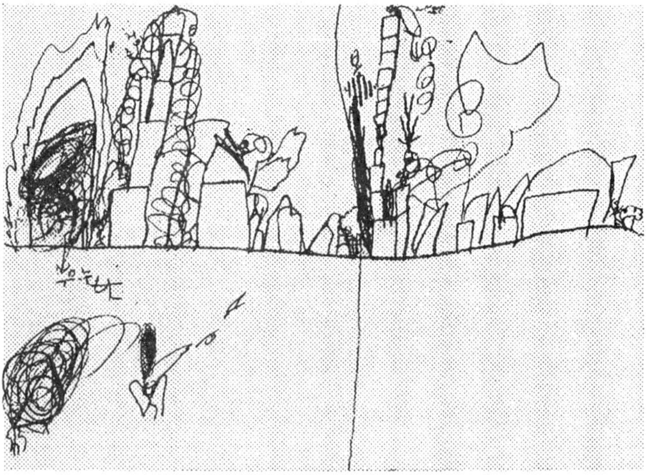

[그림 9-14] 불속에 갇혀 우는 나

[그림 9-14]는 11세 남아의 그림으로 '거미줄로 가득 찬 집에 나는 갇혀있고 아무도 나에게 친절하지 않다.' 고 설명하고 있다. 이상한 것

들이 자기에게는 있다고 말하는 이 아이는 폭발적인 충동행동과 주의산만으로 친구관계가 어렵고 그 때문에 자주 체벌을 받게 되는데 이 그림에서는 그의 산만성과 충동성, 공격성, 체벌을 상징화하여 현재의 감정을 다루고 있다.

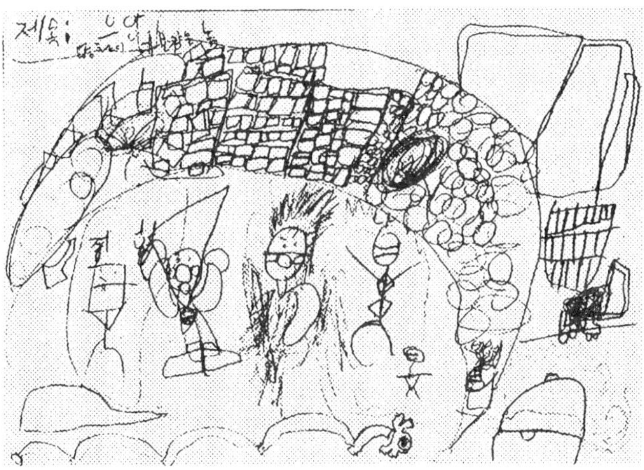

[그림 9-15] 으앙 멍청이 같은 놈

[그림 9-15]를 그린 이 청소년은 지나치게 경직된 사고를 가진 부모환경으로부터 성장하여 매사에 자신이 없고 타인과 관계 맺지 못하는 부정적인 느낌을 항상 부적절한 행동으로 숨기려 한다. 이 그림 전반에서는 그의 일상에서 느끼는 혼란과 부정적인 자기상으로 채워져 있고 ADHD특유의 필적과 형태, 공간사용을 잘 보여주고 있는 표현이다.

[그림 9-16]은 ADHD로 인해 가족갈등이 심화되어 위기 개입된 가정의 7세 남아의 자유화이다. '아빠도 엄마도 형도 슬퍼서 내가 빨리 하늘에 가서 좋은 것들을 가져와야겠다.' 고 설명한 내용에서 이 아이의

어려움의 상황과 공상과 가족으로부터 인정받고 싶은 욕구를 엿볼 수 있다. 이 남아의 가족은 서로의 감정을 이해하고 해결의 도구로써 미술을 선택하였고 가족의 표현적 이미지와 상징은 그들 자신을 되새겨 볼 수 있도록 도왔다.

[그림 9-16] 하늘에 다녀올께요

[그림 9-17] 난 바보가 아니야

[그림 9-17]은 전형적인 ADHD 진단을 받고 소아정신과 치료를 받고 있던 7세 남아가 그린 자화상이다. 이 아동은 행동뿐만이 아니라 모든 언어사용에서도 욕설과 공격적인 표현을 사용하고 충동적이며 미숙한 감정표현을 그대로 노출함으로써 자신의 분노를 위로하는 듯 했는데, 미술표현은 이러한 아이의 감정과 행동을 모으고 자신 안에 발견된 세상과 투쟁을 벌이고 있다는 증거를 시각적으로 바라보게 하기에 충분했다.

[그림 9-18] 인어요정이 용과 춤을 추고 있어요

[그림 9-18]은 10세 여아가 난화의 선을 사용하여 구체화한 연상 작업이다. '용이 인어공주와 춤을 추고 있고 자신은 하늘과 바다 속을 넘나드는 특별한 사람' 이라고 설명하지만 그러한 자신이 즐겁지만은 않다고 한 내용에서 ADHD의 특성적 징후인 공상과 부산한 행위로 인한 경험적 · 부정적 자신의 감정을 강렬하게 상징화하고 있다.

5. 틱 장애(Tic Disorders)

정의

틱이란 뚜렷한 목적 없이 갑자기 연속적으로 상동적인 근육의 움직임이나, 갑자기 소리를 지르거나(vocaltic) 가래를 뱉으려는 듯한 소리(throat clearing, cough like sound)를 내는 것으로 나타난다. 운동틱은 7~9세에 흔히 발명되고 처음에는 눈 깜박임, 얼굴 찡그림, 머리 움직이기 등으로 시작하여 점차 신체 아래로 내려가며 나타난다. 음성틱은 11세를 전후하여 생기며 대부분 일시적이지만 스트레스를 받는 상황에서는 증상이 악화되고 만성화되는 경우도 있다. 틱이 한 곳에 국한되어 있지 않고 위치가 쉽게 변할 수 있는 특성이 있으며, 남아가 여아보다 3~4배 더 많다. 틱장애는 뚜렛장애, 음성 틱장애, 일과성 틱장애, 기타 틱장애 등으로 분류되며 특히 뚜렛장애의 경우는 적응장애, 우울, 자살 등의 심한 정신과적 문제를 갖는 경우도 있다.

원인

정서적, 신체적 요소 등이 관련된다고 알려져 있으나 뚜렷한 원인은 없고 여러 가지 이유로 긴장과 스트레스를 경험하는 아이들에게 많다. 유전적으로는 가족 중에 틱이나 강박장애를 나타내거나 또는 쌍둥이에게서, 뇌의 기능이상과 도파민 문제로, 출산과정의 뇌손상, 학습요인에 의한 일시성 틱, 심리적요인 등에 의한 다양한 요인을 들 수 있다.

행동특성 및 임상증상

일반적으로 틱 증상을 보이는 아이들은 틱을 억제하려는 노력을 보이므로 틱의 수준을 확인하기 위한 방법으로는 녹화가 가장 적절하다. 뚜렛장애의 특성은 얼굴에서부터 신체로 이동하여 틱증상을 보이며 외화증(coprolalia)도 전체의 1/3에서 나타난다. 틱의 부위는 옮겨가면서 나타나고 수면중에도 나타난다. 음성 틱장애는 눈 깜박임, 안면근육, 신체부위의 들썩거림, 킁킁 소리를 내기도 한다. 뚜렛 장애처럼 눈에 띄지 않고 평생 지속되기도 한다. 일과성 틱은 음성틱과 비슷한 행동특성을 보이며 얼굴에서 목, 상지, 하지로 옮겨간다. 1년 이내에 없어지나 스트레스에 의해 재발하기도 하고, 소수에서는 음성틱, 뚜렛 증후군으로 이행되기도 한다.

진단(뚜렛장애)

뚜렛장애의 진단을 위한 특수한 검사는 없으며 진단기준은 아래와 같다.

[표 9-10]

DSM-IV 진단 기준
A. 여러 가지 운동 틱과 1가지 또는 그 이상의 음성 틱이 장애의 경과 중 일부 기간동안 나타난다-두 가지 틱이 반드시 동시에 나타나는 것은 아니다(틱은 갑작스럽고 빠르고, 반복적, 비율동적, 상동증적인 동작 또는 음성이다).
B. 틱은 1년 이상의 기간동안 거의 매일 또는 간헐적으로 하루에 몇 차례씩(대개 발작적으로)일어나고, 이 기간동안 틱이 없는 기간이 3개월 이상 지속되지는 않는다.
C. 장해는 사회적, 직업적 또는 다른 중요한 기능영역에서 심각한 고통이나 장해를 일으킨다.
D. 18세 이전에 발병한다.

틱장애를 진단할 때는 여러 종류의 운동장애나 신경학적인 질환과 감별되어야 한다.

치료

뚜렛장애에는 약물치료(chaloperidal-80%에서 효과)가 도움이 된다. 정신치료는 대체로 효과성이 부족하지만 심한 경우 행동장애나 적응문제시에는 필요하다. 음성 틱장애의 경우에는 약물치료를 시도할 수 있으나 항불안제는 효과가 없다. 틱 때문에 불안과 우울장애가 올 수 있으므로 지지적 정신치료와 가족상담, 가족치료가 필요하다. 일과성 틱의 경우는 극심한 경우가 아니면 약물사용을 제한하며, 가족교육과 지지치료, 행동치료도 도움이 된다.

임상미술치료 제안

틱의 치료는 우울, 불안, 자신감 결여 등에 대한 정서적 문제를 다뤄줘야 하나 심리적 문제가 아닌 경우에는 심리적 관점에만 초점을 두어서는 안 되며 약물과 행동치료가 수반되어야 한다. 미술치료에서는 이완작업과 자기관찰, 불안표출과 지지적 강화에 목표를 두고 충분히 퇴행하고 이완 가능한 매체가 선행된다. 물감 등 흐르는 매체와 찰흙, 소리, 동작을 적용하는것도 도움이 된다.

틱장애 청소년의 표현적 특성은 불안장애 특성을 참조하고 적용할 수 있다.

6. 배설장애(Elimination Disorders)

배설장애란 일정기간 동안 대변과 소변을 가리는 행동의 장애로서 대소변 가리기 훈련에 대한 문화적 태도, 부모-자녀간의 심리적 상태, 생리적 성숙, 지능 등에 의해 영향을 받는다.

유분증(Encopresis)

정의

4세 이상의 기질적 어려움이 없는 상태에서 3개월 이상 옷이나 부적합한 장소에서 배변을 보는 것으로 정의된다.

원인

체질적인 장운동의 문제, 기질성과 관련된 변비로 인한 고통, 대소변 훈련문제, 부모-자녀관계 문제, 스트레스 등의 다양한 원인이 있을 수 있다.

행동특성 및 임상증상

다양한 정서문제를 동반하고 고의성으로 나타나기도 하며 부모에 대한 분노의 표현 또는 적대적인 반항 장애의 일부증상일 수도 있다. 그러한 경우 아이는 강한 수치심과 고립감을 느끼며 그 부모 또한 과도한 분노를 갖고 아이를 거부하고 처벌하게 되고 이에 대한 적개심이 배변문제를 더욱 강화시키고 불안하고 더불어 사회관계를 거부하며 낮은 자존감을 형성하게 된다.

진단

기질적 원인으로 충분히 설명되지 않는 부적합한 장소에서의 배변일 경우 진단이 내려진다.

[표 9-11]

DSM-IV 진단기준
A. 적절치 않은 곳(예: 옷 또는 마루)에 불수의적이든 의도적이

든 반복적으로 대변을 본다.
B. 이러한 사건이 적어도 3개월 동안 최소한 매달 1회 발생한다.
C. 소아의 생활연령이 최소한 4세이다(또는 그와 동일한 발달 수준).
D. 물질(예: 하제)이나 의학적 상태(변비를 일으키는 기전을 제외한)의 직접적인 효과로 인한것이 아니어야 한다.

우선적으로 기질적 원인이 있는 경우와 감별되어야 한다. 촬영을 통해 변이 차 있는지 확인해야 하며 대장장애, 신경과적 질환, 약물부작용, 변비가 원인이 될 수 있으므로 기질적 원인과 감별되어야 한다.

치료

대소변 가리기 훈련 및 행동치료와 정신치료가 있다. 특히 배변문제가 가족파탄 문제까지 가능케 하므로 가족 내 긴장을 줄이고 가족문제에 대한 개입이 필요하다.

임상미술치료 제안

찰흙놀이, 핑거페인팅, 물감 등 무른 재료를 사용하는 것이 항문기의 재경험으로 적절한다. 방법적으로는 불안과 공격성을 다룰 수 있는 접근방법을 시도하는 것이 도움이 된다. 부모와 함께 하는 작업으로 가족 내 긴장과 갈등을 해소할 수 있도록 도울 수 있어야 하며 가족문제를 다뤄야 한다.

유뇨증(Enuresis)

정의

5세 전후에 반복적이고 불수의적 또는 고의적으로 최소 3개월간 주 2회 이상 아무데나 소변을 보는 것을 말한다.

원인

명확히 밝혀지진 않았지만 유전적, 중추신경계의 미성숙, 요로계의 기능장애, 스트레스, 심리적 갈등, 부적절한 대소변훈련 등을 들 수 있다.

행동특성 및 임상증상

유뇨증의 약 20%에서 정신과적 문제를 가지며 유뇨증으로 인한 이차적인 심리적 문제가 발생되어 우울감, 학교 부적응, 자신감 결여 문제가 동반되기도 한다. 성숙됨에 따라 자연적으로 호전되기도 하나 1% 정도는 성인기까지 가는 경우도 있다.

진단

유뇨증은 5세 이하 또는 정신 연령이 4세 이하인 아동에게는 진단을 내리지 않는다.

[표 9-12]

DSM-IV 진단기준
A. 침구나 옷에 반복적으로 소변을 본다(불수의적이든 고의적이든).
B. 연속 3개월 동안 주 2회의 빈도로 발생. 사회적, 학업적 기능에서 임상적으로 심각한 고통이나 장애를 일으킨다.
C. 생활연령이 적어도 5세(또는 이에 해당하는 발달수준)이다.
D. 물질(이뇨제)이나 의학적 상태(당뇨병, 척수이분증, 경련질환)의 직접적인 효과에 의한 것이 아니어야 한다.

기질적 원인에 의한 유뇨증을 감별해야 하며 급뇨나 빈뇨를 보이거나 특히 주간과 야간 유뇨증이 함께 있는 경우는 기질적 요인이 있을

가능성이 높다.

치료

대소변 가리기 훈련과 행동치료가 도움이 된다. 마지막 방법으로 드물게 약물을 사용하기도 한다. 심리적 갈등이 발병요인일 때는 놀이치료와 부모와의 정신치료가 필요하다.

임상미술치료 제안

유분증과 불안장애의 유사한 방법이 적용된다.

7. 분리불안장애(Separation Anxiety Disorder)

정의

불안장애는 소아청소년기에 오는 가장 흔한 정신질환의 하나로서 분리불안장애는 주된 애착대상이나 상황에서 분리될 때 나타나는 심한 불안이 특징이다. 분리를 주제로 한 악몽을 자주 경험하면서 두통, 복통, 구토 등의 신체증상을 많이 호소한다. 7~8세에 가장 빈번하게 일어난다.

원인

지나치게 밀착되어 과보호적인 가족관계, 부모의 질병, 죽음, 부부문제, 이사 등 생활환경의 변화 등이 요인이 된다.

[표 9-13]

아동 청소년기에 발생하는 불안장애의 일반적 특징

기 준	분리불안장애 (Separation Anxiety Disorders)	사회 공포증 (Social Phobia)	범불안장애 (Overanxious Disorders)
최소 지속 시간	최소 4주 이상	최소기간 없음	최소 6개월 이상
발병 연령	학령 전 ~ 18세	특정나이 없음	특정나이 없음
유발 스트레스	중요한 사람과의 이별 및 기타 상실	또래와 사회적 교육에 대한 압력	주어진 과제수행에 대한 비정상적 압력이나 부담감, 자존심 손상, 능력에 대한 상실감
친구 관계	이별문제 없고 원망	위축, 임시적, 억제적	친구를 기분 좋게 하기 위해 지나치게 노력, 의존관계
수면 문제	혼자 못자고, 잠자는 것을 두려워함. 어둠에 대한 공포, 악몽	때때로 잠들고 간혹 불면증	잠들기 어려움
신체화 증상	복통, 두통, 오심, 구토, 어지러움 등의 다양한 신체증상	얼굴이 붉어짐, 근육긴장	복통, 오심, 구토, 목에 무언가 걸린 것 같은, 어지러움, 호흡곤란 등의 다양한 신체증상

행동특성 및 임상증상

애착 대상과 관련된 불안이 주된 특성이며 혼자 학교나 다른 장소로 가지 않으려 하는 등의 적응문제를 수반하게 된다. 자주 신체적인 증상을 호소하고 심한 경우 공포나 공황장애까지 온다. 부모가 갑자기 죽을지도 모른다는 두려움과 집착, 반추사고가 동반되기도 한다. 학교 거부 문제를 보이는 경우 유뇨증과 히스테리 증상이 복합적으로 오는 경우도 많이 있다. 보호욕구가 지나치며, 자신감이 결여되고, 자존감이 낮다.

진단

애착대상과의 이별에서 지나친 불안을 보일 때 진단이 내려진다.

[표 9-14]

DSM-IV 진단기준

A. 집 또는 애착 대상과의 분리에 대한 불안이 발달수준에 부적절하게 지나친 정도로 나타난다.
(1) 집 또는 주된 애착대상과 분리되거나 분리가 예상될 때 반복적으로 심한 불안을 느낀다.
(2) 주된 애착대상을 잃거나 그에게 해로운 일이 일어날거라고 계속적으로 심하게 걱정한다.
(3) 운 나쁜 사고가 생겨 애착대상과 분리될 거라는 비현실적이고 지속적인 걱정을 한다(예: 길을 잃거나 납치되는 것).
(4) 분리에 대한 불안 때문에 학교나 그 외의 장소에 지속적으로 가기 싫어하거나 거부한다.
(5) 혼자 있거나 주된 애착대상 없이 지내는데 대해 지속적이고 과도하게 두려움을 느끼거나 거부한다.
(6) 주된 애착대상이 가까이 있지 않은 상황이나 집을 떠나는 상황에서는 잠자기를 지속적으로 싫어하거나 거부한다.
(7) 분리의 주제와 연관되는 반복적 악몽을 꾼다.
(8) 주된 애착대상과의 분리가 예상될 때 반복적인 신체증상을 호소한다(예: 두통, 복통, 오심, 구토).

B. 장해 기간이 적어도 4주 이상이어야 한다.

C. 18세 이전에 발병한다.

D. 사회적, 학업적(직업적), 또는 다른 중요한 기능 영역에서 임상적으로 심각한 고통이나 장해를 일으킨다.

어느 정도의 분리불안은 보편적인 현상이므로 임상관찰을 통해 정상적인 불안인지 일시적인 적응장애인지 감별되어야 한다. 학교거부는 분리불안장애, 공포장애, 품행장애에서 공존하므로 이들 장애와는 감별하여야 한다. 공포장애를 보이는 아이들은 학교생활 자체에 대한 공포로 학교를 거부하는 것이며 분리불안장애보다는 발생시기가 늦고 증상도 심하다. 품행장애로 인한 무단결석은 주로 밖으로 배회하는 것으로서 학교거부증과는 다르다.

치료

정신치료, 가족교육 및 가족치료, 인지치료, 이완훈련 등 다면적 치료가 도움되며 필요하면 약물치료(imipramin)를 병행할 수 있다. 학교거부, 학교공포증은 일종의 정신과적 응급상태로서 부모, 학교, 친구들에 대한 포괄적인 체계접근이 되어야 한다.

임상미술치료 제안

치료목표는 두려움의 표현과 불안을 제거하고 분리와 연관된 신체화 증상과 핵심갈등을 제거하는 것이 된다. 이를 위해서는 가족의 도움은 필수적이며 임상 미술치료에서 초기의 중요한 개입은 불안을 다뤄주는 것이다. 예를 들면 불안과 관련된 감정 그리기와 신체 이미지, 자기 이미지 작업 등을 다루어야 하고 정체성회복을 위한 작업을 준비하는게 도움이 된다. 상상기법과 동작, 가족공동작업을 통합한 치료 접근은 무의식의 불안을 끌어내고 제거하며 수정하는데 도움이 되리라 본다.

분리불안장애 청소년의 표현적 특성

어린 시절의 불안인 대상 상실에 대한 불안들은 청소년의 그림에서 종종 나타난다. 주된 상징들은 곤경에 처한 상태로 표현되고 거대한 소용돌이와 물, 지진, 폭풍, 폭발, 추락과 같은 지탱할 지반이 없는 위협적인 상황으로 그려지고 넘치는 물을 연상하는 파랑색과 검정색의 소용돌이와 혼돈스럽게 얽힌 끈이 나타나기도 한다.

[그림 9-19]는 초등학교 입학과 함께 음성 틱을 동반한 분리불안을 보이는 9세 남아의 감정그림이다. 이 남아는 자신의 그림에 대해 '죽지 않는 은가제가 오염된 땅에서 태어나 바다신의 저주로 잡아 먹히게 되었지만 오히려 사람에게 잡아 먹히게 되면 그 사람의 뱃속에 들어가 언제나 응석부리고 편안할 것이다.' 라고 표현하므로서 자신의 분리불안에 대한 상황적 경험을 적절하고 비유적 · 시각적으로 나타내고 있다.

[그림 9-19] 오염된 땅에서 태어난 은가제

[그림 9-20]은 7세 남아의 자유화이다. 4세경에 부모 이혼과 3개월간의 시설보호를 경험한 후 유뇨증과 극도의 불안증상을 보인 이 남아는 작은 일에도 울고 웃고 늘 겁에 질린 표정으로 혼잣말을 하는 등 행동문제가 두드러져 의뢰되었다. 뿌리 채 뽑혀 날아가는 나무와 보라색의 날으는 자동차와 회오리 기둥과 같은 중심의 태풍아래에 태아의 모습과 같은 어쩌면 불안의 핵심일 수 있는 검정색의 형체를 눈여겨볼 필요가 있다.

[그림 9-20] 마귀왕이 된 태풍

[그림 9-21]은 7세 남아가 그린 오늘의 기분 그림이다. '홍수가 났고 번개가 치고 태풍이 불어오는데 살려달라고 아무리 소리쳐도 도움을 주는 사람은 아무도 없다.' 라고 한 이 그림을 자세히 보면 끈과 괴물의 상을 한 번개와 손발이 없는 사람을 통해 현실에 대처하지 못하고 압도 당하고 있는 자신의 불안심리와 분리불안의 특성인 외적요소에 대한 극적인 두려움을 비유적으로 나타내고 있다.

[그림 9-21] 무서운 비오는 날

8. 반응성 애착장애(Reactive Attachment Disorder)

정의

5세 이전에 어머니로부터 보살핌을 제대로 받지 못해서 발생되는 것으로 아동 자신은 이상이 없거나, 성장과정에서 환경의 이상으로 애착관계의 이상 및 언어발달의 지연을 나타내는 경우이다. 양육환경의 개선으로 회복이 가능하다.

원인

양육의 문제가 주 요인이다.

행동특성 및 임상증상

나이에 따라 차이가 있으나 핵심은 사회적 관계를 맺지 못하는 것이다. 일반적으로 매사에 무관심하고, 표정이 멍하고, 웃지 않고, 두리번거리고, 식욕이 없고, 어떠한 자극에 반응이 늦다. 다른 경우에는 무분별한 친근감, 관심요구, 산만행동이 나타나기도 하며, 불필요한 물건을 훔치기도 한다.

진단

[표 9-15]

DSM-IV 진단기준
A. 심하게 손상되고, 부적절한 사회적 관계형성이 5세 이전에 시작되고, 다음 (1)이나 (2)와 같이 표현된다. (1) 사회적 관계를 시작하지 못하고, 적절하지 못한 방식으로 반응한다. 억제적, 경계적, 양가적 반응(소아는 양육자에 대해 접근, 회피가 혼합된 태도로 반응하고, 안락감에 저

항하고, 냉정하게 경계한다).
(2) 무분별한 사교성, 적절한 선택적인 애착능력의 결여(낯선 사람에 대한 지나친 친근감, 애착대상을 선택하지 못함).
B. A항에 속하는 장해가 발달지연(정신지체)으로만 설명되지는 않으며, 광범위성 발달장애의 기준에 부합되지 않는다.
C. 병적인 보살핌-적어도 1개 항목
(1) 안락함, 자극, 애정 등 소아의 기본적인 감정적 욕구를 지속적으로 방치.
(2) 소아의 기본적 신체적 욕구를 지속적으로 방치.
(3) 돌보는 사람이 반복적으로 바뀜으로써 안정된 애착형성을 저해(예: 양육자의 빈번한 교체).
D. C항의 병적 보살핌이 A항의 손상된 행동에 영향을 미쳤을 것이라고 추정.

대부분의 반응성애착장애아는 지능이 정상이거나 경미한 정신지체가 있다. 자폐장애에서는 부모때문에 발생된다는 근거가 없으므로 감별되어야 하며 전반적 발달장애, 정신지체, 난장애, 농아, 맹아 등 감각장애에도 나타날 수 있다.

치료

부모와의 불만족스러운 관계를 개선시켜야 한다. 즉 애착행동을 증진시키는 것이다. 아동의 욕구를 이해하고 육아기술 교육, 상담 및 부부치료, 가족치료 등이 필요하다. 가족변화가 불가능한 경우 친척이나 다른 양육자에게 보내는 방법도 고려해야 한다.

임상미술치료 제안

장애물을 해결하고 따뜻하고 양육관계를 만드는 것이 일차적인 과제이다. 창작 행위에서 나타나는 표현은 필요이상의 재료를 쌓아두거나 요구하기도 하는데, 이는 필요보다는 보살핌의 욕구에 대한 상징적인 대체물로서 나타나는 현상이라고 볼 수 있다. 미술치료 과정은 치료자와의 적절한 접촉을 통해 안정감을 느낄 수 있도록 도와야 하며 중간대상 경험이 가능한 매체사용이 적절하다.

반응성 애착장애 청소년의 표현적 특성

아동학대 내용을 적용할 수 있다.

9. 아동학대(Child Abuse)

정의

법적으로는 보호자를 포함한 성인에 의해 아동에게 상해를 가하는 행위와 보호를 제공하지 않는 행위를 포함하고 있는데 일반적으로 신체적 학대, 정서적 학대, 성적 학대, 방임으로 분류하고 있다.

신체적 학대란 심한 신체적 상해를 주는 것으로 구타와 동일한 개념으로 때리기에서 칼로 찌르는 행위까지를 말하며 가족이나 부모 자신의 권위에 대한 복종을 강요하기 위해 고의적이거나 우발적으로 신체적인 폭력을 반복 사용하는 것을 의미한다. 정서적 학대란 습관적이고 극단적인 말로 아동을 경멸하거나 수치감, 무시, 위협, 욕, 적대적, 거부적 대우 등을 통해 심리적 고통을 주고 아동의 인성 발달에 손상을 입히는 행위를 말한다. 성적 학대란 미성년자에 대한 강간, 근친상간, 신체적 접촉, 성적 유희, 매춘 등을 포함한다. 방임이란 무관심, 영양결핍, 부적절한 위생 관리, 교육의 소홀, 의료적 보호 부족, 신체적 및 사회적 위협으로부터 보호받지 못하여 신체적, 심리적 성숙이 지체인 경우를 의미한다.

원인

[표 9-16]

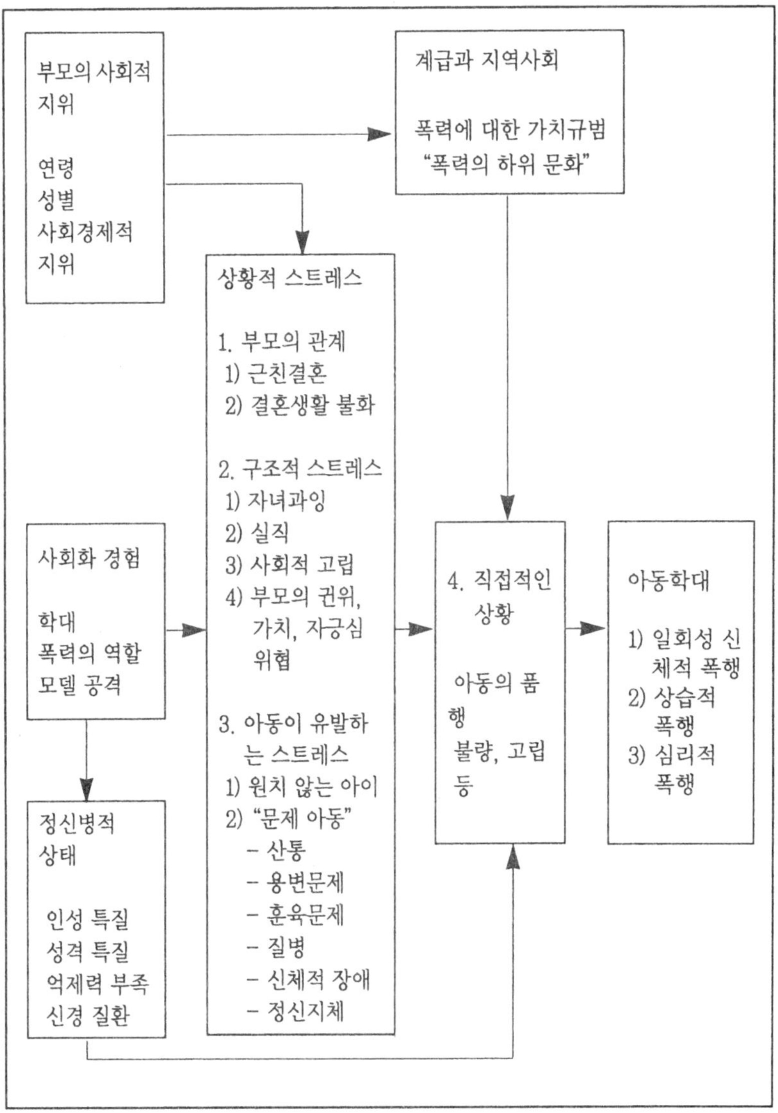
부모의 사회적 지위
연령
성별
사회경제적 지위
계급과 지역사회
폭력에 대한 가치규범 "폭력의 하위 문화"
상황적 스트레스
1. 부모의 관계
1) 근친결혼
2) 결혼생활 불화
2. 구조적 스트레스
1) 자녀과잉
2) 실직
3) 사회적 고립
4) 부모의 권위, 가치, 자긍심 위협
3. 아동이 유발하는 스트레스
1) 원치 않는 아이
2) "문제 아동"
- 산통
- 용변문제
- 훈육문제
- 질병
- 신체적 장애
- 정신지체
사회화 경험
학대
폭력의 역할
모델 공격
정신병적 상태
인성 특질
성격 특질
억제력 부족
신경 질환
4. 직접적인 상황
아동의 품행
불량, 고립 등
아동학대
1) 일회성 신체적 폭행
2) 상습적 폭행
3) 심리적 폭행

행동특성 및 임상증상

[표 9-17]

학대유형	아 동 의 특 징	학대 결과
신체적	• 표현과 자아 개념 – 감동하지 않는다. 호기심이 없다. 놀지 않는다. 혼자 있는 것을 싫어한다. 복잡하고 성가신 활동을 하기 싫어한다. • 어휘와 학습 – 어휘가 부족하고 언어발달이 늦다. 주의 집중시간이 짧다. • 또래관계 – 또래와의 관계를 기피하거나 공격적이다. 다른 사람의 물건을 무조건 빼앗는다. • 부모관계 – 부모와 떨어져도 슬퍼하지 않는다. 부모의 반응을 끊임없이 살핀다. 부모의 명령에 반항하기도 한다. • 다른 성인과의 관계 – 보는 사람 누구에게나 사랑을 구한다. 신체적인접촉은 피한다. 칭찬에 부정적으로 반응한다. 항상 관심과 물건을 더 원하는 것처럼 보인다.	대인관계의 불안정, 정신질환, 마약, 비행, 범죄행위와 일반적 생활상의 문제 등
정서적	• 표현과 자아개념 – 몸을 흔들거나 손가락을 빨아 스스로를 위로한다. 놀지 않는다. 깊이 잠들지 못한다. 수동적이고 순종적이거나 공격적이고 도전적이다. 거의 웃지 않는다. • 언어발달 – 어순을 혼동하거나 언어발달이 늦다. • 또래관계 – 사회적 기술이 매우 부족하다. • 부모관계 – 무감각하게 부모와 떨어져 앉거나 부모의 환심을 사려고 애쓴다. 산만하고, 무반응적이고 까다롭다. 부모를 살피지만 눈이 마주치는 것은 피한다. • 다른 성인과의 관계 – 관심을 끌려하며 항상 뭔가 더 필요하고, 부족해 보인다.	자폐증, 반응성 애착 장애
성적	• 죄의식을 갖는다. 두려움을 갖는다. 우울하다. 부정적 자아개념을 갖고 있으며 사회적 기술이 미숙하다. (성적학대를 받은 유아에게 모두 나타남). 억압된 분노와 적대감을 갖는다. 신뢰감이 부족하다. 역할에 대한 갈등 및 혼란을 갖는다. 발달과 업무 수행이 미성숙하다. 자기 통제력이 부족하다. (주로 근친에 의한 성적학대를 당하거나 가까운 사람에게 성적학대를 당한 경우에 나타남)	대인관계의 신뢰감 부족, 반사회적 행동, 인지발달 지연, 불안, 우울증, 섭식장애, 자살, 성적 정체감의 문제, 낮은 자아 개념, 약물중독 등

학대 유형	아 동 의 특 징	학대 결과
방임: 신체적 정서적	• 신체적 외형 – 체격이 왜소하다. 몸이나 옷이 더럽다. 머리모양이 단정치 못하다. 수업시간에 존다. • 표현과 자아개념 – 냉담하고 무심하다. 과다행동 : 스스로를 통제하지 못하고 마구 행동한다. 울거나 웃지 않는다. 자기에 대해 아무 느낌이 없다. • 또래관계 – 친구가 없다. 방관자이다. • 부모와의 관계 – 부모에게 도움이나 안정을 얻으려고 하지 않는다. 부모는 자녀에게 무관심한 것 같다. • 영아 – 마구 먹는다. 토한다. 울지 않는다. 빨고, 물어뜯고 잡아당기고, 기대고, 머리를 이리저리 움직여 부딪쳐서 스스로에게 자극을 준다. • 유아 – 누구에게든지 무분별하게 관심을 끌려고 한다. 과잉 행동을 한다. 목적 없는 행동을 한다. 다쳐도 울지 않고 친구들과 놀지 않는다. 눈치를 본다.	발육부진, 언어발달의 지체 및 장애, 정서적 반응의 불안정성 및 미숙, 인지발달의 지연, 낮은 자아감, 불안, 상호작용의 어려움
의생활	옷이 더럽다. 계절에 맞지 않는 옷을 입고 있다. 날씨에 맞지 않는 옷을 입고 있다. 단정치 못한 옷차림을 하고 있다. 너무 크거나, 작은 옷을 입고 있다. 너무 크거나 작은 신발을 신고 있다.	
식생활	배고프다고 말한다. 간식이나 점심을 더 달라고 한다. 친구의 간식이나 점심을 빼앗아 먹는다.	
의료적	충치가 있다. 항문이 가렵다고 말한다. 배가 아프다고 말한다. 상처를 치료하지 않은 채 등원한다. 눈이 충혈 되어 있다. 미열이 있다. 예방접종이 되어있지 않다. 감기에 걸려 있다.	
교육적	아무 연락도 없이 결석해 버린다. 지각한다. 준비물을 가져오지 않는다. 일과가 끝나도 가지 않고 서성거린다.	
성적	성에 어울리지 않은 옷차림을 하고 있다. 성에 어울리지 않는 머리모양을 하고 있다. 어른들이 옷을 벗고, 소리를 지르며, 이상한 짓을 하는 것을 보았다고 말한다. 어른들이 발가벗고 이상한 짓을 하는 비디오나 책을 보았다고 말한다.	

치료

학대문제에 대한 접근은 일반적으로 학대-초점심리치료에 토대를 둔 자기 심리학 이론과 현상학적 치료의 개입이 주로 사용되어 왔다. 치료과정은 학대아와의 감정이입이 중요하며, 아동 중심적이 되어야 한다. 그러한 행동과 관점을 아동관점에서 언급하되, 왜곡된 관점을 극복하도록 돕기 위한 활동들에서는 인지-행동 기법을 사용한다. 여기에서는 치료를 위한 평가를 간단하게 언급하고 임상 미술치료방법을 소개하기로 하겠다.

[표 9-18]

개입전에 갖추어야 할 치료사의 자격요소들
1. 가족역동과 재 학대 위험 여부 평가
2. 최대한 많은 정보수집(가족, 경찰, 사회기관, 사회복지사, 의료진과의 협의) 사회적 서비스 지식
3. 훈련된 초기 면담 기술과 경험
4. 학대와 관련된 전문적인 임상 지식
5. 진단과 평가에서 미술표현의 사용 지식
6. 가족에 대한 비처벌적 심리 사회적 개입 능력
7. 가족과 함께 아동 안전에 대한 토의를 하되 명확하고 구체적인 평가 기록에 대한 임상 지식

진단을 위한 평가

부모기능에 대한 평가(부모 각각에 대해)

아동기의 훈육경험은 어떠했는가?

아동기의 발달적 욕구는?

자녀훈육방법은 어떠한가?

의존적, 경직된, 공격적인 성격인가?

부모의 신체적, 정신병리가 있는가?

부모자신이 조기 박탈, 학대와 관련이 있는가?

자신이나 부모가 약물이나 알콜 중독, 범죄에 노출되어 있거나 경험이 있는가?

아동기능에 대한 평가

아동이 다루기 힘들거나 특별한 건강문제가 있는가?
선천적인 결함이 있는가?
행동 문제가 있는가?
발달상의 문제가 있는가?

가족원의 상호작용 질에 대한 평가

신체적 접촉, 눈 맞춤이 자연스러운가?
서로 긍정적인 관심을 갖는가?
소리 지르고, 화내고, 예의를 지키지 않는가?
부모가 자녀를 보호적으로 다루는가?
적절한 가족놀이를 하는가?

방임에 노출될 수 있는 상황 평가

장기간 부모의 만성적 스트레스가 있었는가?
가족상황의 최근 변화가 있는가?

임상미술치료 제안

학대문제에 대한 미술치료 접근은 학대의 충격으로부터 야기된 억압된 감정을 시각적 표현을 통해 자신의 경험을 관찰하게 된다. 이러한 감정은 매우 파괴적일 수 있는데, 미술표현은 제한성이 없으므로 은유적으로 고통을 중화시켜주는 역할을 하게 되어 작업 그 자체는 해독제 역할로서 혼돈된 감정을 질서로 안내하는 행위가 된다. 특히 방임문제에 대한 미술 치료과정에서 치료자는 끊임없이 요구하는 의존적 애착 욕구를 강화시켜서는 안 되나 적절한 접촉으로 안정감을 주는 것은 필요하다. 미술작업은 그러한 욕구들을 어느 정도 교류할 수 있게 해주는 특성을 가지므로 매우 적절하다 할 수 있다. 방법은 끈과 인형 등 중간 대상의 특성을 가진 매체들이 도움된다.

아동학대를 다루는 미술치료사가 잊지 않아야 할 중요한 점은 위기 중재로서 분명한 철학을 갖고 치료에 임해야 한다. 위기중재에서 첫 단계는 항상성 유지이며 진실함이 전달된 관심과 신뢰와 협력관계에서 시작되어야 하며 지속적인 치료가 가능한지에 따라 중간 단계의 접근 방법이 달라진다. 치료자의 역할은 지속적인 치료에 있으나 분노조절과 만약에 쉼터로 분리된 상황이라면 변화된 상황에 대한 적응훈련이 함께 가야하며, 자신의 상황을 받아들이고 자기감정을 다룰 수 있도록 도와야 한다. 예를 들면 '지금 기분이 어떠한지' 충분히 이야기하고 그것을 그려보도록 한다면, 그냥 지금 기분을 그려보라 하는 것보다는 구조화 해주는 것이 된다. 학대문제 개입에서 사용되는 매체는 최대한 간소화하여 혼란의 가능성을 줄여주어야 한다. 미술작업이 왜 도움이 되는지 재료사용 방법까지 자세하게 알려주어야 한다. 일관성 있고, 경험적이며, 익숙한 구조, 익숙한 주제로 구조화하는 것이 안전감과 신뢰감정에 도움이 된다. 종결단계에서는 퇴행과 분노가 다시 나타날 수 있으므로 서서히 조심스럽게 다뤄야 한다.

학대를 경험한 청소년의 표현적 특성

학대받은 모든 아이들의 그림을 정형화하여 정의 내릴 수는 없지만 학대경험이 있는 아이들의 미술표현은 학대로 인한 구체화된 감정을 드러내는 적절한 통로가 되므로 유사한 그림의 특징을 발견할 수 있다. 신체적 학대 또는 방임된 아이들과 쉼터에 있는 학대받은 아이들은 미술표현에서 뿐만 아니라 미술작업에서 드러나는 재료를 다루는 행동에서 이미 다른 모습을 보여준다는 것은 주목할 만한 특성이다. 신체적 · 정서적으로 학대받은 아이들은 받지 못한 애정을 또는 잃어버린 애정을 대처할 수 있는 상징적인 어떠한 것을 찾으려는 욕구가 있기 때문에 지나치게 미술 재료에 집착하여 쌓아두거나 재료를 몰래 훔치는 경향이 있다. 그림의 특성은 직접적으로 불안이 노출되는 표현과 퇴행적이고 감각운동기적 형태의 표현으로 나타나기도 한다. 그러한 이유는 학대로 인한 불안이 너무 심각하여 창조행위가 불가능해지기 때문이다. 학대의 불안 징후인 두려움은 작품 속에서 어둠이나 동물에 대해 비현실적인 공포감 등 다양한 표현으로 나타나며 그러한 내용은 가정폭력과 흔히 연관이 되어 있는 것을 볼 수 있다. 폭력가정 아이들의 또 다른 그림 표현의 특성은 공격하거나 공격을 당하는 고통과 분노 등 적대감이 표면화되기도 하며 낮은 자존감과 비난이 직접적으로 표현된다. 성학대를 받은 아이들의 공통적인 표현적 특성은 성적인 인물상의 표현이 흔히 나타난다. 이는 학대를 받은 생식기 부위를 부정하는 방식으로 대처기제를 나타내는 것으로 볼 수 있다. 또 다른 특성은 사람을 둘러싼 표현이 등장하고 빨강색을 흔히 사용하기도 하며 하트모양의 이미지와 동그라미와 V표시, 자기비하적인 표현과 그림의 발달적 퇴행이 나타나기도 한다. 그러한 퇴행적 표현은 성폭력의 불안과 공포 감정들이 그림에 전이되기 때문이다.

[그림 9-22]

[그림 9-22]는 정서적 학대를 받은 20세 청소년의 자유화이다. 정서 불안의 선행적 형식의 전환욕구로 그림의 퇴행 현상이 나타나고 있다.

[그림 9-23] 무덤

무덤이라고 제목을 붙인 [그림 9-23]은 가정폭력으로 인해 우울감에 시달리다 자살을 시도한 17세 여아의 자유화이다.

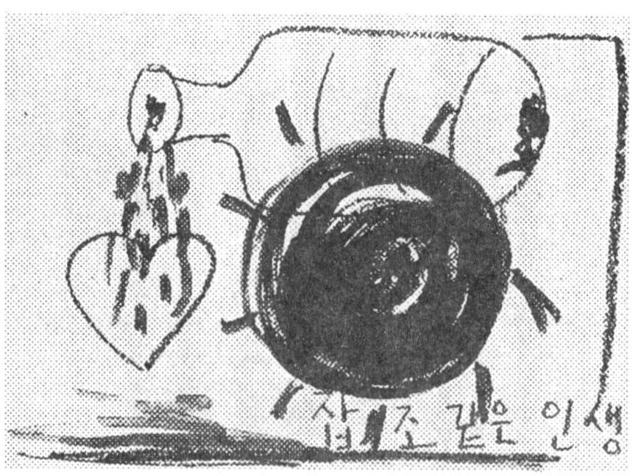

[그림 9-24] 성학대를 받은 16세 여아의 자유화

[그림 9-25] 이상하고 특별한 경험

[그림 9-24]와 [그림 9-25]는 4년째 삼촌으로부터 지속적으로 성학대를 받아온 16세 여아의 그림이다. 이 여아는 검정색과 빨간색만을 사용하여 태양과 하트, 병을 그린 후 초록색 크레파스로 '잡초 같은 인생, 이상하고 특별한 경험' 이라고 제목을 붙였다. 학대아의 보편적이고 특징적인 미술표현은 폭력경험에 자신이 어떻게 반응하는지 표출하게 되는데 이 그림에서 나타나는 표현이미지 또한 폭력에 노출된 상처와 잘못되었다고 느끼는 성인의 보살핌과 부정적 이미지를 나타내고 있다.

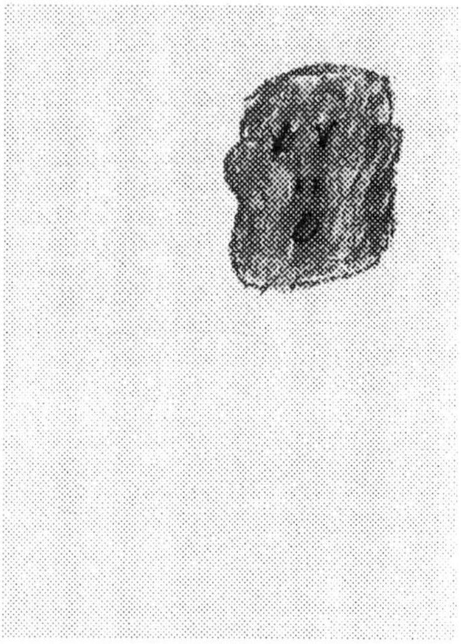

[그림 9-26] 괴상한 나

[그림 9-26]은 성학대를 받은 초기 청소년의 몸이 생략되고 자기 비하적인 표현을 주제로 그려진 자화상이다. 성학대의 표현적 특성이 자기비하적 표현과 몸의 생략 그 자체라고 볼 수는 없으나, 청소년이 스스로를 괴상하고 더럽다고 말한다는 것은 일반적인 아이들에게서 흔한 일은 아니다.

제10장

청소년 중 · 후기의 임상적 문제

앞에서 설명했듯이 청소년기의 정신과적인 면은 청소년 문제라고 해서 모두 청소년기의 특징적 문제라고 볼 수만은 없다. 소아기 또는 청소년기 초기에 이미 시작한 불안이나 우울이 그 당시에 해소되지 못했을 때 청소년 중 · 후기의 문제점과 혼합하여 복잡한 형태로 변형되어 나타나는 경우가 있으며, 청소년중기는 주요 성인병이 시작하는 시기로서 특히 정신분열병의 발병은 17~20세에 정점을 이룬다. 치료는 성인치료에 준하지만 청소년기의 발달단계와 그 과제를 참작하여 드러난 증상이 정신병리로 나타나는 것인지 발달단계의 특성인지를 구분해야 한다. 일시적인 혼돈상태의 어떠한 것은 심각한 정신병리현상과 유사하여 중증장애진단이 내려지는 오류도 가능하다. 치료적 환경 또한 부모가 청소년을 강제로 치료환경에 데려오는 경우가 많아서 청소년이 치료자를 부모와 동일시하여 자신이 거부하는 성인세계의 연속으로 느끼기도 한다. 이러한 경우 치료관계가 형성되기는 어려울 것이며 치료의 초점 또한 왜곡되어 치료를 시작하기도 전에 실패의 결과를 초래할 수 밖에 없게 된다.

따라서 치료자는 청소년기의 심리내적요소의 변화, 발달적 과제, 독특성, 정신병리에 대한 이해를 토대로 청소년을 만날 수 있어야 한다. 이 장에서는 그러한 이해의 기반 하에 청소년기에 주로 나타날 수 있는 임상적 장애를 살펴보기로 하겠다.

1. 불안장애(Anxiety Disorder)

청소년의 가장 흔한 정신과적 문제는 불안과 우울 등을 동반한 적응장애로서, 청소년기의 고유한 불안 이외에도 우리 사회의 특성상 입시병, 고3병이라고 불리우는 시험관련 불안이 많이 나타나고 있다. 시험불안은 시험과 같은 평가받는 상황에서 느끼는 두려움이다. 심한 경우 두통, 현기증, 식욕부진, 시력장애, 기억력장애, 불면증, 우울, 불안 등 정서문제가 나타난다. 극단적인 경우에는 심한 불안을 동반한 다른 정신병리로 발전되거나 학교거부, 가출, 비행, 약물, 자살 등의 원인이 되기도 한다. 정신과를 찾는 청소년 중 학교거부를 주문제로 오는 경우가 많은데 이 시기의 학교거부는 비교적 심각한 상태라고 보아야 한다. 거부자체가 일시적일 수도 있지만 많은 경우 심각한 정신과적 초기증상으로 나타나거나 성인정신과정의 증상으로 나타나는 경우가 많기 때문이다.

DSM-IV에서는 불안장애를 공황장애, 공포증(광장공포증, 사회공포증, 단순공포증), 강박장애, 외상후스트레스장애, 범불안장애로 분류하고 있지만 여기에서는 주로 청소년기에 발명이 시작되는 강박장애와 범불안장애에 한정하겠다.

1) 범 불안 장애(Generalized Anxiety Disorder)

정의

불안한 느낌이 과도하고 광범위하게 그리고 다양한 신체 증상을 동반하여 지속되는 상태로서 불안의 근거를 찾기 어려운 부동성 불안 또는 자율신경과민 증상이 특징이다. 중 · 후기 청소년기인 20대에 주로 발병되며 여자가 남자보다 2배 더 많이 나타난다. 아동청소년기의 과도불안장애도 범 불안장애에 포함된다.

원인

유전적 요인이 있으며 주요 우울장애와 관련이 있다는 보고도 있다. 인지행동이론에서는 환경의 부적응적 요인에 대해 선택적 주의와 정보처리의 왜곡과 자신의 대처능력에 대한 부정적 시각으로 인해 위험을 부적절하게 인지하기 때문이라고 보며, 정신분석에서는 불안을 해결되지 않은 무의식적 갈등이 표현된 증상이라고 본다.

행동특성 및 임상증상

불안과 운동성 긴장이 주된 양상이며 피로, 근육통, 안검경련과 이마 찌푸림, 안절부절 하고 놀라는 증상이 있다. 지나친 근심으로 매사를 걱정하고 불안해하며 사소한 일도 지나치게 염려하며 그 결과 주의가 산만하고 주의집중 곤란, 초조감, 불면증과 우울이 동반된다.

진단

적어도 6개월 이상 지속되는 과도한 통제하기 힘든 불안상태를 보이기 때문에 쉽게 진단이 가능하다.

[표 10-1]

DSM-IV 진단기준
A. 여러 사건이나 활동(작업 또는 학교 성적)에 대한 과도한 불안이나 걱정(염려스런 예견)이 적어도 6개월 이상, 최소

한 한 번에 며칠 이상 발생한다.

B. 개인은 걱정을 조절하는 것이 어렵다는 것을 알게 된다.

C. 불안과 걱정은 다음의 6가지 증상들(증상들이 적어도 며칠 이상 지난 6개월 이내에 존재해야 한다) 가운데 3가지(또는 그 이상) 증상을 동반한다.

주의 : 소아과에서는 오직 한 가지 증상만이 요구된다.

(1) 안절부절 못함 또는 긴장이 고조되거나 가장자리에 선 느낌
(2) 쉽게 피로해짐
(3) 집중 곤란 또는 마음이 멍해지는 느낌
(4) 과민한 기분상태
(5) 근육 긴장
(6) 수면 장해

D. 불안과 걱정의 초점이 축 1의 다른 장애의 특징에만 국한되는 것이 아니어야 한다. 즉, 공황발작(공황장애에서), 공공장소에서 어쩔줄을 모르게 되는 불안(사회공포증에서), 감염된다는 불안(강박장애에서), 집이나 가까운 가족으로부터 멀리 떨어지는데 대한 불안(분리불안장애에서), 체중증가에 대한 불안(신경성 식욕부진 중에서), 여러 가지 신체적인 증상에 대한 불안(신체화장애에서), 또는 심각한 질병이 있다는데 대한 불안(건강염려증에서). 그리고 불안과 걱정이 외상후 스트레스장애 경과 중에만 발생되지 않는다.

E. 불안, 걱정, 또는 신체 증상이 임상적으로 심각한 고통이나 사회적, 직업적, 또는 기타 중요한 기능 영역에서 장애를 초래한다.

F. 장애는 물질(예: 남용 약물, 투약)이나 일반적인 의학적 상태(예: 갑상선기능항진증)의 직접적인 생리적 효과로 인한

> 것이 아니며 기분장애, 정신증적 장애, 광범위성 발달장애 경과 중에만 발생되지 않는다.

카페인 중독, 정신자극제 남용, 알코올 금단증상 등과 감별해야 한다. 또한 우울증, 강박증, 공포증, 건강염려증, 불안을 동반하는 적응장애, 인격 장애, 주의력 결핍과잉 행동장애 등과도 감별되어야 한다.

치료

범 불안 장애를 나타내는 청소년은 자신의 신체 질환을 의심하기 때문에 우선 종합 검사를 통해 신체 질환이 없음을 확인시켜 주는 것이 중요하다. 치료자는 진단에 대해 모호한 태도를 보여서는 안 되며 진지하고 수용적인 자세로 설명해 주므로서 신뢰로운 행동을 보여주어야 한다. 약물은 증상을 완화하는데만 사용되며 정신치료는 치료에 강한 동기를 가진 경우 가장 도움이 된다. 인지 행동치료도 왜곡된 인지왜곡과 신체 증상을 다루는데 도움이 된다.

임상미술치료 제안

과도한 불안을 호소하는 청소년들에게 미술치료에서는 많은 시리즈 그림을 그리도록 함으로써 불안에 접근하는 단계를 거치게 된다. 치료의 접근은 다양한 인지적 접근이나 행동주의적 접근을 통한 방법보다는 치료대상자인 청소년의 리듬을 따라가는 방법에 초점을 두게 된다. 불안과 관련된 느낌을 계속 그림으로 표현하면 내재해 있는 불안을 일으키는 내용들을 표현적 심상으로 만나게 되며 상징으로 바라볼 수 있게 된다. 모든 치료에서도 같은 맥락이겠지만 과도한 불안을 가진 청소년의 치료에서는 더욱 안정감 있고 편안한 치료자의 자세가 요구된다. 특히 색채를 사용하는 미술치료과정에서 유의해야할 점은 흥분을 자극할 수 있는 색의 사용은 자제해야 하며 강한직면을 제한하고 안정된 기다림과 수용이 필요하다.

범 불안 장애 청소년의 표현적 특성

불안은 항상 무의식의 내용과 관련이 된다. 무의식의 내용에 접근하는 보다 적절하고 의미 있는 방법으로서 미술을 적용하고 있을 뿐 아니라 치료와 평가에서 미술표현이 가진 힘은 이미 명확하게 알려져 있다. 지나친 불안이 있는 아이들의 표현 특성인 징후는 미술치료의 결과물을 통해 다양한 방식으로 두려움과 공포감으로 표현된다. 이들은 불안 때문에 어떠한 일이나 행위에 몰두하기가 어렵기 때문에 구체적인 창조 행위가 쉽지 않고 유아기 단계로의 퇴행 형태의 미술 표현이 나타나기도 한다. 두드러진 표현적 특성은 회기 현상의 난화와 사람과 외부환경을 차단하여 분리시키는 캡슐화(Encapsulation)가 흔히 나타나며 검정색과 빨강, 주황, 초록의 색채 표현이 많은 것을 볼 수 있다. 그림의 형태 또한 과도하게 한 부분에 집착하여 반복하는 반면에 필수 부분을 생략하거나 지나치게 크거나 작게 그리기도 한다.

[그림 10-1] 그림은 신체 변형에 대한 불안을 호소하는 19세 청소년의 자화상이다. 치료 초기와 중기의 그림은 더욱 혼돈스럽고 유령에 가까운 형태였으나 치료가 진행되면서 혼돈의 요소는 사라졌지만 여전히 자기를 불로 표현된 캡슐에 넣어 외부로부터 격리시키고 있다. 이러한 현상은 청소년이 자신의 불안을 직면하고 부정적 형태를 만나는 상징과정으로서 나타나며 이러한 미술표현의 단계는 시간이 지나면서 불안에 억압된 정서는 자유롭게 풀려나갈 수 있으리라 본다.

[그림 10-1] 나갈 수가 없어요

[그림 10-2]는 시험불안으로 시험시기만 되면 불안증상이 심각하여 호흡장애를 일으키는 15세 남아의 자유화이다.

[그림 10-2] 시험 중

[그림 10-3] 은둔생활

[그림 10-3]는 아버지의 우울증으로 부모관계가 불안정한 가정환경과 방임된 양육환경에 노출될 17세 남아의 그림이다. 불안의 대처 방법으로 게임중독에 빠진 이 청소년의 그림은 캡슐화의 한 예로서 돌무덤 속에 있는 공상 속에 닫혀있는 자신의 모습을 그렸으며 얼굴이 없는 모습과 게임기 앞에 앉은 자세를 취하고 있다.

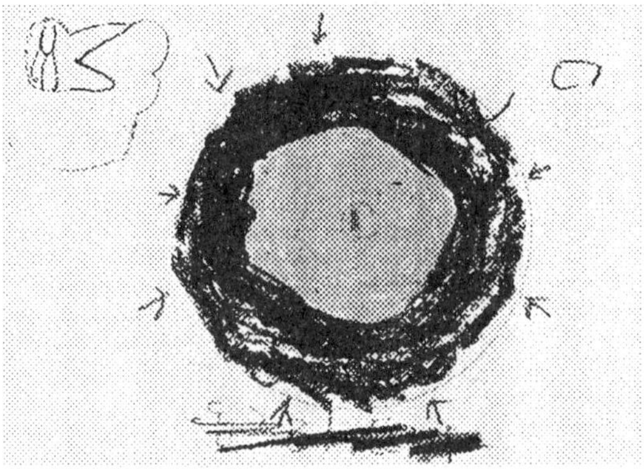

[그림 10-4] 동그라미에 감춰진 나

[그림 10-4]는 14세 남아가 그린 그림이다. 이 또한 캡슐화의 한 예로서 꿈의 내용을 회상하여 표현한 그림이다.

'어둡고 짙은 녹색의 동그라미 속에 묻혀있는 자기는 아마도 죽어서 무덤 속에 있는 것 같다'라고 표현한 이 남아는 자신이 경험한 스트레스로 인한 극도의 억압 상태를 나타내고 있는 것 같다.

2) 강박장애(Obsessive-Compulsive Disorder)

정의

자기의지를 벗어나 특정한 생각이나 행동을 반복하는 상태를 말한다. 강박증으로 내재한 불안은 조절되지만 이 강박증을 중지하면 불안증세가 다시 나타나므로 부적절한 줄 알면서도 반복하게 된다. 건강한 사람에게도 다소의 강박증상이 있을 수 있으나 그 증상으로 인해 일상생활이나 대인 관계에 지장을 초래한다면 병이 된다. 발병 시기는 주로 사춘기에 시작되고 성인 초기에 초발하기도 한다. 남녀 비율은 같으며 많은 경우가 고학력과 고기능을 가지고 있고 가족력이 있는 경우 높은 발병 경향을 보인다. 주요 우울증과 사회 공포증과 공존하는 경우도 흔히 있다.

원인

생물학적으로는 유전성과 세로토닌(serotonin)의 증가가 원인이라는 가설이 있으며 출산 시 외상, 우울증과의 관련성도 제시되고 있다. 정신 역동적 관점에서는 불안에 대한 방어기제(고립, 억압, 취소, 반동형성)에 의해 발생한다고 본다. 강박증에서 흔히 보이는 공격성과 청결벽은 성장과정의 남근기적 갈등에 의한 항문-가학성 시기로 퇴행하는 것과 관련된다고 보고 있으며 이때 양가적이고 마술적인 사고가 형성되므로 대상에 대한 사랑과 미움을 동시에 가지게 되며 doingundoing 양상과 심각한 반복적인 의심이 나타난다. 마술적 사고는 퇴행의 결과로 전능감과 같은 유아적 사고이며 공격성의 충동이 여기에 담겨있다고 보았다. 학습이론에서는 강박사고를 조건화된 자극으로 보며 반면에 강박행동은 강박사고와 관련된 불안이 특정행동에 의해 경감됨을 알게 되면서 그 행동이 반복되고 강화된 결과라고 본다.

행동특성 및 임상증상

다양한 증상이 나타나며 공통적으로는 어떤 하나의 생각이나 충동이 지속적으로 의식화되며 불안이나 두려움이 동반되므로 이를 막기 위한 수단을 취하게 된다. 증상이 아무리 심해도 본인은 그것이 불합리하다는 것을 인식하고 있고 강박증상에 저항하려 한다. 반복 행동은 손 씻기, 물건 정돈하기, 재확인하기, 셈하기 등의 행동을 되풀이하는 것으로 나타난다. 머리 뽑기와 손톱 물어뜯기도 강박행동에 포함된다. 어떠한 일을 시작하기 전에 의식적으로 특정 수를 세거나 알아들을 수 없는 중얼거림 후에 하는 행위를 반복하는 강박적 의식 행위와 자신이 행한 일이 확실하지 않다고 느끼면서 반복 확인하는 강박적 의심증도 나타낸다. 때로는 우울과 불안이 공존하기도 하며 관계 망상이나 지각 장애를 일시적으로 보이는 경우도 있다.

진단

강박사고나 강박행위가 일상생활에 지장을 초래하고 불합리한 행동임을 인정하면서도 그 행위를 중단하지 못하고 괴로워할 때 진단된다.

[표 10-2]

DSM-IV 진단기준
A. 강박사고나 강박행동이 있다.

강박사고는 (1), (2), (3) 그리고 (4)로 정의된다.

(1) 이 장애 동안 어떤 때에는 침입되고 부적절한 것으로 경험되고 현저한 불안과 고통을 일으키는 반복되고 지속되는 사고, 충동 혹은 영상

(2) 이 사고들, 충동들, 영상들은 실제적인 삶의 문제들에 관한 과도한 걱정만은 아니다.

(3) 개인은 그런 사고들, 충동들 혹은 영상들을 무시하거나 억제하려고 시도하거나 혹은 다른 사고나 행동으로 중화하려고 한다.

(4) 개인은 강박적 사고들, 충동들, 혹은 영상들이(사고주입처럼 없는 것에서 주어지는 것이 아니고) 자기 마음의 산물인 것을 안다.

강박행동은 (1)과 (2)로 정의된다.

(1) 강박사고에 대한 반응으로 또는 엄격히 지켜야만 할 것 같다고 느껴 반복하는 행동(예: 손씻기, 헤아리기, 검토하기) 또는 정신적인 활동(예: 기도하기, 수세기, 단어를 조용하게 반복하기).

(2) 이 행동이나 정신적인 활동은 고통을 줄이거나 두려운 사건이나 상황을 방지하기 위하는데 목적이 있다; 그러나 이 행동과 정신적인 활동은 중화시키거나 막기 위해 고안된 실제적인 방법과는 연관이 없거나 그에 비해 명백히 과도하다.

B. 이 장애의 경과중 어느 시점에, 개인은 강박사고나 강박행동이 과도하거나 비이상적이라는 것을 알고 있다.(주: 어린이의 경우에는 적용되지 않는다)

C. 강박적 사고나 행동은 현저한 고통을 주고, 시간을 소모시키거나(하루 한 시간 이상 씀), 개인의 정상적 일상생활, 직업적(혹은 학문적인) 기능, 혹은 일상적 사회생활 혹은 관

계에 명백한 장애를 준다.

D. 또 다른 I축의 장애가 존재하면 강박사고 혹은 강박행동의 내용은 그것에 제한되어 있지 않다(예: 식사장애에서 보이는 음식에 대한 집착, 발모광에서의 머리카락 뽑기, 신체변형장애에서의 외모에 대한 관심, 물질사용장애에서의 약물에 대한 집착, 건강염려증 환자에서 병에 대한 집착, 성도착증 환자에서의 성적인 충동, 환상에의 집착, 주요우울증에서의 죄책감의 되뇌임).

E. 이 장애는(예; 약물남용이나 처방같은) 물질 혹은 일반적 의학적 상태에 의한 직접적인 생리적 영향에 의한 것은 아니다.

다음을 명시하시오.

병식이 없는 경우 : 현 삽화의 대부분 시간에서 강박사고, 강박행동이 과도하거나 비이성적이라고 깨닫지 못하는 경우

감별 진단으로 강박성 인격 장애는 지나친 정돈, 시간 엄수, 인색함, 고집, 자기 생각대로 안될 때 지나치게 화내는 것이 특징이며 자신에게는 불안이지만 타인에게는 불편하지 않은 정도이다. 이러한 강박성 인격 장애와 주요 우울증, 분열증, 건강 염려증, 충동조절 장애, 뚜렛 장애, 틱 장애, 기질성 정신 장애 등과 감별되어야 한다.

치료

면담 시 청소년의 강박적 질문에 말려들지 말아야 하며 강박증으로 인한 확인을 위해 요구하는 대화는 피해야 한다. 약물로 증상이 호전되어도 약물 투여를 중단하면 다시 재발되기 쉬우므로 장기 투여가 필요하다. 정신치료와 행동치료도 효과가 있으며 부부와 가족을 위해서는 가족 치료가 도움이 된다.

임상미술치료 제안

강박관념과 관련된 발달적 시기를 고려해 보았을 때 항문기적 관계 경험을 재현한 창의적 접근은 내면화된 초기의 불쾌감정을 드러나게 하고 풀어낼 수 있다. 강박증의 특성은 정해진 미술도구만을 사용하거나 독창성이 없는 경직된 배열의 순서를 사용하거나 독창성 묘사에 집중하므로, 무른 재료와 핑거페인팅과 같은 마구 문지를 수 있는 매체가 적절하며 도구도 좁은 붓보다는 넓은 붓이 더욱 적절하다.

강박 장애를 보이는 청소년의 표현적 특성

강박장애의 특징적인 표현은 상하좌우 대칭과 균형에 지나치게 집중하고 작은 부분에 상세하며 수식이 많으며 인물 표현에서는 관절까지도 세밀하게 그려내는 경우가 있다.

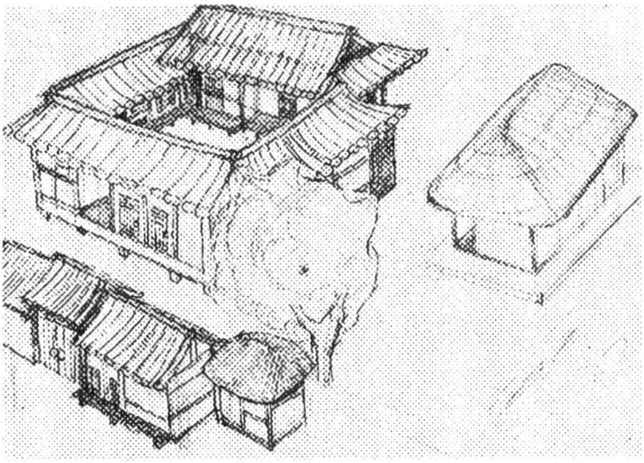

[그림 10-5] 나는 준비하고 있어야 해

'준비하고 있어야 해' 라고 제목을 붙인 [그림 10-5]는 강박장애 진단을 받고 치료중인 23세 후기 청소년이 그린 KHTP이다. 지우고 다시 그리기를 반복하며 치료시간 1시간이 지나고서야 그림그리기를 끝낼 수 있었다. 매우 잘 그렸다고 느껴지는 이 그림을 주의깊게 보면, 집 자체에 대해서는 지나칠 만큼 세밀하고 구체화 되어 있는 반면에 뿌리 없는 나무와 그리다가 결국 그리지 못하고 수차례 지우기를 한 흔적만 남아있는 울타리와, 사람은 집안에 있다지만 신발은 전혀 찾아볼 수 없다는 것을 관찰할 수 있다. 강박장애를 가진 청소년의 특성인 한 부분에 대한 지나친 집중과 자기상에 대한 불안전감을 느끼게 한다.

[그림 10-6] 우리집

[그림 10-6]은 부모의 불화로 인한 별거로 양쪽 부모의 집을 오가며 생활하고 있는 20세 청소년이 그린 자유화이다. 두드러진 우울불안으로 의뢰된 이 청소년은 그림을 그리는 동안 반복적으로 손톱을 물어 뜯는 행동이 관찰되었다. 색채를 사용하기 전에 관찰된 행동은 연필로 밑그림을 그리며 반복 수정하며 만족스럽지 못한 그림에 대한 불만이 노출되었고, 많은 시간을 사용하여 완성한 세밀한 지면의 돌, 집 양쪽에 그려진 나무의 대칭성, 굳게 닫힌 문, 검정색의 두텁게 덧칠된 창틀 등을 그려내고 '우리집'이라고 이름 붙였다. 그림의 전 과정에 함께하면서 청소년이 불만족한 환경의 자신을 보호하기 위해 얼마나 노력하고

있는지 공포스러울 정도로 노출된 그의 강박불안을 이해할 수 있었다.

2. 섭식장애(Eating & Feeding Disorder)

섭식장애란 식사행위에 현저한 문제가 있는 신경정신과적 장애이다. 다양한 섭식장애 가운데 신경성과식욕증과 식욕부진증은 서로 밀접한 관련이 있는 장애로 청소년기나 20대에 주로 시작되며, 섭식장애는 청소년의 약 4%에서 나타난다는 보고가 있다.

청소년기에는 신체변화나 식사가 중요한 관심사로서 과체중 비만문제와 관련하여 나타난다. 주로 12~20세 여성에게서 나타나며 심한 경우 사망에 이르기도 한다. 환자 중에는 모범적이고 부모로부터의 격리를 두려워하는 청소년이 많고 성정체성(sexual identity)에 갈등이 있으며 신체변화와 성장에 두려움이 있는 경우가 흔히 있다.

1) 식욕부진증(Anorexia Nervosa)

정의

신체상의 심한 장애로 또는 먹지 않아서 체중이 지나치게 감소하는 경우이다. 체중 증가에 대한 심한 두려움과 식욕 부진과 스스로 식사를 제한하고 무월경, 특이한 식사 행동과 현저한 체중 감소가 주된 증상이다. 강박적, 완벽주의적, 이기적, 지적인 독신 여성에게서 많이 나타나며 발병 연령은 대개 20세 전후에 여성이 남성보다 10~20배 더 많이 발생하는 것으로 보고되고 있다. 자연 회복이 되기도 하고 반복 재발되어 사망에 이르기도 하며 치료예후가 좋지 않다.

원인

유전적 요인보다는 사회적 영향으로 보는 견해가 지배적이다. 우울장애, 알코올 의존, 식사장애의 가족력이 있는 편이다. 사춘기의 신체 변화와 사회적 변화 또는 성적 충동을 먹는 행위와 관련시키기 때문이라는 심리적 관점과 유아기에 경험한 최초의 실패경험과 분리개별화의 실패로 보는 정신 역동적 견해도 의미 있다.

행동특성 및 임상증상

신경성 식욕부진증은 대개 10~30세 사이에 발병하며 살찌는 것에 대한 강박적인 혐오 때문에 식사를 거부하지만 늘 음식에 대해 생각하기도 하고 요리 책을 수집하거나 타인을 위해 요리를 하기도 한다. 개인에 따라서는 몰래 음식을 먹고 토하는 행위도 보이며 이뇨제를 사용하여 체중을 줄이려 한다. 대체로 병전 성격이 완벽하고 융통성 없는 성격이거나 성적으로 미숙한 경우도 있다.

진단

13세경에 갑자기 증가하여 17~18세에 가장 많으며 약 85%가 13~20세경에 발병한다.

[표 10-3]

DSM-IV 진단기준

A. 나이와 키에 비해 최소한의 정상체중 이상의 체중을 유지하기를 거부한다(예: 기대되는 체중의 85%보다 적은 체중을 유지하기 위해 체중을 줄이거나 또는 성장기간 중 예상되는 체중증가에 실패하여 기대되는 체중의 85%보다 적은 체중으로 된다).

B. 체중미달임에도 불구하고 체중증가와 살찌는 것에 대한 심한 공포가 있다.

C. 자신의 체중 또는 몸매에 직면하는 방식에 장애가 있어서 자기 평가에 의한 체중 또는 몸매에 과도하게 영향받는다. 또는 현재의 심각한 체중미달을 부인한다.
D. 월경을 하는 여성에서 무월경 즉 최소 3회 연속적으로 월경 주기가 없다(estrogen 등 호르몬을 복용한 후에만 월경이 나타났다면 무월경으로 간주된다).

유형을 명시할 것
Testricting Type : 현재 신경성 식용부진증 에피소드 동안에 규칙적으로 binge eating 또는 purging behavior(즉 스스로 토하거나 또는 살사제, 이뇨제 또는 관장 오용)가 없다.
Binge eating/purging type : 현재 신경성 식용부진증 에피소드 동안에 규칙적으로 binge eating 또는 purging behavior(즉 스스로 토하거나 또는 살사제, 이뇨제 또는 관장 오용)가 있다.

우울증과 유사한 임상 양상을 보이나 우울증에서는 실제로 식욕감퇴가 있고 비만에 대한 공포는 없는 반면에 식욕부진증은 의도적이고 강박적인 활동 증가가 있다. 신체화 장애도 유사한 증상을 보이나 과체중에 대한 공포는 없다. 분열증에서도 음식에 대한 망상이 있어서 식사를 거부하는 것이므로 식욕부진증과는 감별되어야 한다.

치료

심리적 증상과 내과증상이 복합적으로 나타나므로 입원치료, 개인치료, 가족치료, 행동치료 등 포괄적인 치료를 해야 한다. 퇴원 후에도 사후치료를 받아야 하며 치료의 필요성을 이해하도록 설득하고 신뢰로운 치료관계를 형성하므로서 지속적인 치료를 유지해야 한다.

임상미술치료 제안

극단적인 섭식장애를 가진 청소년들은 치료자를 질병과 동일시하거나 불신하므로 치료적 신뢰관계를 맺는다는 것은 극히 어려운 일이다. 그러한 관점에서 볼 때 미술작업의 과정은 치료 상황에서 자기를 개방해야하는 불편감을 갖지 않아도 되므로 치료관계를 촉진시켜 준다. 음식섭취에 대한 강박관념에 의한 충동적인 행동을 하기 때문에 그들은 자신의 삶을 통제하고 자율성을 얻기 위해 적절한 방법으로 자신의 에너지를 조절하는 방법을 배우는 것이 필요하다. 이에 대해 평가 없이 받아들여지는 미술치료의 과업은 청소년의 우월감과 성취감을 도울 뿐 아니라 작품의 결과물은 에너지의 재생산과 긍정적인 자아확대에 대한 잠재력을 부여하게 된다.

섭식장애 미술치료 프로그램은 청소년을 격려하고 무질서한 식습관을 제거하도록 구조화되어야 하고 비처벌적이며 지지적인 인본주의적 철학에 근거하여야 한다. 치료계획은 미술치료사 외에도 정신과의사, 임상사회복지사, 간호사, 영양사 등 타 영역에 있는 전문 치료사를 포함한 팀 접근으로 이루어지므로써 적극적인 치료를 가능하게 한다. 미술치료과정과 작업형태, 색채사용, 연상 작업은 식욕부진증 청소년의 인성과 발달적 특성 그리고 무의식적 행동에 대한 정보를 제공해 주므로 주의 깊은 관찰이 필요하다. 치료목표는 무엇보다 청소년의 감정을 다루고 신뢰감을 형성하고 신체상과 자기정체성을 다루어 역기능적인 관계의 역동과 통제의 문제, 개인의 잠재능력을 회복하고 분리와 개성화로 안내하는 것이다.

식욕부진증을 가진 청소년의 표현적 특성

섭식장애 증상의 보편적인 그림 표현은 미술의 구성요소와 창작행동을 통해 예측할 수 있다. 그들은 신체 왜곡과 자존감 부재를 드러내는 이미지로서 극히 좁은 공간만을 사용하거나 최소 부분의 표현적 심상만을 사용하며 선의 흐름도 매우 약하다. 집단작업에서도 협동작업이 어렵고 자기 영역을 벗어나지 않는 조심성을 나타내는 특성을 보인다. 또 다른 표현적 특성은 고착된 행동을 통해 자신과 가족 또는 주변 사람을 통제하려 하므로 신체를 묶는 것으로 표현하거나 지배적인 권력자와 무력한 반응대상을 만들어 심상을 표현하기도 한다.

[그림 10-7] 뚱뚱보의 기생충 출산

[그림 10-7]은 2세 때 부모 이혼으로 시설에 맡겨졌던 23세 여성이 그린 자화상이다. 50kg 미만의 체중을 가졌음에도 자신이 뚱뚱하다고 믿고 있다. 자신의 몸에는 기생충이 자라고 있고 중성의 괴물이 그 기생충 알을 내 몸에 넣은 뱀신을 죽여서 자신을 구했다고 표현했다. 그녀가 창작한 심상의 묘사는 식욕부진증의 동일시된 망상 이미지로서 자신의 신체에 대한 분노를 대체하고 있고 초기 애착 문제와 분리 개별화의 실패를 식욕부진증으로 전환한 양가적 심리특성을 나타내고 있는 것일 수 있다.

[그림 10-8] 우리 가족

[그림 10-8]은 19세 여아가 치료 초기에 그린 가족화이다. 학교 거부와 함께 드러난 식욕부진증의 주된 특성으로 친구들에게 음식을 폭력적으로 먹이는 증상을 나타내면서 정신과 치료를 받게 되었다. 후기 청소년기를 향해 겪고 있는 자신의 미래 계획과 분리 개별화와 페르조나 문제의 상징이미지로써 자기 안에 또 하나의 자기를 그려내고 죽음, 비밀장소에 가둠, 앙상한 뼈, 희생, 사랑으로 표현하여 '우리 가족' 이라고 썼다가 다시 지워버렸다. 가족을 통제하고 묶어 갇힌 고통을 그대로 표현하고 있다. 자기로 이미지화한 사람의 머리에 엮어진 붉은 쇠사슬과 인물속의 또 하나의 인물의 연결을 유의하여 볼 필요가 있다.

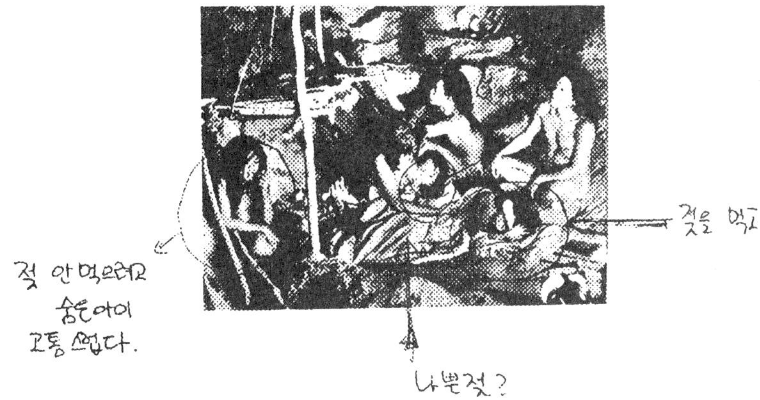

[그림 10-9] 위험한 젖을 먹고 쓰러진 아이

[그림 10-9]는 음식을 거부하여 의뢰된 20세 여아의 꿈 표현이다. '위험한 젖을 먹고 쓰러진 이 아이는 곧 죽고 말것이다' 라고 설명하고 있다. 위험과 양육을 느끼게 하는 젖이 이 청소년에게 의미하는 바를 탐색할 필요가 있다.

2) 신경성 과식욕증(Bulimia Nervosa)

정의

식욕부진증보다 더 빈번하게 발생한다. 다량의 음식을 빠른 속도로 먹는 것이 특징이며 복통과 구토가 날 때까지 먹고 토하여 자기 혐오감과 우울감으로 괴로워한다. 주로 후기 청소년기에 발병하며 여자에게 더 많이 나타난다.

원인

신경 전달물질과 관련된다고 보며 많은 경우가 외향적이고 화를 잘 내고 충동적이며 알코올 의존, 도벽, 자살기도를 포함한 정서불안이 함께 나타나는 경우가 흔히 있다. 과식욕증을 보이는 청소년들 중에는 충동 자제가 안 되고 과거에 부모와 분리하는데 어려움이 있거나 중간대상이 없었던 것을 흔히 볼 수 있다. 이러한 관점은 먹는 것은 대상과의 융합소원이며 토하는 것은 분리하려는 소망과 관련된다. 연구에 의하면 사회적으로 성취도가 높거나 사회적 압력에 쉽게 반응하는 사람에게서 더욱 많다고 보고되고 있다.

행동특성 및 임상 증상

특징적인 증상은 정기적으로 남몰래 달고 칼로리가 높고 삼키기 쉬운 다량의 음식을 단시간에 먹어치우는 binge eating과 체중조절에 지나치게 집착하는 것이다. 이들은 대인 관계가 좋지 않아 고립되어 있고 폭식 후 충동적인 도벽과 술, 약물남용, 자해, 자살기도를 하기도 한다. 성격특성은 과거력에서 성적학대가 있는 경우도 많으며 정신병적 경향성(기분장애 특히 양극성장애, 불안장애, 충동조절장애), 신경증적 경향성의 특성을 가지거나 중독성이 높아 알코올 중독으로 진행될 가능성도 높다.

진단

식욕부진증보다 더 흔하며 예후는 더 좋은 편이다.

[표 10-4]

DSM-IV 진단기준

A. 되풀이되는 binge eating 에피소드의 특징은 다음과 같다.

(1) 일정기간 내에(예: 2시간 내에) 음식의 양이 유사한 기간과 유사한 상황에서 대부분의 사람들이 먹는 양보다 확실

히 많이 먹는다.

(2) 에피소드 동안에 먹는 것을 자제하는 감각이 결여되어 있다(예: 먹는 것을 중단하거나 또는 무엇을 어떻게 먹을 것인지를 자제할 수 없는 느낌).

B. 체중 증가를 방지하기 위하여 스스로 토하기, 설사제, 이뇨제, 관장 또는 다른 약물 오용, 굶기 또는 심한 운동같은 부적합한 보상행동을 되풀이한다.

C. Binge eating과 부적합한 보상행동 둘다 3개월동안 평균 최소 1주일에 두번 발생한다.

D. 자기 평가에 의한 몸매와 체중에 과도하게 영향받는다.

E. 본 장애는 주로 신경성 식욕부진증 에피소드 동안에 발생하지 않는다.

유형을 명시할 것

Purging type : 현재 신경성 과식욕증 에피소드 동안에 규칙적으로 스스로 토하거나 또는 설사제, 이뇨제 또는 관장 오용이 있다.

Nonpurging type : 현재 신경성 과식욕증 에피스드 동안에 굶거나, 심한 운동 같은 부적합한 보상행동을 하지만, 규칙적으로 스스로 토하기 또는 설사제, 이뇨제 또는 관장 오용이 없다.

진단시 binge eating과 purging 행동이 주로 식욕부진증 에피소드 동안 있으면 과식욕증으로 진단할 수 없다. 식욕부진증에 비해 과식욕증은 대체로 체중이 정상범위이며 무월경이 거의 없고 성적 매력에 대한 관심이 있다. 경계선 인격 장애나 정신 분열증에서도 과식욕증을 보이는 경우가 있으므로 이에 대한 감별진단이 되어야 한다.

치료

치료는 정신치료, 인지행동치료, 집단치료, 약물치료 등이 있으며 충동성이 너무 심해서 자제할 수 없거나 자살 및 약물남용 등의 정신과적 증상이 공존할 때는 입원치료를 해야 한다.

임상미술치료 제안

미술치료 접근 방법은 식욕부진증과 다르지 않다. 그러나 결과물의 표현은 화면의 공간 사용과 색채 표현에서 식욕부진증과 현저한 차이가 있다. 미술치료는 집단치료와 개인으로 나뉘어지며 개별치료를 받는 경우도 종결 후에는 집단치료로 전환하여 집단 구성원들과 함께 과업을 수행하고 집단 그림을 통해 공간을 분할하고 과제에 대해 논의하며 느낌과 생각을 교환하므로써 긍정적인 사회경험을 촉진하게 된다. 집단치료는 교육적 관점에서 서로 다른 증상회복의 단계를 학습하며 여러 단계에서 잘못된 인지적 왜곡과 사고에 대해 구성원들의 피드백을 받게 되며 직면하게 되어 긍정적인 모방이 일어나게 된다. 일반적으로 개별치료는 주 1회, 집단치료는 주 2~3회 10주 정도의 프로그램이 적용되며, 놀이 미술치료, 난화, 자유화, 자화상, 신체화, 인물조각, 상상의 눈, 상상 세계 등의 작업을 통해 자기 인식을 도울 수 있다.

과식욕증을 나타내는 청소년의 표현적 특성

과식욕증의 표현적 특성은 강박적으로 세밀한 선을 사용하고 사물의 구체적이고 완벽한 세부묘사를 사용한다. 섭취와 배설을 담은 이미지와 우울적 형태를 상징화하기도 한다. 사고와 신체상의 표현은 식욕부진증의 표현보다는 덜 극단적이고 공간사용이 극대화되고 색채 사용도 보다 다양하게 사용하는 차이점을 나타내는 것을 볼 수 있다.

[그림 10-10] 송편을 만들었다

[그림 10-10]은 과식욕증을 보이는 청소년들의 가장 흔한 특성으로서 섭취와 배설을 상징화한 표현이다. 치료중반 그려진 이 그림은 변기속의 나비와 TV, 음식, 시계 등의 상징에서 이 청소년의 노력과 그림작업을 통한 정서적 카타르시스를 엿볼 수 있다.

[그림 10-11] 이제는 벗어나자

[그림 10-11]은 과식욕증 진단을 받고 위기개입으로 정신과 입원 치료를 받던 후기 청소년기에 있는 23세 여성이 치료 후반에 그린 자유화이다. '외부의 시선과 두려움에서 벗어나고 있는 탄생 과정'이라고 설명한 내용과 배설의 무덤에서 빠져나오는 이미지에서 이 여성의 변형적 과정을 이해할 수 있다.

3. 물질(약물)남용 및 의존(Substance Abuse & Dependence)

청소년기의 음주, 흡연, 본드나 부탄가스 흡입, 환각을 목적으로 하는 진해거담제의 이용 등이 폭발적으로 증가하는 추세이다. 국내에서의 연구에 의하면, 청소년의 66.9%가 술, 담배, 본드, 가스, 대마초, 히로뽕 등 중 한 두 가지 이상의 약물을 경험해 본적이 있다고 한다. 1995년의 고등학생을 대상으로 한 연구에서는 음주 78%, 흡연 29.9%, 각성제 14.7%, 수면제 3.3%, 대마초 0.7%, 본드/신나 1.6%로 나타났는데 최초 경험시기는 대개 중학교 3학년과 고등학교 1학년이 가장 많다.

본드나 부탄가스와 같은 흡입제는 정신활성작용을 하는 다양한 화학물질로 구성되어 있어서 중추신경계에 대한 억압작용으로 자기억제력의 상실, 도취감, 어지러움, 기억상실, 집중력 결여, 혼돈, 운동실조증, 간질발작과 같은 증세를 유발하며, 신체적으로는 간, 심장, 신장 및 골수에 대한 치명적 손상을 일으켜 사망에 이르게 하는 경우도 있다. 불법약물을 사용하는 청소년들은 그렇지 않은 청소년들과 태도, 가치관, 성격 특성 면에서 매우 다른데, 예를 들면 학업성취의 동기가 낮고 지나치게 독립성을 강조하는 경향이 있고, 반사회적 비행행동에 연루되어 있는 경우가 많고, 반항, 우울, 자기 비하감을 나타낸다.

정의

물질 남용(Substance Abuse)이란 의학적인 사용과는 무관하게 물질을 지속적으로 자주 대량 사용하는 것을 의미한다. 물질의존(Substance Dependence)은 두 가지 개념으로 분류될 수 있다. 내성과 금단 증후군의 생리학적 증상을 강조하는 개념과 물질을 계속 사용하는데 따른 반복되는 행동 문제와 관련된 개념이다. 물질 의존은 대부분의 경우 물질의 강박적인 사용으로 나타나며 물질을 얻기 위해 많은 시간을 투자한다. 이들은 계속적인 물질 사용이 신체적으로 위험하고 심각한 문제를 야기한다는 것을 알면서도 지속적으로 사용하게 되고 그로 인해 직업적, 가정적, 교육적, 사회활동을 중단하게 되며 법적, 대인관계 문제 등을 초래하게 된다. 남용과 의존 모두가 여성보다 남성에 더 많으며 18~25세 사이의 청소년기에 가장 많이 나타난다고 보고되고 있다.

원인

유전성의 연구보고가 있으며 사회적 역할과의 관련성도 배제할 수 없다는 논의가 있다. 청소년기의 물질 사용은 정상적인 발달과 연관성이 있다. 또래간의 결속력을 강화하고 소속감, 미래에 대한 두려움에 대한 대처 수단으로 물질 사용이 시작된다. 물질을 지속적으로 반복하게 되면 허구적인 독립성과 성숙에 대한 발달과제를 달성한 듯한 느낌을 가지게 되어 객관성을 잃게 되므로 물질 의존으로 가게 된다. 정신분석에서는 물질남용을 자위행위 또는 동성애적 충동에 대한 방어와 구순기적 퇴행의 표현으로 보며 어머니에 대한 소유와 거절의 양가감정과 관련된다고 보나, 최근에는 우울증과의 연관성과 자아심리학적 자기심리학적 관점에서 자아능력의 부재로 인한 요인이 연구되고 있다. 물질남용과 물질 의존 청소년의 많은 경우가 이상화대상인 아버지상이 없다는 것은 의미 있는 요인으로 볼 수 있다.

행동특성 및 임상증상

물질의 급성 · 만성 약리학적 작용으로 인해서 우울증, 불안증, 인격장애, 정신증과 같은 다양한 정신과적 증후군을 동반하게 된다. 뿐만 아니라 정신분열증, 반사회적 인격장애 등은 특히 물질중독을 유발하기 쉽다. 중추신경 흥분제중독 또는 억제제 사용을 중단하면 심한 우울증이 야기되며 흥분제의 중독 상태와 억제제 중단상태에서 망상과 환각과 같은 정신병적 증상을 보이게 된다.

진단

청소년의 물질 사용을 진단하기 위해서는 증상과 징후를 정확히 평가하고 사용량과 정도를 확인하여 의학적인 문제와 심리적 문제가 물질 사용 이전부터 있었는지 의학적 심리적 문제의 결과로 생긴 것인지를 구분해야 한다. 그 외에도 심리 사회적 요인과 부모의 양육태도의 관련성도 주의 깊게 살펴보아야 하며 체계접근의 평가와 임상적 관찰 등을 필요로 한다.

[표 10-5]

DSM-IV 진단기준 (물질남용)
A. 임상적으로 상당한 장애 또는 곤란을 가져오면서, 다음의 하나(또는 그 이상)로 발현되며, 12개월이내에 발생하는 물질사용의 부적응 양상. (1) 거듭되는 물질사용으로 인해서 직장, 학교 혹은 집에서의 주요 역할임무를 수행할 수 없게 되는 경우(예를 들면, 물질사용과 관련된 되풀이되는 결석 혹은 저조한 작업수행, 물질과 관련되어진 결석, 정직, 정확 혹은 학교로부터의 제명, 아이 혹은 가족들에 대한 태만).

(2) 신체적으로 해가 되는 상황에서도 거듭된 물질사용(예를 들면, 물질사용에 의해 장애를 받을 때 운전을 하거나 기계를 조작함).
(3) 물질과 관련된 거듭된 법적 문제(물질과 관련되어진 난폭한 행동으로 인한 체포).
(4) 물질의 영향들이 원인이 되거나 이로 인해 악화가 되는 계속적이거나 반복적인 사회적 혹은 대인관계의 문제들에도 불구하고 계속되어지는 물질사용(예를 들면, 중독, 육체적 싸움, 결과에 대한 배우자와의 논쟁).

B. 위의 증상들이 같은 종류의 물질에 대한 물질의존 기준에 결코 만족되지 않을 때.

[표 10-6]

DSM-IV 진단기준 (물질의존)

임상적으로 상당한 장애 또는 곤란을 가져오면서, 다음 중 세가지(또는 그 이상)에 의해 발현되며, 같은 12개월 기간 중 어느 때라도 발생되는 물질사용에 부적응 유형.

(1) 다음 중 어느 하나에 의해서 정의되는 내성 :
  (a) 흥분이나 원하는 효과를 얻기 위해 물질의 현저한 양적 증가를 요구할 때.
  (b) 물질을 동일한 양으로 계속 사용시 효과가 현저하게 감소된 경우.
(2) 다음 중 어느 하나에 의해서 발현되는 금단 :
  (a) 물질에 대한 특정적인 금단 증후군(특정 물질의 금단에 대한 기준들 중 기준 A와 B를 참조하라).
  (b) 금단증상들을 완화시켜 주거나 회피하도록 동일(또는

밀접하게 연관됨)물질이 사용될 때.
(3) 물질은 종종 의도되었던 것보다도 더 많은 양이 사용되거나 보다 장기간 사용될 때.
(4) 물질사용을 중단하거나 조절하기 위해 지속적인 욕구가 있거나 노력해도 성공하지 못하는 경우.
(5) 물질을 얻기 위해 필요한 활동들(예: 수많은 의사들을 방문하거나 장거리를 운전하는), 물질을 사용하는데 필요한 활동(예: 줄담배 피우기), 또는 그 효과로부터 회복하는데 필요한 활동에 많은 시간이 소모될 때.
(6) 중요한 사회적, 직업적 또는 휴식활동들이 물질사용 때문에 단념되거나 감소될 때.
(7) 물질을 사용함으로써 유발되거나 악화될 가능성이 있는 지속적이거나 재발되는 신체적 또는 심리적 문제를 가진다는 인식에도 불구하고, 물질사용이 지속될 때(예: 코카인에 의해 유발되는 우울증을 인지함에도 불구하고 현재 코카인을 사용하고 있거나 또는 알코올 섭취에 의해 궤양이 악화된다는 인식에도 불구하고 지속적으로 음주하는 것).

치료

치료의 원칙은 예방이 먼저이다. 일반적인 치료는 정신의학의 생물학적 사회모델에 따라서 치료방침은 물질의 종류, 남용양상, 정신사회적 지지체계와 개인의 특성 등에 의해 정해진다. 보편적인 치료의 목적은 물질사용 중단과 신체적 사회적 안녕에 있다. 금단 증상 해결 후 정신치료로 개인의 정신 역동을 통해 치료접근을 하며 가족과 사회적 자원의 도움을 통해 재활로 안내한다. 내과적 정신과적 증상이 심한 경우 또는 사회적 지지체계가 미흡한 경우에는 입원 치료를 하도록 안내한다.

임상미술치료 제안

물질남용 및 물질 의존의 중독치료에 미술치료의 예술적가시성은 중독청소년을 이해하게 한다. 창작품의 독특성은 부인(denial)과 같은 왜곡의 감소와 인지를 가능하게 하며 이미지사용은 약물의존의 재발을 예측할 수 있게 하므로 치료자는 약물중독과 성폭력 희생자와 가해 및 중독에 대한 임상관찰을 가능하게 한다.

중독치료프로그램에서 수치심은 주제의 핵심 이슈로서 가장 자주 논의되어진다. 미술치료에서의 예술언어는 언어 이전의 경험을 자연형태로 표현하도록 안내하므로 중독청소년의 수치심과 같은 정신 · 심리적 고통의 깊은 형태에 보다 직접적으로 접근할 수 있게 한다. 창작과정 그 자체가 자아인식과 인지를 돕고 생명을 가져다주고 교정적 역할을 한다. 물질남용 및 의존과 같은 중독청소년의 회복과 수치심 감소에 대한 미술치료접근에서 치료의 첫째는 심리적 공간으로서의 안전한 틀과 신뢰감을 확립하는 것이다. 두 번째는 중독의 본질에 대한 이해이다. 세 번째는 부인 방어기제를 인식하는 것이며 마지막으로는 수치심의 원인을 이해하고 현실과의 느낌을 분리하는 것이다.

물질 남용 청소년의 표현적 특성

물질 남용 청소년의 미술치료에서 창작과정은 자기 도취적인 물질 환상에 빠지는 경험을 잊고 창작 이미지로 감정을 옮겨오게 한다. 다양한 색채와 기분 좋은 표현과 청소년들이 우상화하는 대상들과 물건들로 그림용지를 꽉 채우기도 하면서 현재 자신의 상황과 어려움을 표현해내면서 장애로 등장한 물질과의 관계를 처리하는 매개물의 역할을 한다.

[그림 10-12] 비상

다양한 색채로 표현되어 있는 [그림 10-12]는 습관성 본드 흡입으로 정신과 치료를 받고 있는 20세 청소년의 자유화이다. 그는 '높은 산에 많은 나무와 꽃이 있고 새 한 마리가 비상하고 있는데 높이 오르기 위해서는 아직 길이 멀다.' 라고 표현함으로서 현재 자신의 치료적상황을 설명하고 있는 것 같다.

[그림 10-13]은 '자기' 라고 붙인 놀랜 인물상에 담배와 주사기를 그려 넣고 '이 두 여자는 나의 우상이고 나를 기분 좋게 한다' 며 화살표로 연결한 후 가족사진에 하트와 행복이란 글을 써 넣어 표현한 이 그

림은 본드 흡입으로 의뢰된 17세 청소년의 콜라주이다. 이 청소년은 연상된 상징을 행복이라고 표현했지만 자신의 표정은 두려움을 느끼게 한다.

[그림 10-13] 긍정적 행복

[그림 10-14]는 [그림 10-13]을 표현한 청소년의 콜라주이다. 자신의 감정과 욕구를 거침없이 표현하고 있다. 용지를 꽉 채운 이상화된 인물과 자신을 동일시하여 자기애적 이미지를 가시화하므로써 관계를 방어하고 그 결과는 해독제로서 경험되고 있는 것 같다.

[그림 10-14] 환상의 커플

4. 우울증(Depression)

청소년기 우울증의 특징은 성인우울과는 달리, 명확한 우울감이나 생리적 증상보다는 가면우울로 나타나는 경우가 많다. 주로 행동화, 과잉운동, 파괴성, 공격성비행, 친구관계 악화, 무단결석, 학교 거절증, 가출, 성적의 저하, 신체증상, 분노, 공포 등으로 위장되어 나타난다.

정의

우울증이란 가장 흔한 정신병리중 하나로서 정서적으로 우울하며 슬픈 느낌을 가진다. 매사에 자신감이 없고 의욕이 없으며 피곤감을 호소하고 어려움을 나타내며 심한 경우 사고 진행과 행동의 지연이 나타나며 혼수상태에 빠지기도 하고 사고장애를 보이기도 한다. 우울증의 개념은 사회문화에 따라 다양하게 분류되고 개념화 되는 것을 볼 수 있다. 여러 연구에 의하면 주요 우울장애가 가장 흔하며 여성이 남성에 비해 25% 이상 높게 나타난다. 유병률은 일반 인구로 보았을 때 취학전 0.3%, 학령기에 2%, 청소년이 5%이며 입원된 청소년의 주요 우울증은 일반 집단보다 훨씬 높아서 약 40%의 유병률을 보이는 것으로 보고되고 있다.

원인

청소년우울증의 원인이 분명하게 밝혀진 바는 없지만 가족력이 높고 생화학적 변화를 일으키는 신체질환이나 약물도 우울증을 일으킨다. 일상의 스트레스, 병전성격, 유 · 아동기의 애착관계, 부모의 상실, 환경인지의 부정적 해석 등이 우울증의 원인이 된다는 연구보고가 있다. 정신분석에서는 애도과정의 실패로 우울증을 설명하고 있다. 특히 유아기의 구강기와 항문 가학적 성향에서 나오며, 반동형성이 주된 애도의 역동적 과정과 각각의 단계에서 나타나는 증상들이 우울증과 깊은 관련이 있다고 한다.

행동특성 및 임상증상

청소년우울은 대체로 서서히 발생하며 수년간 과잉운동, 분리불안장애 또는 간헐적인 우울증상을 보인다. 우울로 인해 기능적 장애가 일어나는데 특히 집중력이 저하되어 학교성적이 떨어지고, 절망적인 사고를 동반하며, 피곤감, 관심과 동기 부족, 졸리움, 우울적 집착 등에 의해 학습장애로 오인되기도 한다. 전형적인 주요 우울인 경우는 환각과 망상이 나타날 수도 있으며 경멸이나 자살과 관련된 내용의 환청이 들리고 죄책감, 신체 질병, 죽음, 허무, 처벌 등의 피해적 망상이 나타날 수 있다. 우울 증상과 함께 청소년이 약물을 남용했다면 진단을 하기가 쉽지 않다. 실제로 약물 중독으로 진단되는 경우도 있을 수 있으므로 유의하여 관찰되어야 한다.

진단

우울장애는 주요 우울장애와 감정부전장애 등으로 나누어지는데 여기에서는 주요 우울장애에 대한 진단만을 소개하겠다.

[표 10-7]

DSM-IV 진단기준

A 다음의 증상 중 5가지(또는 그 이상)가 연속적으로 2주간 동안에 나타났고 과거의 기능과 차이를 나타낸 경우; 적어도 하나의 증상이 (1) 우울한 기분 또는 (2) 흥미 또는 즐거움의 상실이어야 한다.

주 : 일반적 의학적 상태, 기분과 일치하지 않는 망상이나 환각 때문에 명백하게 생긴 증상은 포함하지 않는다.

(1) 거의 하루 내내의 우울증.
주관적 보고(예: 슬프거나 공허하다)나 타인에 의한 질환(예: 눈물을 글썽인다)에 의해 나타난 거의 매일 또는 거의 하루 내내 우울한 기분.

주 : 소아와 청소년에서는 자극적인 기분일 수 있다.

(2) 거의 매일 모든 것 또는 거의 모든 것, 거의 하루 대부분의 활동에서 현저히 감소된 흥미(주관적 설명 또는 타인에 의한 관찰로 나타나듯이).

(3) 식이요법하지 않는 중에 의미 있는 체중감량과 체중증가(예: 1개월에 체중의 5% 이상 변화) 또는 거의 매일 식욕의 감소 또는 증가.

주 : 소아에서는 미달되는 체중증가의 경우를 고려하라.

(4) 거의 매일 불면 또는 과수면.

(5) 거의 매일 정신운동흥분 또는 지체(단순히 안절부절 또는 느려진다는 주관적 느낌뿐 아니라 타인에 의해서도 관찰 가능한).

(6) 거의 매일 피로 또는 에너지 상실.

(7) 거의 매일 무가치감 또는 과도하고 부적절한 죄책(망상적일 수도 있다) (단순한 자기 비난이나 아픈데 대한 죄책 아닌).
(8) 거의 매일 사고와 집중능력의 감퇴 또는 결정곤란(주관적 설명 또는 타인에 의해 관찰되어지듯이).
(9) 반복적인 죽음에 대한 생각(죽음에 대한 공포아닌). 구체적 계획이 없는 반복적인 자살사고 또는 자살시도나 자살을 자행하려는 구체적 계획.

B. 증상은 혼합삽화의 기준에 맞지 않아야 한다.
C. 증상은 임상적으로 의미있는 고통을 일으키거나 또는 사회적, 직업적, 다른 중요한 기능영역에서 손상을 일으킨다.
D. 증상은 물질에 대한 직접적 생리적 효과(예: 남용약물, 치료약물) 또는 일반적 의학적 상태(예: 갑상선기능저하증) 때문이 아니라야 한다.
E. 증상은 사별로 더 잘 설명되어지지 않는다. 즉, 사랑하는 이를 잃고 나서 증상은 2개월 이상 지속되며, 현저한 기능적 증상, 또는 정신운동지연의 특징이 있다.이를 잃고 나서 증상은 2개월 이상 지속되며, 현저한 기능적 증상, 또는 정신운동지연의 특징이 있다.

주요 우울장애는 다른 정신질환, 우울 기분을 가진 적응장애, 알코올 남용, 약물남용, 식욕부진, 불안장애, 정신분열증, 신체화장애 등과 감별해야 한다.

치료

청소년우울은 발달적 특성과 관련하여 부모로 부터의 독립, 관계문제, 자신의 능력과 미래에 관련하여 나타날 수 있으며, 이러한 문제가 정상적인 발달과정과 함께 일시적인 현상으로 나타나기도 한다. 그러나 만약 우울감이 이와 같은 또는 다른 이유로 만성적으로 온다면 구체적인 치료를 받아야 할 것이다. 예를 들면 우울이 경증인 경우는 약물치료와 함께 정상적인 일상생활을 계속할 수 있으나 심한 경우는 특히 우울로 인한 자살사고가 있다면 보호환경의 위기대처가 필요하므로 입원 치료가 반드시 필요하다. 우울성 혼수 때는 방광 배뇨나 변비에 대해 대처해야 하며 회복기 때는 자살위험이 있으므로 잘 관찰되어야 한다. 충분한 회복기를 거쳐야 하며 퇴원 후에도 몇 주간은 일상의 역할을 주지 않는 것이 도움된다.

임상미술치료 제안

미술치료사가 청소년의 우울문제에 대해 발달적 정상군과 일시적인 기분변화와 만성적으로 오는 우울 기제들 간의 차이를 이해하고 있다면 더욱더 효과적인 치료를 기대할 수 있을 것이다. 우울증에 대한 전형적인 병리증상이 항상 청소년의 행동에 나타난다고는 볼 수 없지만 청소년들은 자신의 우울감을 행동으로 표출하는 경향이 있다. 그러한 관점에서 미술치료과정의 창작은 행동이며, 매체는 행동의 중요한 도구로서 사용되며, 결과물은 숨겨진 증상들을 구체화시켜 준다. 그림그리기를 거부하는 청소년은 사진을 선택하게 하는 방법을 사용할 수 있으며 화를 표출하는 청소년은 그들의 감정을 물감과 파스텔 또는 펜을 사용하여 화가 난 동기와 화가 무엇을 내포하고 있는지 등의 불명확한 우울 증상들을 이해할 수 있게 된다. 예를들면 무력감, 학교부적응, 신체증상, 무모한 운전과 같은 행동, 무분별한 성적 충동, 약물과 물질복용 등의 잠재적인 행동증상을 그림은 구체화하여 보여준다. 뿐만 아니라 미술치료의 창작과정은 청소년의 표현이 아무리 부족하고 표현을 거부하고 치료에 저항하거나 말하지 않는다 해도 창작과정의 감각적 움직임은 능동적이므로 청소년의 성장단계의 증후로서 충동적이 아니라 자연스럽기까지 하다.

미술치료는 청소년의 심리적 요구에 적용시키고 비협조적이고 저항적인 청소년을 향한 사회의 편견을 수정하고 변형시키는 기회를 제공하며 의사소통의 형태가 된다. 왜냐하면 청소년은 그들이 원하는 것이 무엇이며 말하지 않고서도 선택한 것을 공유할 수 있으므로 비언어적인 창작으로의 의사소통 방법은 심리적 감정을 단어로 표현하는 것에 비해 보다 편안감을 느낄 수 있기 때문이다. 창작행위의 즐거움은 외부의 비판을 의식할 필요 없이 저항과 감정을 말할 수 있기 때문이다. 치료사로부터 인정되고 반영되는 작업과정은 스스로의 존중감을 느끼게 하므로 부정적 감정을 경험한 또래관계와 성인사회로부터 벗어나 안전한 심리공간으로서 사용될 수 있을 뿐 아니라 전능감의 기회를 갖게 하기 때문이다. 고통스러운 자신의 문제를 새로운 관점에서 거리를 두고 생각해 보고 해결점을 찾아가는 경험을 할 수 있기 때문이다. 마지막으로 미술과제는 치료적 평가를 제공해 주고 우울증의 심각함을 정화하며 그 청소년의 변화는 심상을 통해 비춰지기 때문에 미술치료의 효과성을 강조할 수 있다. 이에 대해 미술치료사는 청소년기는 매우 빠르게 변화하는 시기라는 것과 발달과제가 초기와 중 · 후기가 다르다는 것을 이해하고, 청소년의 우울이 나타나는 시기적 특성을 고려한 이해가 가능해야 더욱 적절한 도움이 가능해 질 것이다.

우울증청소년의 표현적 특성

정신분열증청소년의 그림은 질병의 특성적 증상을 포함한 독특성을 나타내는 반면에 우울청소년의 그림은 매우 다른 특징을 가진다. 심한 우울의 경우 색채를 사용하지 않거나, 지나치게 빈 공간이 많고, 선의 흐름이 약하며, 자세하지 못하고, 세부표현이 결여되고, 어떤 경우는 강박적으로 대칭성의 그림을 그려내기도 한다. 이러한 그림은 우울증적 성격의 특성인 억압성향과 낮은 수준의 에너지와 관련된다.

[그림 10-15] 두려운 황금빛 저녁 하늘

[그림 10-15]는 23세 후기청소년이 그린 만다라이다. '황금빛이 흩뿌려진 달무리가 지는 어스름한 저녁하늘' 이라고 표현하며 '모든 것을 가리는 구름이 갑자기 두렵다. 무언가 일어나고 있는 것 같다' 고 한 이 그림은 우울증의 특성적 그림 형태인 약하고 자세하지 않은 선을 사용함으로써 불완전감을 느끼게 한다.

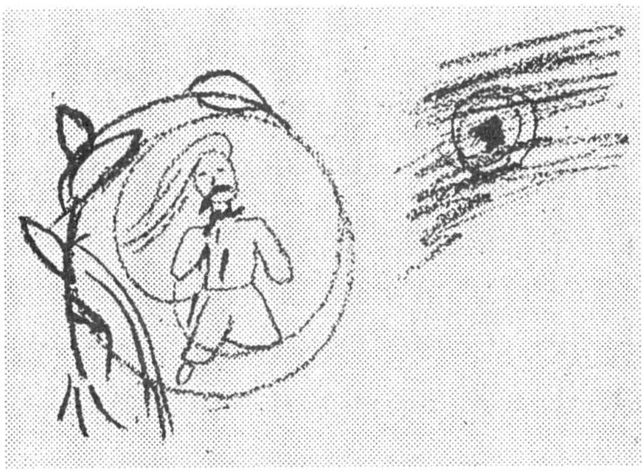

[그림 10-16] 암흑속의 나

[그림 9-16]을 그린 청소년의 감춰진 우울증적 증상이 구체적인 언어표현 없이도 그대로 노출되고 있다. 회색을 주조 색으로 사용하고 목에 자살시도 당시의 상처와 출혈을 검정색으로 표현하고 있고 신체의 생략 등 우울증의 특징적 그림묘사가 두드러져 자살예방차원의 위기개입이 이뤄졌던 사례이다.

[그림 10-17] 사랑받지 못한 나의 분노

[그림 10-17]은 [그림 10-16]을 그렸던 청소년이 그린 그림이다. 아직은 지면 사용이 제한적이지만 여백과 공간사용이 확장되고 색채도 밝아진 것을 볼 수 있다. 그럼에도 '사랑받지 못한 나의 분노' 라는 제목을 짓고 '이젠 지쳤고 나는 너무 불행하다' 는 표현과 신체생략과 우산을 썼으나 비는 우산을 피해 인물을 향한 것과 무덤 위의 십자가, 폭발물의 표현에서 우울증의 회복기 특성인 긍정적인 요소와 위기상황이 동시에 표현된 것으로 이해할 수 있다. 이 시기의 긍정적인 표현은 또 다른 관점의 큰 위기가 될 수 있으므로 관찰과 보호가 필요한 시기라고 볼 수 있다.

5. 자살(Suicidal)

정의

자살이란 적응에 대한 실패를 강조하는 광의의 개념으로써 청소년의 자살은 또 다른 의미의 불안이며 자포자기와 체념과 같은 생리 심리적 불안상태라고 하는 고통의 상태이다. 소아와 청소년에서의 자살 현상은 자살사고(Suicidal ideation), 자살 제스처, 자살위협, 자살시도 등으로 청소년자살은 최근 증가하는 추세이므로 공중정신보건 문제로 까지 대두되고 있다. 청소년기 자살은 남자가 여자에 비해 5배 가량 많고 자살기도는 여자가 최소 3배 정도 많다.

원인

유전적인 요인은 일란성 쌍생아가 이란성 쌍생아에 비해 자살에 대한 일치율이 더 높다는 연구가 있고 생물학적으로는 세로토닌(serotonin)과 관련이 있다는 가설도 있다. 심리 · 사회적 요인으로서는 청소년이 장기간 스트레스가 많은 가정환경에서 살다 보면 자해행동 및 자살행위가 유발하기 쉽다. 유발요인은 친구관계 문제, 학업부진 및 성적과 입시문제, 부모와의 불화, 부모와 헤어질 때, 부모가 거부할 때, 13세 이전에 부모가 사망할 때, 폭력 등 감당하기 힘든 상황에 대한 방어로 나타나기도 한다. 자살행위에 함축하고 있는 의미는 자기처벌 또는 환경에 대한 분노와 보복 심리와 관련된다. 청소년기에 특이한 것은 모방자살(copycat suicide)로 같은 학교에서 또는 친구 집단에서 연이어 발생하는 것으로서 이는 자살을 동일시하는 것으로 본다. 최근 청소년의 집단자살을 연구한 결과 이전의 자살위협 또는 기도, 자해, 무참하게 죽은 사람을 목격했을 때, 실연, 잦은 이사, 잦은 전학이 중요한 요인으로 나타났다. 또한 사회 환경의 변화, 자살에 대한 태도의 변화, 자살방법이 용이해진 것도 청소년 자살이 증가하는 요인이 될 수 있다고 본다.

행동특성 및 임상증상

자살기도와 자살은 주요 우울장애, 조증삽화, 정신질환에서 비교적 흔하다. 기분장애는 없지만 난폭하고, 공격적이며, 충동적인 사람이 가족이나 친구와 갈등이 있을 때 자살하기 쉽고 절망감이 높을 때, 문제해결 능력이 부족할 때, 공격적 행동의 과거력이 있을 때 자살 위험도가 높다. 청소년의 자살은 부모나 성인이 알아차리지 못하는 경우가 많다. 그러므로 치료자는 치료 초기면담에서 청소년에게 자살사고에 대하여 직접적이고 구체적으로 물어보아야 한다. 자살 증상으로는 절망과 외로움을 들 수 있다. 일반적으로 자살사고를 보이는 청소년들에게서 나타나는 전조 증상은 비관적 사고, 죄책감, 불안감, 식욕부진 등이다.

치료

자살을 시도한 청소년은 입원을 통한 관찰이 필요하다. 자살 위험도가 높은 대상은 이전에 자살을 시도했던 경우, 공격적 행동 또는 약물남용이 있는 12세 이상의 남자, 약물로 자살기도한 사람, 사회적 소외와 절망감이 있는 주요 우울장애 환자, 여자에서는 가출 경험이 있거나 임신했거나 또는 음독자살이 아닌 다른 방법으로 자살시도 했을 때, 지속적인 자살사고가 있는 사람 등이다. 치료자는 청소년의 정서 상태, 가족력, 유·아동기의 상실이나 외상, 불안정한 환경 요소를 구체적으로 평가할 수 있어야 하며 위기개입에 초점을 두어야 한다.

임상미술치료 제안

자살의 원인론적 관점을 관계와 적응의 실패요인으로 보았을 때 미술치료환경의 치료적 관계의 전이요소들은 창작과정의 적용에 투사적 방어는 확산되기도 하고 축소되기도 하면서 의미 있는 해석과 조화를 이루어 갈 것이다.

미술치료의 재료는 양육적음식이라는 특별한 전이적요소를 가지고 있으므로 재료를 선택한다는 것은 죽음이 아니라 계속해서 삶을 살아가기를 원하는 것과 관련되며, 충분히 좋은 모성적 양육환경에 소속되기를 원하는 바램과 관련된다. 창작과정은 자살행위에 대한 대체물이 될 수 있다. 간혹 청소년은 창작결과물을 통해서 부정적인 초기경험을 떠올리고 저항할지도 모르지만 창작과정을 통해서 이루고자 하는 것은 상처적인 경험의 부분대상이나 자기대상을 변환된 대상으로 재형성하는 것이 된다. 미술치료환경은 상실을 담아내는 지지환경으로서 청소년이 경험한 개인문제를 표현하게 하는 상징적 전환기회를 제공해 주며 미술치료의 과제를 수행하는 과정에서 경험하게 되는 무의식의 동적에너지는 청소년의 무력한 자아를 강화시키고 고통으로부터 벗어나도록 돕게 된다.

자살에 대한 미술치료 개입에서 가장 우선시 되어야 하는 것은 청소년과의 신뢰로운 치료관계를 맺는 것이다. 청소년 자신이 가지고 있는 문제와 파괴충동을 인식하도록 돕고 자살시도와 행동을 평가하며 청소년의 강점과 자원을 평가하고 동원한다. 마지막으로 구체적인 치료계획을 세우게 되는데 만약 청소년과의 면담에서 병리적인 정신증상과 심각한 혼돈이 표현되거나 자살의도가 확실하게 노출된 경우는 보호를 위해 즉시 입원조치를 해야 한다.

자살을 시도한 청소년의 표현적 특성

청소년이 자살시도 또는 의혹을 느낄 때는 이미 죽음에 대처하기에는 늦은 때 일 수 있다. 예술치료의 결과물은 즉시 자살에 대한 개입 행동의 경고신호가 된다. 우울증의 자살시도 외에도 또래들로 부터의 소외, 가족문제, 중요한 사람에 대한 상실감 등과 관련하여 청소년 중 · 후기에 빈번하게 나타난다. 창작품에 자주 표현되는 이슈는 좌절, 실패, 슬픔, 잔인, 고독, 죽음과 관련한 내용들이 등장하곤 한다.

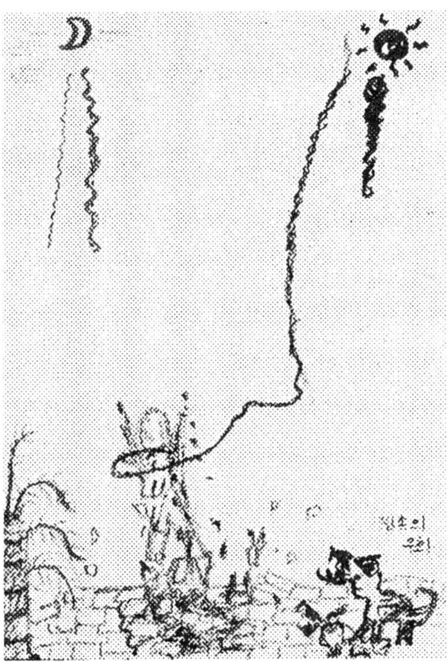

[그림 10-18] 밀림속의 우화

[그림 10-18]은 '밀림속의 우화' 라고 제목을 붙이고 '종교와 부모가 내게 준 사랑이란 것은 어둠뿐이었다. 현재 나는 밀림 속에 숨어 있지만 벽들이 깨지고 용암이 흐르고 결국에 나는 그곳에 묻히고 말 것이다.' 라고 한 설명의 표현들은 이 그림을 그린 청소년이 경험하는 우울경험과 자살사고의 상상을 단적으로 보여주는 그림이다. 밀림속의 우화는 이 청소년의 자살시도와 관련한 자기비하적인 표현이며 청소년자신이 절실한 상태에 있다는 것을 알리고자 한 도움요청으로서 개입 시기임을 알려주고 있다. 청소년은 곧 위기개입을 위해 보호 기관으로 옮겨졌다.

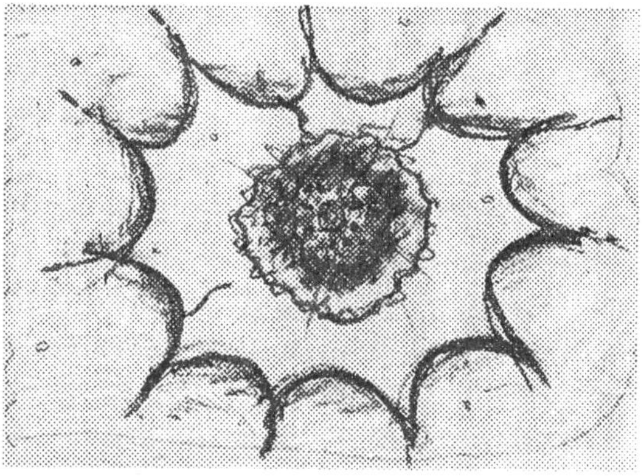

[그림 10-19] 감시하는 눈 때문에 더 이상 살 수가 없어요

[그림 10-19]를 그린 청소년은 음독자살을 시도하여 입원치료를 받고 있던 중에 개입된 청소년으로서 이 그림을 통해 정신치료를 받게 된 사례이다. 회색원형 안의 검정색을 자신이 세상에 태어나면서부터 갖게 된 스트레스라고 표현하고 그 안의 붉은 원형은 약간의 가능성이라고 했다. 빨강색의 원 안에 있는 검정과 회색과 분홍, 파랑색들은 사라졌다 생겼다하는 불안과 슬픔과 눈물이라고 설명하고, '그래도 과거에는 내가 이곳에 숨고 도망갈 수 있었지만 이제는 숨을 수도 돌아갈 곳도 없

다. 불안하고 두렵고 감시하는 눈들이 나를 억압하고 아무 것도 할 수 없게 하고 방법도 알 수가 없다' 고 한 이 청소년은 치료가 진행되면서 심각한 가족문제가 노출되었으므로 구체적인 가족치료로 연결되었다.

6. 정신분열증(Schizophrenia)

정의

아동 청소년기에 발병하는 정신분열증은 개념적으로 성인의 정신분열증과 동일하다. 5세 이하에서는 매우 희귀하고 사춘기 전 아동에서는 매우 드물게 나타나며 자폐장애보다 덜 빈번하다. 청소년기의 정신분열증 유병률은 약 1,000명당 1~2명으로 추정되고 있다.

발달지연(Developmental Delay) 및 주의력 결핍, 과잉운동장애, 행동장애, 학습장애가 있을 때 예후가 가장 나쁘다. 이외 10세 이전에 정신분열증으로 진단되고 이전부터 인격 장애가 있을 때 또는 약물에 대한 반응이 적을때도 예후가 좋지 않으며, 약 1/3에서는 나중에 기분장애로 될 수 있다. 최근 입원치료를 받은 청소년정신분열증에 대한 추적조사 결과 약 1/3은 호전되어 퇴원하였으며 나머지 2/3는 지속적인 외래치료가 필요했다고 한다.

원인

정신분열증 청소년의 형제자매에서는 일반 인구보다 유병률이 더 높고 일란성 쌍둥이가 이란성 쌍둥이보다 일치율이 더 높다. 정신분열증 청소년은 발병 전에 사회적 거부, 서툴고 부적절한 친구관계, 매달리며 움츠러드는 행동 및 학습부진 등이 성인기에 발병된 정신분열증 환자보다 더 많으므로 생물학적 취약성과 환경적 요인이 정신분열증 발현과 밀접한 관련이 있는 것처럼 보인다. 그러나 뚜렷한 원인은 밝혀지지 않았으며 최근의 지배적인 견해는 여러 원인적 요인들이 복합적으로 작용하여 발병한다고 보고되고 있으며, 심리학적으로는 유아초기의 대상관계 결함으로 오는 불안과 분리개별화의 실패를 원인으로 보고 있다.

행동특성 및 임상증상

임상증상은 성인과 유사하게 괴이한 행동, 환각, 망상, 연상장애 그리고 사회기능의 퇴행을 보인다. 신체상의 왜곡, 성정체성장애, 시공간 개념의 왜곡 등 자아기능의 손상을 보이며 촉각, 후각, 미각 등의 감각 자극을 시각과 청각보다 선호한다. 일반적인 정신분열증상인 퇴행, 위축, 정신운동지체, 억제적 태도, 비사회적 행동, 대인관계 기피 등이 나타난다. 나이가 들수록 성인에서의 정신분열증과 유사해지며 발병도 더 진행성이 된다. 정신 분열증의 핵심적 현상은 모든 나이에서 동일하고 환자의 발달정도가 그 표현에 영향을 줄 뿐이다.

청소년기 정신분열증의 망상과 환각은 아동기 특유의 공상과 구별되어야 한다. 분열증 청소년의 환각은 공격, 증오, 죄책감, 공포 등의 감정을 그대로 나타내는 경향이 있다. 환청은 여러 사람의 목소리가 들리며 그 내용은 환자를 비난하거나 '사람을 죽이라' 는 등의 명령적인 환청이다. 환시(Visual Hallucination)는 귀신, 해골, 상처 난 얼굴 등이 자주 보여 환자는 놀라는 행동을 자주 보인다. 망상은 나이가 많을수록 증가하며 피해망상, 과대망상, 종교망상 등이 나타나며 부적절한 정동이 있으므로 특별한 이유 없이 낄낄거리거나 울기도 한다. 연상이완(Loosening of Association)과 사고차단(Thought blocking) 등 사고장애도 자주 볼 수 있으며 비논리적 사고와 사고의 빈곤도 흔히 보인다.

진단

정신분열증의 진단은 병력과 임상자료에 의하며 진단을 위한 특수검사는 없다. DSM-IV에서는 증상이 6개월 이상이어야 한다는 특성이 있다. 만약 6개월 이내로 증상이 있으면 정신분열형장애로 진단하며 1일 이상 1개월 이내면 단기정신병적 장애로 진단한다.

[표 10-8]

DSM-IV 진단기준

진단기준 : 정신분열병의 진단기준은 ① 증상에 관련된 기준과 ② 기능상실의 심각성에 대한 언급, 그리고 ③ 기간에 대한 명시로 이루어져 있으며, 이에 배제기준이 첨가되어 있다.

A. 증상에 관련된 기준 : ① 망상*delusion*, ② 환각*hallucination*, ③ 와해된 언어*disorganized speech* (예를 들어 빈번한 탈선 또는 지리 멸렬) ④ 심하게 와해된 행동이나 긴장증적 행동*grossly disorganized or catatonic behaviour*, ⑤ 음성증상*negative symptom* (예를 들어 정서적 둔마, 무의욕, 무논리증) 중 2가지 이상이 적어도 1달 중 상당기간에 존재해야 한다.
B. 심각한 사회적, 직업적 기능의 손상
C. 지속적인 병의 증후가 최소 6개월 이상 지속(적어도 1달 이상의 활성기*active phase*를 포함하여야 하며, 전구기*prodromal phase*와 잔류기*residual phase*를 포함한 기간이 6개월 이상이어야 함).

배제기준 :
D. 분열정동장애*schizoaffective disorder*나 기분장애*mood disorder*에 의한 것이 아니어야 함.
E. 약물이나 기타 내과적 질환에 의한 것이 아니어야 함.
F. 만약 발달상 자폐증autism이나 다른 전반적 발달장애 pervasive developmental disorder의 진단이 있는 경우, 뚜렷한 망상과 환각이 1달 이상 존재하여야 한다.뚜렷한 망상과 환각이 1달이상 존재하여야 한다.

분열형 인격장애, 주요 우울장애, 전반적 발달장애, 알코올남용 및 약물남용과 감별한다.

치료

치료는 크게 약물치료와 정신치료 둘로 나눌 수 있으며 가족치료와 특수교육 등을 종합적으로 시도한다. 가족치료는 가족내 문제가 심각할 때 도움이 되며 가족교육을 통하여 지지체계를 형성하도록 돕는다. 특수교육은 사회적 관계능력이 결핍되거나 학업부진이 있는 경우에 도움이 된다. 정신치료는 청소년의 발달정도를 고려하여 시행되어야 하며 역동적 방법보다는 현실적이고 지지적인 접근이 선호되므로 새로운 대처방법과 현실검증, 문제해결, 스트레스와 재발에 관련된 문제인식을 돕게 된다. 집단치료를 통해 대인관계 문제의 발견과 개선, 특히 일상생활의 적응과 사회적응 및 재활을 돕게 된다.

임상미술치료 제안

미술치료의 목적은 개인의 내적세계와 문제요소 그리고 문제해결을 위해 청소년이 선택한 방어 사이의 관계를 발견하는데 있다. 창작요소들은 꿈과 같은 무의식의 속성을 가진 일차적사고의 파생물로서 해석될 수 있기 때문에 정신분열증 청소년이 표현한 이미지와 상징적 요소들은 그의 질병과 관련된 망상과 환각, 공포와 분노, 소망과 같은 무의식의 정보를 제공해준다. 이때 그가 그린 작품에서 표현된 그림들과 증상과 심리내적 연관성은 치료에 직접적으로 적용된다. 정신분열증 치료를 위한 접근 방법은 개인치료에서부터 가족치료와 집단치료 등으로 확장될 수 있다.

미술치료사는 정신분열증에 대한 기본적인 이해와 의료 환경에 대한 기초이해를 토대로 질병의 진행과 청소년기의 발달적 이해를 통합적으로 미술치료에 적용할 수 있어야 한다. 치료공간과 매체사용은 증상에 합목적적이어야 하며 도구 또한 적절해야 한다. 예를 들면 혼돈스러운 대상에게 지나치게 통제 불가능한 재료를 사용하거나 지나치게 많고 복잡한 매체를 사용하는 것은 더욱 혼돈을 자극하여 적절한 도움이 되지못할 수 있으므로 단순하고 쉽고 조절 가능한 재료와 소형 용기에 제한된 양의 재료를 제공할 필요가 있다. 편집증적인 분열증상이 있는 대상에게 파스텔을 분배하도록 한다면 압박감을 느낄 것이며, 조증의 증상을 가진 대상에게 너무 많은 선택을 하게 한다면 감정의 통제가 어려울 것이므로 유의하여야 한다. 그림에 표현된 색채와 움직임 그리고 형태들을 가지고 지나치게 자극을 주지 않아야 하는 것 또한 유의하여야 한다.

정신분열증은 질병의 진행에 따라 기능이 제한적일 수 있다. 따라서 고기능과 저기능의 정도에 따라서 치료접근은 달라질 수 있다. 예를 들면 고기능의 만성질환인 경우 치료의 초점은 재활에 근거하므로 사회적 관계요소를 담은 콜라주 작업을 통해 문제에 대면하고, 상황과 역동적인 작품을 통해 자신의 능력과 승리가 암시되어 있다는 것을 알게 되면서 상상한 것을 현실로 연결할 수 있게 된다. 저기능 대상에게는 일반적인 방법의 치료접근으로 그들의 느낌을 표현하도록 강요되어서는 안 된다. 이들에게 오픈스튜디오 방식의 접근은 가장 안전할 수 있으며 지속적으로 지지받는 환경에서 인정받는 창작경험의 자유로운 만남은 치료의 첫 걸음이 된다.

정신분열증 청소년의 표현적 특성

정신분열증의 독특한 증상이 그림 표현에서도 다른 정신문제를 가진 청소년이 그린 그림과 구별되는 특징으로 나타난다. 개인에 따라 차별성이 있으나 눈에 띄는 특성은 형식의 통일성이 거의 없는 세부적인 것들로 화면을 채우거나 강박적이고 판에 박힌 듯한 반복행위와 질서가 없고 혼돈스러운 구성을 표현하는 반면에 완벽한 대칭과 질서를 나타내기도 한다. 보편적인 미술표현 특성은 원근법이 무시되고 공간적 통합성이 무시된 분열적 표현이 두드러지며 머리, 십자가, 숫자, 글씨 등의 이해하기 힘든 상징적 대상물과 기호들로 용지의 화면을 메우기도 한다. 어떤 청소년들은 우주의 원리를 설명하는 자신만의 체계와 세계를 창조해 내기도 하며 어떠한 물체나 대상을 망상과 연결 짓기도 하여 그림 속에 표현해 내기도 한다.

[그림 10-20] 죽음의 춤

[그림 10-20]과 [그림 10-21]은 초기정신분열증 진단을 받고 치료 중인 18세 청소년이 그린 자화상이다. 분열증 자체의 장애로 인한 특성적 왜곡을 그대로 보여주고 있다.

[그림 10-21] 이상한 인간

[그림 10-22] 내가 죽어야 한다

[그림 10-22]는 만성정신분열증으로 일상생활의 장애를 겪고 있는 후기 청소년의 자유화이다. '꽃이 피고 가슴속에 꽃잎이 휘날리는 날

내 동생이 날 죽으라고 한다.' 는 망상에 의해 자살시도를 한 경험이 있는 청소년의 그림이다.

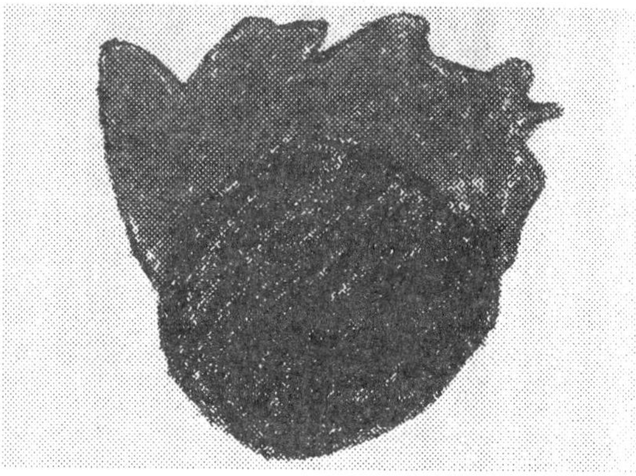

[그림 10-23] 가슴속 응어리

'지난 세월 이해받지 못한 피 맺힌 응어리, 분노와 절규' 라고 설명을 붙인 [그림 10-23]은 은둔생활을 하듯 고립된 생활을 하고 있는 만성 정신분열증 청소년의 그림이다

7. 품행장애(Conduct Disorder)

정의

품행장애는 아동 청소년기에 매우 흔한 질병이다. 품행장애의 기본 양상은 청소년의 어떠한 행동이 반복적이고 지속적으로 다른 사람의 기본 권리를 침해하거나 나이에 맞는 사회적 규범이나 규율을 위반하는 것을 말한다. 이러한 행동은 최소한 6개월 동안 지속되어야 행동장애의 진단을 내릴 수 있다. 행동장애는 남아가 여아보다 4배 높은 비율로 나타나며 18세 이하 남아의 6~16%, 여아의 2~9%에서 나타난다고

추정된다. 반사회적인격 장애나 알코올의존이 있는 부모의 자녀에서 일반 인구보다 품행장애가 더 빈번하게 발생한다.

원인

반사회적 행동과 품행 장애는 단일 요인으로 발생되는 것이 아니다. 일반적으로 품행장애는 무질서한 가정환경과 관련성이 높다고 보고되고 있다. 결손가족 그 자체가 원인이 된다기보다는 부모 사이의 불화가 중요한 요인이 될 수 있다. 부모의 정신과적 장애 즉 알코올의존, 물질의존, 소아학대 및 태만 그리고 가족 내 AIDS 등이 아동청소년의 품행장애와 깊은 관련이 있다.

장기간에 걸쳐 폭력적 환경 특히 지속적인 신체적 학대를 받고 성장하는 아동은 공격적이고 자신의 기분을 적절한 언어로 표현하기 어렵게 되며 폭력적으로 표현하게 된다. 품행장애의 신경생물학적 요인에 대한 연구는 거의 없는 편이며 ADHD와 뇌기능장애나 손상 및 기질적 문제가 품행장애와 관련이 있을 수 있다고 보고되고 있다. 기질에 대한 추적연구에서는 품행장애가 소아의 기질과 정서적 요구가 잘 맞지 않을 때 또는 부모태도와 양육방법이 적절하지 못할 때 흔히 나타날 수 있다고 한다.

행동특성 및 임상양상

품행장애는 갑자기 발병되지 않고 서서히 여러 가지 증상이 나타나다가 결국은 다른 사람의 권리를 침해하는 정도로 까지 발전하게 된다. 발병되는 평균 나이는 남자에서 더 어린 나이에 온다. 대개 남아는 10~12세 사이에 여아는 14~16세가 지나서야 품행장애의 진단기준에 맞는 증상을 보이게 된다.

품행장애 청소년은 여러 형태로 공격적 행동을 표출하며 다른 사람과 사회적 애착관계 (Social Attachment)를 가지지 못하여 친구가 없고 고독하며 있더라도 피상적 관계일 뿐이다. 겉으로는 강하고 거친 것 같으나 내적으로는 심한 열등감을 가지고 있다. 자기중심적이어서 타인의 느낌이나 감정에는 관심을 갖지 못하고 죄책감이나 후회도 없으며 문제가 드러나게 되면 남을 탓하게 된다. 처벌도 그러한 행동을 감소시키기보다는 좌절과 분노에 대한 왜곡된 표현만 증가시켜 행동은 더 악화된다. 공격적인 품행장애청소년은 치료환경에서도 비협조적이고 적대적이며 자신의 행동을 감추고 부인한다. 가장 빈번히 나타나는 품행장애와 관련한 문제들은 공격성, 주의력결핍과잉행동, 불안, 배변문제, 등교거부, 거짓말, 훔치기, 손톱물어뜯기, 머리뽑기, 틱 등의 양상을 볼 수 있다. 품행장애가 심한 경우에는 성인이 되어 기분장애가 될 수 있다.

진단

지속적으로 보이는 반사회적 · 공격적인 행동뿐만 아니라 대인관계에서도 다른 아이들로부터 고립되고 거절당하거나 소외되며 단짝친구를 사귀지 못한다. 성인들과의 관계도 심각한 정도로 불화, 적대감, 분노적인 경향이 있으나 관계가 좋을 수도 있다. 지속적으로 반사회적인 공격적 형태의 양상을 보이는 사회화된 품행장애(Socialized Conduct Disorder)는 일반적으로 동료 집단에서는 잘 융화되어 있다. 대체로 자기 나이 또래의 아이들과 적절한 관계를 유지하며 또래 집단은 비행이나 반사회적 행동을 하는 아이들로 구성되어 있다(이 경우에는 그 청소년이 한 행위가 사회적으로 용납이 안 되어도 그 집단 내에서는 인정받는 행위이기 쉽다). 만약 반사회적 행동이 특히 남을 괴롭히는 일(Bullying)이라도 자신이 속한 집단에서는 신의를 지킨다.

[표 10-9]

DSM-IV 진단기준

A. 다른 사람의 기본권리나 나이에 적합한 사회규준이나 규율을 위해하는 행동양상이 반복적이고 지속적으로 있으며, 다음 항목 중 3개(또는 3개 이상)가 지난 12개월 동안 있으면서, 최소한 한 항목은 지난 6개월 동안에 나타난다.

사람과 동물에 대한 공격

(1) 자주 다른 사람을 못살게 굴거나, 협박하거나 겁을 준다.
(2) 자주 싸움을 건다.
(3) 다른 사람에게 심한 신체손상을 줄 수 있는 무기를 사용한다.
(4) 사람에게 신체적으로 잔인하게 대한다.
(5) 동물에게 잔인하게 대한다.
(6) 피해자와 맞서서 도둑질한다.
(예: 노상강탈, 지갑 날치기, 강도, 무장강도)
(7) 다른 사람을 강제로 성행위를 하게 한다.

재산파괴

(8) 심각한 파괴를 일으킬 작정으로 고의로 불을 지른다.
(9) 다른 사람의 재산을 고의로 파괴한다(방화 이외).

사기 또는 절도

(10) 다른 사람의 집, 건물 또는 자동차를 파괴한다.
(11) 물품이나 호의를 취득하거나 의무를 피하려고 자주 거짓말을 한다.
(12) 피해자와 마주치지 않고 사소한 것이 아닌 물건을 훔친다(예: 파괴하거나 침입하지 않고 물건을 사는 체하고 훔치기shoplifting, 문서위조).

중대한 규칙위반

(13) 부모가 금지하는데도 자주 외박을 하며, 이는 13세 이전부터 시작되었다.

(14) 부모나 대리부모와 집에서 같이 살면서 최소 한 두번 이상 가출, 외박을 한다(또는 한번 가출했으나 장기간 귀가하지 않음).

(15) 무단결석을 자주하며, 이는 13세 이전부터 시작되었다.

B. 행동장애가 사회, 학업 또는 작업기능에 중대한 지장을 초래한다.

C. 18세 이상이면 반사회적 인격장애의 진단기준에 맞지 않아야 한다.

발병 연령에 의한 구분

소아-발병형 : 최소한 행동장애의 특징적인 진단기준 1개가 10세 이전에 발병됨.

청소년-발병형 : 행동장애의 특징적 진단기준이 10세 이전에는 없었음.

증상의 심한 정도에 의한 구분

경도 : 행동장애 증상이 진단에 필요한 것보다 많다고 하더라도 아주 적고, 행동문제가 다른 사람에게 가벼운 손상을 초래한다.

중등도 : 행동장애의 증상 수와 다른 사람에 끼치는 영향이 '경도'와 '중등도'의 중간이다.

고도 : 행동장애 증상이 진단에 필요한 정도보다 많거나 행동문제가 다른 사람에게 상당한 손상을 초래한다.

한번의 반사회적 행동으로는 이 진단이 내려지지 않는다. 6개월 이상 반복적이고 지속적 반사회적 행동이 있어야 진단된다. 품행장애는 다른 소아기 정신질환 즉 기분장애와 학습장애에서도 나타나므로 소아의 과거병력을 구체화해서 일시적 현상인지 또는 반응성 현상인지를 판단해야 한다. 적대적 반항장애는 품행장애와는 달리 타인의 권리를 침해하지 않으며 연령에 맞는 사회적 규범을 위반하지 않는다. 기분장애가 있을 때도 쉽게 흥분하고 공격적 행동을 보일 수 있으므로 주요우울장애와 양극성장애도 감별 진단하여야 한다. 주의력결핍 과잉행동장애나 학습장애와 감별해야 하며 만약 두 증상이 같이 있으면 둘 다 진단한다.

[표 10-10]

품행장애의 반사회적 행동과 감별되어야 하는 장애들

진단명	증상의 시작 시기	기간	주요특성
품행장애	5세 이후 점진적으로 나타남	6개월 이상	사회규칙에 위반되는 행위, 도벽, 폭력, 가출, 무단결석, 반사회적 성격장애의 선행증상이 드러남
반항성장애	3세 이후 점진적으로 나타남	6개월 이상	사회적 규칙에 위반된 행위, 성급한 성격이 나타남. 논쟁, 잦은 화
주의력결핍 과잉행동 장애	많은 경우 기질성이고 학교생활에서 두드러짐	6개월 이상	충동성, 부주의, 산만, 자신의 행동에 대해 후회하지만 자신도 모르는 사이에 반복되고, 낮은 자존감을 가지고 있음
행동장애를 수반하는 조절장애	3개월 이전에 갑작스런 현상으로 나타남	6개월 이하	조급한 행동이 분명하게 확인될 수 있음
외상후 스트레스장애	개인에 따라 다양함	1개월 이상	경험한 스트레스 인자와 비슷한 상황에 노출시 끊임없는 과거경험을 재경험하면서 관련 자극을 피하려는 행동이 나타남. 불안, 수면장애, 분노발작, 집중장애, 지나치게 조심함

치료

품행장애에서 중요한 것은 반사회적행동문제의 본질인 것 같다. 반사회적 행동가운데 폭력을 행사하는 가해청소년의 경우 단일 문제로 볼 수는 없으나 부적응의 많은 경우가 학대문제와 관련될 수 있다. 정신과적 질병도 고려되어야 하며 다양한 치료접근이 요구된다. 수동적 피해청소년은 자기인식과 에너지 표출, 튼튼한 경계 마련, 성정체감, 자기신변관리, 사회성 발달에 초점을 둔다. 공격적 피해청소년은 성취감에 초점을 두고 완성에 이르도록 시간관리, 독립성과 허용성, 통제성이 포함된 안내가 요구되며 가해자도 피해자도 아닌 청소년의 부적응에는 역할의 중요성 강조에 초점을 둔 경험 제공이 필요하다. 품행장애에 대한 치료자의 접근관점은 초기심리의 박탈문제로 야기되었을 수도 있을 행동문제에 대한 관심과 가족접근의 필요성을 배제하지 않으며, 문제행동 그 자체 회복을 위한 가능성의 관점으로 볼 수 있는 심층적 이해에서 시작되어야 한다. 따뜻하고 안전한 환경 내에서 일관성 있는 수용과 애정을 장기간 지속적으로 제공함으로써 내적 억제력, 긍정적 자아상 회복, 새로운 적응기술을 획득하도록 돕는다. 가족 내 분위기가 무질서하거나 학대가 평가된 경우는 청소년을 가정으로부터 분리시켜야 한다. 일상생활에서 장기간의 부적응상태를 보일 경우에는 문제 해결능력을 개선시키는 개인정신치료를 적용할 수 있으며 지나친 공격행동을 감소시키기 위해서 약물을 사용하기도 한다.

임상미술치료 제안

품행장애로 인한 반사회적 행동과 부적응행동을 보이는 청소년의 미술치료는 창작행위를 통해 청소년의 주체성을 전면으로 부각시킨다. 창작물이 담고 있는 의미는 그가 표현하는 그대로 진지하게 받아들여지고 존중받게 되므로 치료의 전 과정에 능동적으로 참여할 수 있게 된다. 청소년이 창작해낸 이미지들을 통해 치료자는 청소년의 눈으로 세상을 바라볼 수 있게 된다. 그림 속의 이미지에는 은유적인 대화를 이끌어낼 만한 재료들이 풍부하게 존재하므로 그들은 은유를 통해 안심하고 편안하게 말할 수 있게 되고 자신들의 창작물을 소재로 삼는 대화인 만큼 이야기 거리도 훨씬 많아지게 된다. 그림의 일부를 오려내듯이 범위를 좁혀서 설정한 주제를 당면과제로 초점을 맞춘다면 부적응 행동변화의 목표로서 변화시킬 수 있게 된다. 이러한 기법은 해결중심지향치료의 방법론과 유사하다. 그림 속에는 그들의 생각이 구체적이고 개별적으로 드러나므로 청소년과 그의 부모의 진실을 들을 수 있을 뿐 아니라 볼 수 있게 된다. 미술은 병리학이 아니며 표현이므로 미술작품의 창작자인 청소년은 환자로 취급되지 않고 창작가가 된다. 미술작품은 청소년의 손을 떠나면 독립된 하나의 개체로 간주되므로 자연스럽게 문제는 문제보유자의 외부에 존재하는 것처럼 다루어지기 때문에 청소년은 불편감을 덜게 된다. 반복되는 행동 패턴에 대한 예외를 찾는 작업도 그림의 도움을 받을 수 있다. 그림은 언제 어디서 그러한 예측할 수 없는 상황이 발생했는지에 관한 정보를 제공해주며 비슷한 방식으로 변화하는 모습도 그림을 통해 감지될 수 있다. 따라서 청소년은 문제발생시의 특정 양상을 시각화함으로써 자기 자신의 행동을 관찰할 수 있는 기회를 얻게 된다.

치료자에게 청소년과 가족의 그림들은 치료의 진행 과정을 평가할 수 있는 자료가 된다. 미술치료에서는 표현수단으로서의 미술이 전통적인 치료방법에서 경험할 수 없었던 새롭고 혁신적인 방법론으로 사용되므로 치료효과는 더욱 강화된다. 치료자가 해석을 시도하지 않는 한 그림그리기는 즐거운 활동이며 놀이에 가까운 치료실 분위기는 청소년의 부담감을 없애주며 그림은 문제를 바라보는 새로운 시각과 새로운 해결책을 제시해준다. 이러한 이유들 때문에 치료자들은 미술치료가 치료기간을 단축시켜 준다고 확신한다. 미술치료의 또 다른 장점은 나중에 참조할 수 있는 구체적인 자료가 남는다는 것으로서 작품의 이미지 속에는 다양한 의미들이 숨어 있기 때문에 재해석이 얼마든지 가능하다는 점이다. 품행장애로 인한 부적응의 변화에 따라 예전의 작품들에서 무시되었던 중대한 의미들이 새롭게 조명되기도 한다. 전후 작품들 사이에 감지되는 변화는 개인의 변화를 반영하며 그것들은 또한 문제가 어떻게 변화될 수 있는지를 시사하는 경우도 있다.

품행장애 청소년의 표현적 특성

품행장애를 보이는 청소년들의 그림에서는 선이 날카롭고 그림 전반에 음영이 많으며 용지를 벗어날 만큼 크게 그리고 힘과 관련된 강력한 필압을 사용한 그림 표현이 두드러진 특징이다. 이러한 특성은 품행장애를 나타낼 수밖에 없었던 정서적 어려움과 내면의 분노와 연관되는 것 같다. 내용적으로는 불완전하고 공격적인 행동화와 관련된 왜곡된 신체상과 귀신 표현이 많으며 많은 나무가 있는 풍경을 그려내기도 한다.

[그림 10-24] 거꾸로 선 사람

[그림 10-24]는 집단폭력사건과 연루되어 보호관찰 대상이었던 청

소년이 우울과 불안증상으로 인해 정신과 입원 중에 표현한 그림이다.

[그림 10-25] 힘없는 사람은 당할 수 밖에 없어

[그림 10-25]는 집단폭력을 경험했던 피해 청소년이 이후 가해 청소년으로서 학교문제를 일으켜 의뢰된 17세 청소년의 그림이다. 현재의 감정을 그대로 노출하고 있다.

[그림 10-26]은 부모 이혼 후 지속적인 도벽과 본드 흡입으로 교사가 의뢰한 청소년의 그림이다. '산이 번개에 맞아 무너져서 묶었더니 산꼭대기에서 흐르는 생명수가 내게 전해지고 있다' 고 표현한 내용은 품행장애아의 그림에서 흔히 만날 수 있는 분노와 불안전한 정서적 애착을 느끼게 한다.

[그림 10-26] 번개에 맞아 무너진 산

[그림 10-27] 헛소리하는 땅

[그림 10-27]은 19세 청소년이 채팅과 무단결석, 잦은 가출 상황에서 당한 성폭력 문제 후 구토와 가려움증을 호소하여 정신과 입원 중에 그린 그림이다.

제11장

청소년 임상미술치료사의 자질

최근 우리사회에는 다양한 치료형태들이 도움이 필요한 사람들 가까이에 성행하고 있고, 그 가운데 미술치료는 더욱 빠른 속도로 확산되면서 오늘날의 새로운 치료방법으로 환영받고 있다. 그럼에도 성격이 불분명한 미술치료방법과 치료자들에 의해 치료대상자들을 보호할 수 없는 위기문제도 안고 있어서 미술치료가 이 땅에 뿌리내리는데 장애가 되고 있다는 것 또한 현실의 문제점이다. 미술치료사의 자질과 역할은 치료자 자신의 경험과 이론과 대상의 이해에 따라서 주관적일 수 있다. 대상자의 문제 상황에 따라 치료방법과 접근 유형이 매우 다양해질 수 있다는 것과, 잘못된 전달과 이해로 인해 가슴이 없는 기계적이고 경직된 용어로 남용될 수 있다는 염려가 있기에 이에 대한 논의가 쉽지만은 않은 것 같다. 그러한 제한성을 고려하면서 이 장에서는 심리적 대상으로서 치료자의 자세를 기대하며 청소년 미술치료사가 갖추어야 하는 자질에 대해 생각해보기로 한다.

전문적인 미술치료에서는 미술치료사의 독특한 가치체계와 자질이 요구된다. 치료자의 자질은 미술치료 전문직에 대한 기초를 제공하는 자질과 철학적 가치로서 정의될 수 있으며 어떻게 대상자들과 관계하고 어떠한 치료 서비스를 제공할 것인지 결정하는 핵심요소가 된다. 간혹 치료자들은 자신이 '타인을 도울 수 있는 치료자로서의 자질이 있는가?' 라는 질문을 스스로에게 하며 좌절하곤 한다. 치료자란 도와주는 자가 아니라 '그 자리에 함께 있는 자' 라고 함이 더욱 옳을 듯하다. 함께 한다는 것은 인간 그 자체에 대한 믿음과 신뢰를 전제하지 않고서는 불가능한 일이다. 사람에 대한 믿음을 전제로 한 치료자의 자세는 미술치료사 자신의 내면과 외면 전체로서의 존재 그 자체이며 이는 일생을 통해 자기를 돌아보는 과정에 의해 성장해 갈 수 있다. 이처럼 미술치료사가 갖추어야 할 자질은 기본적인 인성과 관련된 자질과 전문적인 자질 두 영역으로 나누어 볼 수 있겠다.

1. 기본적이고 보편적인 미술치료사의 자질

청소년뿐만 아니라 어떠한 대상이든 치료라는 개념에는 증상제거와 증상의 경감이라는 의미를 함축하고 있으므로 청소년 미술치료사들은 흔히 그 청소년에게 어떠한 문제가 있는가에 초점을 맞추는게 일반적이다. 그러나 치료자가 갖추어야 하는 자세는 '무엇이 문제인가, 증상이 무엇인가, 진단은 무엇인가' 가 중요한 것이 아니라 그 증상을 통해 청소년이 무엇을 찾으려고 하는지에 초점을 두어야 한다는 것이다. 대상관계 심리학에서는 '반사회적 행동에 대한 훔치기와 파괴행동에 대해 청소년의 비행은 어린 시절의 애정 박탈로서 나타나며 믿을만한 울타리를 찾고자 하는 충동과 자발성의 표현이라고 보았고 정상적인 발달과제를 달성하려는 노력이며 희망의 징조로 보아야 한다' 고 했다.

이러한 관점에서 청소년치료자는 청소년기가 본질적으로 청소년자신을 발견해 가는 중요한 시기로서 그들이 보이는 문제나 증상은 해소되지 않은 발달과제를 해결해 가려는 살아 있는 경험의 모습이며 정체감을 형성하려는 과정으로서 나타나는 강박적인 행위임을 기억해야 한다. 청소년의 부적응행동이 단순한 문제나 증상이 아니라 성숙의 과정이며 문제해결을 위한 노력임을 믿어야 한다. 청소년의 치료를 위한 유일한 방법은 성숙이며 그 과정에서 믿고 담아주는 환경에서 원하는 길을 갈 수 있도록 희망을 주고 지지할 수 있는 자세가 필요하다. 따라서 청소년 치료자는 권위적인 태도를 최대한 배제해야 하며 그들의 말에 적극적으로 귀기울이며 이해하며 공감하는 태도를 가져야 한다. 또한 정직하고 진솔한 태도로서 대해야 하며, 그들의 권리를 존중해야 하며, 비밀보장의 원칙이 우선되어야 한다. 청소년미술치료사가 갖추어야 하는 무엇보다 중요한 자질은 그 청소년의 잠재력과 장점을 볼 수 있는 능력이다.

모든 심리치료에서와 마찬가지로 청소년미술치료사는 놀이적이며 창조적이어야 한다는 것은 수차례 반복해도 부족할 만큼 중요하다. 치료란 청소년과 치료자의 놀이가 겹쳐지는 영역에서 가능한 것이며 잘 놀았다는 느낌이 있을 때, 잘 쉬었다는 느낌이 있었을 때, 에너지를 받는 느낌이 가능하며 놀이 그 자체가 치료이다. 청소년 미술치료사가 사용하는 예술매체와 작업과정은 놀이와 창조성의 과정이며 도구가 된다고 할 수 있다. 따라서 청소년미술치료사가 예술매체 사용과 창작에 자유롭지 못하다면 놀이적인 치료자로서의 자질이 결여되었다고 할 수 있다. 그러므로 미술치료사는 아무리 좋은 기술을 습득하여 활용할 수 있다 하더라도 그의 사람됨이 바람직하지 못하다면 그가 개입하는 개인과 가족과 집단의 치료환경은 파괴적이 될 수 밖에 없다. 미술치료사는 개별이든 가족이든 집단이든 다양한 치료유형에 적합한 안내와 이해와 경험을 통하여 적절하게 활용할 수 있는 능력을 갖추는 것 외에 사회적인 지성과 정직성과 진실함과 대상관계를 심도 있게 유지할 수 있는 능력과 건전한 자기애가 필요하다. 뿐만 아니라 건강하고 정당하게 미래를 예측할 수 있는 적절한 태도로 대상자들의 편집퇴행에 따른 위기감을 감지하고 무의식적 공격성에 대처할 수 있어야 한다.

청소년에 대한 신뢰와 관심을 가져야 한다.

미술치료사는 여러 가지 치료기술을 자신의 가치와 목적을 위해 활용하거나 남용해서는 안 된다. 치료자 자신의 욕구와 청소년 개인의 욕구 간에는 분리해서 생각할 수 없는 긴밀한 상관성이 있기 때문에 경험 있는 치료자는 청소년의 욕구충족의 정도에 비례해서 자신의 욕구도 충족된다는 사실을 경험을 통해서 알고 있다. 치료자는 청소년을 존중하고 신뢰하며 그 나름대로의 가치를 인정해 주는 것을 배워야 한다. 청소년들 중에는 존경하거나 신뢰하기 힘든 사람도 있을 것이다. 그러나 최소한 그들에게 적절한 관심을 기울여 줌으로서 정서적인 관계를 발전시켜야 한다. 이와 같은 관심의 표현은 여러 가지 방법으로 나타낼 수 있다. 때로는 바람직한 행동을 강화해 주거나 바람직하지 못한 행동에 대해 위험을 느끼지 않는 한도 내에서 솔직하게 지적해 줄 수 있어야 한다. 심하게 상심하고 있거나 절망상태에 빠진 청소년에게는 특히 치료자의 온정과 관심이 필요하다.

미술치료사 자신에 대한 평가와 이해 능력이 요구된다.

미술치료사는 자기 자신의 목표, 정체성, 동기, 욕구, 제한, 장점, 가치관, 느낌 등 여러 가지 문제들에 대하여 자각하고 있어야 한다. 자신이 누구이며 무엇을 어떻게 하고 있는가에 대하여 잘 알지 못하는 치료자는 청소년들의 변화를 촉진시킬 자격이 없다고 볼 수 있다. 미술치료사가 되려는 이유와 특정한 개인과 집단역동 이론과 실제를 선택하게 된 이유와 원인 등에 대한 스스로의 평가는 효과적인 치료를 가능케 하는 치료사의 절대적인 요소이다.

용기 있는 태도가 필요하다.

전문적인 미술치료사의 중요한 개인적 특성중의 하나가 용기이다. 자신의 임상상황에서 불가피하게 만나게 되는 어떠한 실수나 실패의 가능성에도 새로운 행동을 시도해 볼 수 있는 창조적인 사람이어야 한다. 때로는 확신이 없는 일이라도 자기의 신념과 직관으로 실행해 볼 수 있는 용기가 필요하다. 어떠한 실패에도 그것을 스스로 솔직히 인정할 수 있어야 하며 자신의 내적 자아를 끊임없이 분석할 수 있어야 하고 집단 앞에 있는 그대로의 자기를 내어 놓을 용기도 가질 수 있어야 한다.

창조적이고 융통성 있는 태도를 가져야 한다.

미술치료사는 항상 창의적인 태도로 새로운 아이디어를 가지고 치료에 임해야 한다. 끊임없이 새로운 방법을 창조하고 기존의 방법들에 의문을 제기하고 가능한 자신과 타인과 새로운 경험들에 개방적이 되도록 노력해야 한다. 뿐만 아니라 방어적인 행동반응에서 탈피함으로써 대인관계에서 주도권을 잃지 말아야 할 것이다. 청소년의 부정적인 피드백에 지나치게 민감하거나 위협감을 느끼거나 인정을 받는 데에만 신경을 쓰는 치료자는 바람직한 치료성을 발휘할 수 없을 것이다. 청소년의 어떠한 부정적인 반응에도 개방적인 태도로 수용적이고 생산적인 방향으로 이끌 수 있는 능력을 길러야 한다. 이는 치료자가 청소년의 치료적 발달과 부정적 치료반응에 대한 심리적 이해를 하고 있다면 극복할 수 있을 것이다.

인내하는 자세를 가져야 한다.

치료경험이 적은 미술치료사는 흥분과 기대감에 벅차서 치료를 시작하지만 청소년이 반항적이 되거나 치료자의 안내를 거부하거나 도움이 되지 않는다고 불만을 나타낼 때 쉽게 좌절하기도 한다. 때문에 치료자는 어려움을 극복할 수 있는 힘을 길러야 한다. 이는 떼쓰는 유아를 담아내는 버티는 대상으로서의 자세를 의미하며, 미술치료에 대한 확신과 자기 확신을 가지고 인내하고 감당할 수 있을 때 치료는 가능해진다.

유머감각이 있어야 한다.

치료 상황의 긴장을 해소하기 위해서 치료사는 간혹 웃음과 유머를 필요로 한다. 어떤 청소년은 치료시간 내내 분노하기도 하고 심각한 상황에 있기도 한다. 이때 에너지 소모와 장시간 심각한 문제들을 다룬 후에 경험하게 되는 심신의 이완은 진정한 의미의 치료가 될 수 있다. 효과적인 치료를 위해 미술치료사는 유머감각의 소유자로서 이를 치료과정에 적절히 활용할 수 있어야 한다.

다른 일반적인 치료영역에서와는 다르게

미술이라는 예술적 특성과 심층심리 이론을 토대로 접근하는 미술치료에서는 보다 창조적인 과정에 몰두할 수 있는 미술치료사의 자질이 요구되므로, 미술치료사는 스스로가 피험자로서의 미술치료과정을 경험하지 않고서 치료자가 된다는 것은 불가능하다. 자기경험을 통한 치유경험이 있어야만 미술치료의 창조적인 독특성을 이해할 수 있으며 자기치유의 토대 위에서 투사없는 개별화된 개인의 창조성을 인정할 수 있게 된다. 더불어 치료자 스스로가 모방이 아닌 독창성을 가져야 하며 청소년 개인의 발달에 적절한 예술매체를 적용할 수 있어야 한다. 작품의 결과물이 단순한 해석이 아니라 개인의 심층의 요구와 심리적 증상과 발달과정의 관련성을 이해할 수 있는 지식이 요구된다. 치료자 스스로의 마음거울을 닦는 노력이 필요하며 이를 위해서는 지속적인 교육감독과 분석을 통해 자기인식과 자기이해의 수련에 의해 미술치료사의 자질을 갖추어 가야 한다.

2. 전문적인 미술치료사의 자질

청소년 미술치료사가 전문적인 자질을 갖추기 위해서는 기본적이고 보편적인 자질 외에도 구체적인 기술과 지식을 포함한 교육에 의해 전문성을 갖춘 치료자의 자질이 요구된다. 구체적인 요소를 예로 들어보면 미술치료사는 인간과 환경에 대한 이해와 지식을 토대로 청소년의 심리사회적 환경에 대한 이해와 지식을 가지고 있어야 한다. 모든 인간이 공통성을 가진 동시에 서로 다른 영향을 받으면서 관계 맺고 변화되어 간다는 청소년과 환경간의 보편성을 이해해야 하며 청소년기의 특성적 보편성을 이해해야 한다. 청소년미술치료사는 인간의 기본적인 욕구와 방어기제, 전 생애를 통한 성장과 변화능력, 무의식적 전의식적인 동기존재로서 의식적 자아기능을 가진 인간으로서의 이해가 전문적인 치료의 기초를 이루게 된다.

의료적 질병에 대한 지식을 갖추어야 한다.

최근에는 미술치료에 대한 관심이 높아지면서 소아암센타와 일반 의료기관에서의 미술치료 요구가 확장되고 있다. 그러나 미술치료사의 의료적 이해와 자질부족으로 도움에 한계를 경험하고 좌절하는 것을 흔히 볼 수 있다. 따라서 미술치료사가 되기 위해서는 의료적 질병의 증상과 원인, 발달적 개념 등에 관한 지식과 치료접근에 대한 이해가 필수적인 요소이다. 일반 의료의 영역에서 청소년 미술치료사가 갖춰야 할 자질은 질병의 유형과 환자와 가족의 독특성에 관계없이 예방과 보건, 치료, 재활의 전체적인 관점에서 청소년질병의 치료나 전체적인 회복에 관련된 사회적, 경제적, 정서적 요인을 이해할 수 있어야 한다. 청소년과 가족에게 의료적 서비스를 적절하게 활용할 수 있도록 안내하고 효과적이고 양질의 의료가 제공되도록 의료팀과 의사소통할 수 있어야 한다. 미술치료사는 의료적 지식을 가지므로서 치료 프로그램을 제안하고 개입할 수 있게 된다. 치료자의 전문적 자질과 관련하여 갖춰야 하는 핵심적인 요소는 청소년의 욕구를 평가하고, 개인과 가족과 집단에 대한 직접적인 치료개입을 하며, 사례를 발견하고 의뢰하며, 청소년의 권리가 보호된 장·단기 치료계획을 세우며, 신체적·정신적 · 재활적 개입을 할 수 있는 지식을 갖추어야 한다.

정신의학적 질병과 이상심리에 관한 지식을 갖추어야 한다.

정신의료기관에서는 의사의 임상진단과 심리학자의 심리진단과 정신보건사회복지사의 환자와 가족의 환경에 대한 심리 · 사회적 진단을 종합하여 역동적 진단을 내리게 된다. 역동적 진단이 최종적으로 형성되면 미술치료사는 개별, 집단, 가족 치료 등을 통해 변화를 위한 개입을 하게 된다. 따라서 미술치료사는 청소년정신의학과 이상심리에 대한 이론과 진단 및 평가, 질병의 개념, 질병에 대해 이해하므로써 청소년의 질병을 이해할 수 있게 된다. 뿐만 아니라 정신적장애요소의 심층을 이해하기 위해서는 철학적, 심리학적, 사회학적, 정신분석적 개념과 미술표현과의 관련성을 이해해야 전문적인 개입이 가능해 진다.

재활의학과 관련된 지식을 갖추어야 한다.

재활이란 장애인이 가진 잠재적 능력을 발휘하여 최대한 빠른 회복과 개선을 목적으로 개입하는 것을 의미한다. 재활미술치료는 청소년 장애인의 제한 능력과 독특한 요구에 따라 나눠지며 의학적, 심리적, 사회적, 교육적, 직업적 관점에서 분화되어 관련된 치료접근을 하게 된다. 그러므로 치료자는 의료적 재활, 심리적 재활, 교육적 재활, 사회적 재활, 직업적 재활의 이론과 방법에 대한 지식과 개별성과 장애에 따른 개인의 한계성을 고려한 현실적 평가와 전문성의 통합적 접근 능력이 있어야 한다.

특수교육의 이해와 접근이 가능해야 한다.

최근에는 특별한 욕구를 가진 장애학생과 청소년들에 대한 교육과 치료의 방법들이 다양화 되면서 미술치료가 특수교육의 영역에 빠르게 확산되고 있다. 특수교육 대상자인 청소년들은 그들의 장애정도와 능력에서 개인차가 크고 장애유형에 따른 격차도 커서 이들에 대한 발달적 이슈에 개입하기 위해서는 교육의 장에서 이뤄지고 있는 특수교육 및 관련서비스를 포함한 교육프로그램을 이해하고 특수교육의 이슈가 되고 있는 개별화의 원리에 따른 치료와 교육적 계획을 세울 수 있어야 한다.

사후 개입의 이해와 활용능력이 있어야 한다.

사후개입은 청소년치료의 지속성을 위해 또는 재발예방을 위해 치료를 종결한 이후에도 어느 기간 동안 지속적인 지지 개입을 하는 것을 말한다. 어떠한 치료유형에서든 미술치료사는 사후 개입의 계획과 평가 능력을 가짐으로서 문제의 재발을 예방하고 지속적인 치료 경험을 제공할 수 있게 된다.

미학과 미술사, 미술 활동, 미술 기법을 알고 있어야 한다.

치료적 관점에서 미술에 대한 지식과 이해는 적절한 상징적 해석과 치료개입을 가능하게 한다. 청소년의 발달에 상응하는 매체의 적절한 사용은 일시적인 증상경감에 한정되지 않고 원인적 변화를 가능하게 하므로 미술치료사는 미술매체가 가지는 치유성을 활용할 수 있는 능력이 있어야 한다. 미술치료사는 치료적 미술작업의 적절한 개입을 위해서 사용가능한 재료에 대한 인지적 지식뿐 아니라 각 재료와 도구의 특성을 이해하고, 치료과정에서 할 수 있는 부분과 할 수 없는 부분은 무엇인지 발달적 수준과 어떻게 연관되는지 등에 대해 알아야 한다. 매체의 치료적 가치를 풍부히 하고 전문적인 미술치료사가 되기 위해서 치료자 자신이 매체의 자기경험과 연구를 거듭해야 하며 교육 감독을 받아야 한다.

전문적인 관찰능력과 개입능력이 있어야 한다.

창작과정에서 미술치료사는 청소년의 무의식적 · 전 의식적 부화과정을 지켜볼 수 있어야 하며 적절한 계획과 개입을 할 수 있어야 한다. 작품에서 형태와 색채와 상징적 개념을 문제 상황과 결합할 수 있는 능력으로서, 유창성을 발휘하고 실제 삶에서 보다 더 많은 가능성을 경험하도록 도와야 한다. 뿐만 아니라 다양한 방법으로 문제를 인식하고 다루는 능력으로서, 융통성을 발휘할 수 있도록 안내해야 하며 만족한 작품뿐 아니라 심리적인 문제와 삶에 대한 도전으로서 정교하고 유창한 능력이 포함되어야 한다.

청소년미술치료에서 치료자의 가장 중요한 태도는 청소년이 진정한 자아를 찾아가도록 중립적인 자세를 취하는 것이다. 그의 독창성을 인정하고 청소년의 작품에 최고의 가치를 두므로써 스스로의 과정을 확장시켜 갈 수 있도록 안내하는 능력이 있어야 한다. 창작 과정과 관련된 미술치료사의 자질은 청소년의 모든 행동에 대한 관찰을 위해 에너지를 집중하는 능력이 요구된다. 이러한 요구는 때때로 치료의 방해요소가 될 수 있으나 치료자의 신뢰롭고 존중감이 담긴 태도는 오히려 청소년으로 하여금 안정감 있는 심리적 공간으로서의 경험을 가능하게 한다. 전문적인 치료자는 자유로운 창작을 위한 구조를 제공하고 전문적인 관찰과 개입 능력을 가져야 한다.

작품을 심리학적으로 이해하는 능력이 있어야 한다.

작품이해의 방법은 형태적 측면(발달적)과 내용적 측면(역동적) 둘 다를 포함한다. 한 개인에 대한 이해는 내면에서 오는 것이므로 청소년의 작품을 이해하기 위해서는 청소년 개인의 전반적인 삶의 발달사를 이해하고 대처방법, 관계들, 내적 외적 성향을 이해하고 있어야 하며, 작품의 상징적 의미와 청소년개인과의 관련성, 작품과정의 반응들을 파악하고 있어야 한다. 미술치료사는 정신역동 이론과 작품과 청소년 개인을 연결할 수 있는 능력을 토대로 치료적 방향을 설정하는 임상적 지식을 갖추고 있어야 한다.

미술과 치료가 만나는 영역에 대한 이해와 훈련이 필요하다.

미술치료사가 되기 위해서는 정신심리와 미술의 이해 외에도 치료공간의 설정 문제, 자유로운 표현유도, 표현을 유지하고 작품을 읽고 예술적으로 작업할 수 있는 능력을 가져야 한다.

이외에도 미술치료사에게 요구되는 전문적인 자질에는 미술치료를 위한 계획과 평가를 문서화 할 수 있는 능력이며 치료에 대한 윤리와 법적 규준을 숙지하고 지켜야 할 책임이 요구된다. 뿐만 아니라 사회적 자원을 활용하는 능력을 가지므로써 청소년의 적극적인 치료를 도울 수 있게 된다.

이렇듯 청소년미술치료사는 기본적이고 보편적인 인성과 전문적인 자질을 갖추어야 한다. 그 과정은 심리치료와 미술치료사로서의 개인적 자질과, 전문성과, 청소년의 발달과제와 그에 따르는 심리적 특성, 행동적 특성과, 개인적 특성에 따른 이슈와 문제점들에 대한 관심과, 충분한 이해와 수련 없이 다룬다는 것은 위험한 일이다. 청소년을 만남에 있어서 가장 기본적으로는 청소년의 공격성에 대한 충분한 이해가 있어야 한다. 청소년의 문제나 증상은 부적응임에는 틀림없으나 정상적인 발달과제의 달성과 문제해결의 노력이라는 이중성을 가지고 SOS를 구하는 노력임을 간과해서는 안 될 것이다. 청소년을 단면적으로 보아서도 안 되며 제2의 탄생으로서 첫 탄생의 맥락에서 보지 않으면 청소년에 대한 깊은 이해는 불가능하다는 것을 명심해야 한다. 제2의 탄생의 기회를 맞이한 청소년을 치료자는 여유 있게 관용과 희망을 가지고 진실하게 대할 수 있을 때 치료를 가능하게 하리라 본다. 그러기 위해서 치료자는 자신의 초기발달과정과 접촉하고 창작과정을 통해 스스로의 치유과정을 거쳐본 경험이 있어야 하며 그 과정을 거쳤을 때 진정한 청소년 임상가로서 더욱 가능하게 되리라 본다.

3. 청소년 미술치료사의 기본 윤리

청소년미술치료사가 갖추어야할 기본적인 인성과 전문성 외에 포함되어야 하는 것은 윤리성이다. 여기에서는 2001년 미국미술치료협회(AATA)와 한국표현예술심리치료협회(Keapa)의 윤리강령에서 제시한 윤리규준을 토대로 청소년미술치료사들이 지켜야할 기준을 제시해보겠다.

청소년에 대한 미술치료사의 책임성

청소년미술치료사는 모든 청소년들의 개별성을 인정하고 개인으로서의 권리를 존중해야하며 그들의 복지를 위해 효율적이고 효과적인 방법으로 서비스자원을 활용하고 전문적 기술을 적용해야 하며 무엇보다도 청소년의 안녕을 위해 노력을 기울여야 한다. 청소년 미술치료사는 치료자로서의 책임을 수행하기 위해 시간과 에너지와 업무량을 조절하고 다양한 책임 중에서 우선순위를 숙고하여 분류하는 것 또한 책임성의 중요한 요소이다.

비밀을 유지해야 한다.

치료자는 청소년과의 대화에서 또는 작품을 통해서 알게 된 사생활과 정보의 비밀을 유지하고 존중해야 한다. 청소년미술치료사는 치료의 비밀보장성에 대한 위임된 법적요구에 익숙해져야 하며, 비밀보장이 요구되는 정보를 사용할 것인지에 대한 판단은 법과 윤리에 기초해야 한다. 그러므로 치료자는 치료개입 전에 청소년과 가족과 다른 전문가들에게 비밀보장성에 대한 한계와 요구에 대해 알릴 의무가 있다.

청소년의 욕구에 대해 확인할 책임이 있다.

미술치료사는 청소년의 욕구를 더 잘 이해하고 만족시키기 위해 평가방법을 개발하고 활용해야 하며 그것은 규정된 전문적 관계의 맥락에서만 평가방법을 사용한다. 욕구 평가를 해야 하는 가장 중요한 이유는 청소년의 성장을 방해하는 심리 · 생리학적 요인 평가를 포함하기 때문이며 이는 청소년과 가족을 위한 효과적인 치료계획의 기초가 되기 때문이다.

청소년의 미술표현과 치료과정의 공적활용은

어떠한 경우에도 동의 없이 활용될 수 없으며 치료과정에서 도출된 내용은 청소년의 서면동의 없이 사용되어서는 안 된다.

전문가로서의 능력과 성실을 유지해야 한다.

미술치료사는 전문가로서 갖추어야하는 능력과 성실의 높은 기준을 유지해야 한다.

다문화적 이해와 능력으로 다양한 서비스를 보장해야 한다.

청소년미술치료사의 다문화적 능력이란 청소년 비교문화의 상황에서 효과적인 작업을 가능하게 하는 일련의 합목적적인 행동, 태도, 방법이다. 미술치료사들은 청소년문화의 중요성, 문화 속의 변화, 비교문화의 이해관계에 대한 평가, 시각적인 상징과 심상에 있어서의 문화적 차이점, 문화적 차이에서 올 수 있는 역동, 그리고 청소년의 욕구와 요구에 대한 서비스 적응을 전문적인 작업에 통합시키고 인정해야 한다.

피 감독자에 대한 감독자의 책임성

감독자는 피 감독자인 청소년미술치료사가 정확하고 공적으로 알려진 학문적인 정보를 활용할 것을 안내하고, 피 감독자의 전문적인 성장을 촉진하므로서 청소년미술치료사로서의 전문적인 성장을 촉진해야 한다.

청소년미술치료 전문직에 대한 책임

미술치료사들은 동료들의 책임과 권리를 존중하고 복지를 보호하며 다양한 상황에서 청소년과 그들의 가족을 옹호하므로써 미술치료의 목표를 증진시키는 활동에 참여해야 한다.

지금까지 내용의 전체적인 맥락에서 요약해 보면 청소년 임상미술치료사로서 자질을 갖추기 위해서는 예술심리학과 청소년 심리와 심층심리학의 이해가 있어야 하며 청소년 심리치료와 관련된 제반이론과 임상경험이 있어야 한다. 또한 미술치료사는 자신의 독창성을 개발하고 자기를 이해하기 위한 창작활동의 자기 경험이 계속되어야 하며 교육분석과 정신분석을 통해 자신의 내적 생활을 점검할 수 있어야 한다. 이러한 노력이 함께 하지 못하면 치료자 자신의 문제를 청소년과 개인에게 투사하여 더욱 혼란을 초래할 수 있기 때문이다. 미술치료사의 과정은 이러한 치료적 자질과 관련하여 심리치료사로서 요구되는 전문성 이외에 창작과정까지 요구되므로 쉽게 도달할 수 있는 길은 아니다. 전 생애를 거쳐서 경험되고 치유의 과정을 거쳐서 형성되는 것이므로 오랜 시간과 노력이 투자되어야 한다. 그럼에도 미술치료는 다른 치료접근과는 차별화된 치료적 의미와 대상의 확장성 때문에 모든 치료영역 가운데 가장 선호되고 부작용 또한 강렬해서 미술치료사의 자질과 윤리문제는 수없이 강조해도 부족할 듯하다.

제 3 부

청소년 임상미술치료의 적용기법

제12장

미술치료 기법

이장에서는 청소년 치료에서 사용 가능한 방법을 주된 대상별로 주제에 따라 모아서 소개하였다. 사용하는 개인의 창의적인 접근에 따라서 수정하고 보완하여 모든 대상에 확장하여 사용할 수 있으리라 본다. 여기에 수록된 기법의 주된 내용은 「정신지체인의 삶의 질 향상을 위한 미래 설계, 2004」에 필자가 소개한 '청소년 정신지체인의 가족관계 증진을 위한 예술 활동' 의 일부를 일반청소년과 임상 대상으로 확장하여 수정 보완하였고 전체적인 내용은 국내외 문헌 가운데 적절한 기법을 모아 수정하고 필자의 경험으로 통합시켰다.

임상에 임하기 전에 염두에 두어야 할 사항은

첫째, 치료자 자신이 먼저 치유 경험이 있어야 한다. 치료란 대상자와 치료자가 함께 가는 것이기 때문에 치료자의 정서가 안정되지 못하면 불안이 그대로 전달되어 치료를 왜곡시킬 수 있기 때문이다.

둘째, 선택하고자 하는 매체와 기법을 치료자가 먼저 경험해 보고 그 과정에 대한 느낌이 있어야 한다. 경험해 보지 않은 것은 그만큼 청소년에 대한 이해와 그림에서 나타난 표현들에 대한 통찰을 어렵게 만들기 때문이다.

셋째, 치료에서 그 방법을 선택한 이유가 무엇인지, 적절한지, 충분히 평가해 보아야 한다. 간혹 치료자들은 대상자인 청소년 중심이 아닌 미술치료사 자신의 욕구가 우선되어 그 기대에 따라 선택하는 경우가 많기 때문이다.

넷째, 치료 후에는 치료자 자신의 투사가 없었는지 스스로 평가해 봄으로서 치료과정을 보다 풍부하고 깊게 하며 다음 단계의 적절한 개입을 가능하게 할 수 있을 것이다.

마지막으로, 임상감독의 중요성이다. 감독을 받으므로서 치료의 오류를 예방할 수 있으며 보다 전문적인 미술치료사로서 성장을 가능하게 하기 때문이다.

1. 재료 준비하기

아래에 소개된 재료들은 치료과정을 더욱 풍부하게 할 수 있는 재료들을 소개한 것일 뿐, 이 모든 재료가 준비되어야 치료를 할 수 있는 것은 아니며 필요에 따라 선택되어질 수 있을 것이다.

재료선정에 가장 좋은 방법은

첫째, 치료자 자신이 경험해 본 재료여야 그 느낌을 교류할 수 있을 것이다.

둘째, 청소년의 특성상 익숙한 기본 재료가 항상 준비되어 있어야 안정감을 느낄 수 있으며 발달 단계별 관심의 특성을 고려하여 준비되어야 한다.

셋째, 다루기 쉽고 아름다운 색상, 질좋은 재료는 청소년의 창작 욕구와 자존감을 강화 시켜주므로 충분히 고려되어야 할 것이다.

넷째, 청소년의 어려움이 일반화 되어서는 안 되며, 개별성이 존중된 재료 선택이어야 한다.

	미술치료에서 사용될 수 있는 재료들	
미술재료	도화지	4절지, 8절지, 전지
	드로잉 재료	연필(8B-9H), 색연필, 마카펜(가는것, 굵은 것), 파스텔, 오일파스텔, 콩테, 목탄, 분필, 붓펜
	물감	수채화물감, 포스터물감, 아크릴물감, 유화물감, 동양화물감, 먹물
	붓	수채화붓, 아크릴붓, 롤러붓
	조소재료	점토, 지점토, 도자기흙, 유점토, 톱밥점토, 칼라믹스, 석고, 석고붕대, 조소주걱, 조각칼, 밀대
	팔레트	깡통, 알미늄접시, 프라스틱접시
일반재료	종이	신문지, 포장지, 벽지, 화장지, 기름종이, 호일, 골판지, 색한지, 한지, 주름종이, 사포, 장판지, 종이상자, 셀로판지,그외에 재활용품
	접착제	스카치테이프, 색지테이프, 양면테이프, 본드, 목공용본드, 물풀, 딱풀, 밀가루풀
	공구	가위, 핑킹가위, 펀치, 칼, 드라이버, 자, 작은 톱
	섬유	실, 솜, 천, 노끈, 망사 등
	목재	나무토막, 톱밥, 나무껍질, 나무뿌리, 성냥개비, 폐품, 나무상자, 콜크마개
	철재	색철사, 다양한 굵기의 철사, 철판, 머리핀, 클립, 호지키스핀, 깡통, 병뚜껑
	가사용품	바늘, 스팡클, 낚시줄, 빨래집게, 거울 등
	음식재료	밀가루, 전분, 소금, 식용색소, 식용유, 마카로니
	기타	천, 비누, 양초, 액체세제류, 벽돌, 기와, 타일, 스펀지, 스티로폼, 스포이드, 각종 빈 상자, 칫솔, 옷걸이, 장신구, 악세사리 등 잡동사니 모두
자연물	곡식류, 씨앗, 조개껍질, 나뭇잎, 꽃잎, 솔방울, 도토리, 야채, 과일, 모래, 돌, 흙 등 모든 자연물 가능	

2. 재료에 익숙해지기

이 내용은 재료를 이해하고 이완작업을 위한 워밍업 과정이자 치료방법이 되기도 한다. 치료 상황에서는 대상과 상황의 분위기에 따라서 워밍업이 필요할 수도 있고 아닐 수도 있다. 때로는 워밍업 단계로 작업을 시작했으나 그 자체가 진지하고 어떠한 느낌을 갖게 하고 중요한 이야기가 지속된다면 그 자체가 본 작업이 될 수도 있다. 여기에 소개된 내용은 받아들이기에 따라서 재료의 경험으로도, 워밍업으로도, 치료 자체로도 사용할 수 있도록 다루어져 있다.

드로잉 재료 (기법 1 ~6)

드로잉 재료에 익숙해지기 위한 기법
기법 1 : 연필 난화 (1)
기법 2 : 연필 난화 (2)
기법 3 : 크레파스 난화
기법 4 : 마커펜 난화
기법 5 : 파스텔 난화
기법 6 : 위의 재료를 모두 사용한 난화

기법 1 : 연필 난화 (1)

※**재료** : 다양한 연필, 도화지, 음악

※**방법** : 1. 모든 재료를 종류별로 사용하기 편하게 정리해 둔다.

2. 음악을 들으면서 손가는대로 세모, 네모, 동그라미, 점, 직선, 곡선, 나선형의 다양한 선을 순서대로 또는 겹치도록 그린다.

3. 다른 화지에 여러종류의 연필을 동시에 사용하여 같은

방법으로 경험한다.
4. 선과 선 사이에 음영을 사용하여 강약의 터치를 조절한다.
5. 표현된 형태에서 숨은 그림 찾기를 한다.
6. 서로 느낌 나누기를 한다.

기법 2 : 연필 난화 (2)

◈ **재료** : 다양한 연필, 목탄, 지우개, 도화지, 음악

◈ **방법** : 1. 모든 재료를 종류별로 사용하기 편하게 정리해 둔다.
2. 음악을 들으면서 손가는대로 눈감고 또는 눈뜨고 낙서 한다.
3. 도화지 전체가 빈틈없이 채워질 때까지 낙서를 한다.
4. 검게 채워진 도화지 위의 공간에서 느껴지는 또는 떠오르는 연상을 지우개로 지워 형태화한다.
5. 느낌을 나눈다.

기법 3 : 크레파스 난화

◈ **재료** : 크레파스, 오일 크레파스, 크레용, 도화지, 음악, 콜라주 재료

◈ **방법** : 1. 크레파스의 종류별로 사용하되 마음 가는대로 손가는대로 낙서를 한다. 낙서는 끝날 때까지 손을 떼지 않고 의도성을 배제한 마구 그리는 선을 그린다(집단인 경우 두 사람이 짝을 이루고 짝이 그리는 선을 따라가며 난화를 하게 되면 놀이적인 요소가 가능하고 그림작업에 두려움이 많은 대상자와 방어가 심한 대상자의 경우 두려움을 감소시켜 주므로 매우 도움이 된다).
2. 충분히 난화를 한 후 화지를 돌려보면서 연상되는 것을 찾는다.
3. 연상된 내용을 색채와 콜라주 재료를 사용하여 구체화

한다.

4. 크레파스 종류에 대한 느낌과 난화과정, 연상된 내용, 느낌에 대해 나눈다.

기법 4 : 마카펜 난화

※ **재료** : 다양한 색의 마커펜, 도화지, 음악

※ **방법** : 1. 다양한 색을 사용하여 기법 1의 방법으로 난화의 흐름을 경험한다.

2. 새로운 도화지에 좋아하는 색채만을 사용하여 난화를 그려본다.
3. 세 번째 도화지에는 평소에 잘 사용하지 않았던 색과 싫어하는 색을 사용하여 역시 같은 방법으로 경험한다.
4. 각각 경험에서의 느낌과 연상을 모아 하나의 종이에 다시 표현해 본다.
5. 각 과정의 느낌을 나누고 일상의 자신과 관련되는 경험이 있다면 포함하여 느낌을 나눈다.

기법 5 : 파스텔 난화

※ **재료** : 파스텔, 도화지, 휴지, 물, 붓, 음악

※ **방법** : 1. 위의 모든 방법을 적용해 볼 수 있다.

2. 물을 바른 도화지 위에 파스텔을 사용하여 난화를 하면 특별한 경험을 할 수 있다. 이때 검정색의 도화지를 사용하게 되면 환상적인 색채의 변화를 느껴볼 수 있다.
3. 마른 화지와 젖은 화지를 사용했을 때 어떠한 다른 느낌이 있었는지, 무엇을 연상케 했는지 전 과정의 느낌을 나눈다.

기법 6 : 위의 모든 재료를 사용한 난화

※**재료** : 모든 드로잉 재료, 도화지, 음악

※**방법** : 1. 모든 재료를 편안하게 느껴지는 것과 불편한 느낌을 주는 재료를 분류해둔다.

2. 모든 재료 가운데 편안한 재료와 색채를 사용하여 원, 세모, 네모, 직선, 곡선, 나선형, 강하게, 약하게, 부드럽게, 날카롭게 등의 표현을 해본다.
3. 새로운 도화지에 불편한 재료와 색채를 사용하여 위와 같은 방법을 경험한다.
4. 세 번째 도화지에 원하는 재료와 방법, 색채를 사용하여 난화한다.
5. 각각의 방법에서 경험한 느낌들이 어떻게 유사하고 다른지, 자신과의 관련성을 어떻게 연결할 수 있는지 나눈다.

물감재료 (기법 7~15)

물감재료에 익숙해지기 위한 기법
기법 7 : 신체를 사용한 물감놀이 (1)
기법 8 : 신체를 사용한 물감놀이 (2)
기법 9 : 일반재료를 사용한 물감놀이
기법 10 : 데칼코마니
기법 11 : 물감 번지기
기법 12 : 물감 떨어뜨리기
기법 13 : 물감 뿌리기
기법 14 : 마블링
기법 15 : 먹물난화

기법 7 : 신체를 사용한 물감 놀이 (1)

※**재료** : 물감, 풀, 액체비누, 전지, 음악, 비닐매트

※**방법** : 1. 전지를 여러 장 붙여 둔다.
2. 집단(가족)이 함께 풀이나 액체비누를 섞은 물감을 준비한다.
3. 전지 위에 집단(가족) 모두가 물감을 묻힌 손발을 찍으며 놀이를 한다.
4. 전지에 찍혀진 형태에서 연상된 내용을 이야기 꾸미기 한다.

기법 8 : 신체를 사용한 물감놀이 (2)

※**재료** : 종이컵, 물감, 설탕, 물, 스트로우, 음악, 비닐매트, 두꺼운 전지

※**방법** : 1. 종이컵에 각자가 원하는 색의 물감과 물, 액체비누, 설탕을 잘 혼합해 둔다.
2. 큰 화지 위에 스트로우로 물감을 불어낸다.
3. 서로 색을 바꿔가며 색이 겹쳐지는 것을 관찰한다.
4. 충분히 비누방울 놀이를 즐긴 후 부모자녀(집단)가 함께 화지 위에 올라가 손을 마주잡고 음악에 따라 춤을 춘다.
5. 충분히 즐긴 후 서로 느낌을 이야기한다.

기법 9 : 일반재료를 사용한 물감놀이

※**재료** : 물감, 찍을 수 있는 모든 것들, 도화지

※**방법** : 1. 다양한 붓, 병뚜껑, 종이, 공, 스폰지, 나뭇잎 등에 물감을 묻혀 도화지에 두드리거나 찍는다.
2. 활동과정과 드러난 형태에 대해 느낌을 나눈다.

기법 10 : 데칼코마니

※**재료** : 물감, 물, 풀, 도화지

※**방법** : 1. 도화지를 반으로 접는다.
2. 도화지 한 면에 물감을 짜고 군데군데 물을 뿌려 접어서 문지른 후 편다.
3. 위의 2와 같은 방법으로 하되 물 대신 풀을 사용한다.
4. 각 형태가 어떻게 보이는지 서로 이야기한다.
5. 각자가 한 것들을 모아서 하나의 이야기로 만들 수도 있다.

기법 11 : 물감 번지기

※**재료** : 물감, 붓, 물, 도화지, 음악

※**방법** : 1. 도화지에 물을 충분히 바른다.
2. 그 위에 원하는 색의 물감을 떨어뜨린다.
3. 음악에 맞춰 움직이고 물감의 움직임을 관찰한다.
4. 한 종이를 집단(가족)이 짝을 이루어 함께 잡고 동작을 할 수도 있고 각자 할 수도 있다.
5. 놀이 후 관찰한 물감의 움직임과 느낌을 나눈다.

기법 12 : 물감 떨어뜨리기

※**재료** : 물감, 스포이드, 도화지

※**방법** : 1. 도화지에 물을 바르고 스포이드로 물감을 떨어뜨린다.
2. 물감의 움직임을 관찰한다.
3. 높이와 속도를 조절하여 형태의 달라짐을 관찰한다.
4. 도화지를 비스듬하게 세워서도 떨어뜨려 본다.
5. 물감의 다양한 형태에 대해서 느낌을 나눈다.

기법 13 : 물감 뿌리기

※ **재료** : 물감, 큰 붓, 큰 화지

※ **방법** : 1. 큰 화지를 바닥에 놓고 큰 붓에 물감을 묻혀 뿌리기 한다.
2. 원하는 여러 가지 색을 사용하여 뿌리기 한다.
3. 가족이 동시에 해 보기도 한다.
4. 활동에서 경험한 느낌과 형태에 대해 서로 이야기한다.

기법 14 : 마블링

※ **재료** : 마블링물감, 물, 큰 플라스틱 그릇, 도화지

※ **방법** : 1. 그릇의 물 위에 마블링물감을 한 방울씩 떨어뜨린다.
2. 나무 젓가락으로 물결을 움직여 물감의 형태를 관찰한다.
3. 종이를 물결 위에 덮어 흡착시킨다.
4. 나타난 형태에 대해 느낌을 이야기한다.

기법 15 : 먹물난화

※ **재료** : 먹물, 붓, 다양한 크기의 화지, 콜라주 재료, 크레파스, 음악

※ **방법** : 1. 음악에 따라 허공에 손가락으로 낙서를 한다.
2. 허공에 낙서하듯 먹물을 묻힌 붓으로 화지에 낙서를 한다. 이때 한번 시작한 낙서는 끝날 때까지 붓을 화지에서 떼지 않는다.
3. 오른손, 왼손, 눈을 감고 충분히 낙서를 즐긴다.
4. 낙서를 360도로 돌려보며 연상되는 형태를 찾는다.
5. 콜라주 재료와 크레파스를 사용하여 형태를 구체화 한다.

6. 경험과 느낌을 나눈다.

흙재료 (기법 16~21)

흙재료에 익숙해지기 위한 기법
기법 16 : 흙속에 숨겨진 이야기 (1)
기법 17 : 흙속에 숨겨진 이야기 (2)
기법 18 : 흙속에 숨겨진 이야기 (3)
기법 19 : 흙속에 숨겨진 이야기 (4)
기법 20 : 흙속에 숨겨진 이야기 (5)
기법 21 : 흙속에 숨겨진 이야기 (6)

기법 16 : 흙속에 숨겨진 이야기 (1)

※**재료** : 찰흙, 큰대야, 음악

※**방법** : 1. 큰 대야에 찰흙을 넣고 물을 부어 맘껏 주무른다.
2. 무른 흙을 주무르고 떨어뜨리기도 하면서 충분히 놀이를 하거나 흙으로 그림을 그려보기도 한다.
3. 대야 속에 들어가 발에 닿는 흙의 느낌을 즐기며 춤을 춘다.
4. 놀이 후 느낌을 그림으로 표현한 후 나눈다.

기법 17 : 흙속에 숨겨진 이야기 (2)

※**재료** : 찰흙, 큰대야 또는 비닐매트, 음악

※**방법** : 1. 점토를 산처럼 쌓고 동굴도 만들고, 놀이를 한다.
2. 놀이 후의 느낌을 이야기 만들고 그림으로 표현하거나 느낌을 나눈다.

기법 18 : 흙속에 숨겨진 이야기 (3)

◈**재료** : 큰 찰흙덩이, 지점토, 비닐매트

◈**방법** : 1. 음악과 함께 흙을 두드리고 뜯고, 뭉치고, 냄새도 맡아 본다.
2. 흙덩이를 교대로 만지고 다듬고 형태화하며 다양한 방법으로 충분히 흙의 느낌을 가져본다.
3. 흙을 만져본 느낌과 구체화된 형상에 의미를 부여하며 이야기한다. 집단응집과 소근육 운동, 긴장감 해소에 도움이 된다.

기법 19 : 흙속에 숨겨진 이야기 (4)

◈**재료** : 찰흙, 지점토, 모양틀, 밀대, 매트

◈**방법** : 1. 흙을 만지고 놀다가 밀대로 밀어둔다.
2. 그 위에 모양 틀과 다양한 것들로 찍어본다.
3. 흙 위에 낙서를 해보고 종이나 모래 위의 낙서를 비교해 보는 것도 변별력에 도움이 된다.

기법 20 : 흙속에 숨겨진 이야기 (5)

◈**재료** : 찰흙, 지점토, 모양틀

◈**방법** : 1. 흙으로 주변의 생활도구와 관련된 것을 만들어본다.
2. 그것이 하는 역할에 대해 이야기한다.

기법 21 : 흙속에 숨겨진 이야기 (6)

◈**재료** : 찰흙, 지점토

◈**방법** : 1. 눈을 감고 손가는데로 흙을 만지고 논다.
2. 충분히 경험한 후 눈을 뜬다.
3. 보여진 형태를 마음에 들도록 수정하고 구체화 한 후 그

과정에 대한 느낌을 나눈다.

콜라주 재료 (기법 22~26)

콜라주 재료에 익숙해지기 위한 기법

기법 22 : 오브제와의 만남 (1)

※ **재료** : 온갖 잡동사니 재료, 풀, 도화지, 접착시트, 자연재료, 망사천 등

※ **방법** : 1. 온갖 재료가 갖는 특성을 서로 이야기한다.
2. 접착시트에 집단(가족)이 함께 온갖 재료를 붙여본다.
3. 콜라주한 내용의 느낌을 나눈다.

기법 23 : 오브제와의 만남 (2)

※ **재료** : 명화, 잡지, 도화지, 풀

※ **방법** : 1. 뭉크나 피카소 등의 그림을 선택하여 감상한다.
2. 그림속의 내용을 자신이 원하는 형태로 바꾸어 덧붙임 작업을 한다.
3. 느낌을 나눈다.

기법 24 : 오브제와의 만남 (3)

※**재료** : 망사천, 긴종이, 바늘, 실, 풀

※**방법** : 1. 집단원이 함께 2m정도 되는 망사천이나 긴종이 위에 온갖 잡동사니를 붙이거나 바느질 한다.
2. 충분히 경험한 다음 각자가 작업한 것을 둘러보면서 부족하다고 느끼는 것을 채워 마무리 한다.
3. 느낌을 나눈다.

기법 25 : 그을림의 환상 (1)

※**재료** : 양초, 성냥, 종이

※**방법** : 1. 종이를 촛불 위에 그을려 본다.
2. 그을린 형태가 주는 느낌을 서로 나눈다(방향에 따라 그을림의 농도가 다르므로 움직임의 속도와 각도에 대한 감각을 배울 수 있다).

기법 26 : 그을림의 환상 (2)

※**재료** : 얇은 기름종이, 향, 성냥,

※**방법** : 1. 불을 붙인 향으로 얇은 종이에 마음가는대로 낙서하듯 구멍을 뚫는다.
2. 어느 시점에서 드러난 형태를 돌려보며 연상되는 것을 찾고 다시 향작업에 의해 연상된 내용을 구체화 한다.
3. 과정과 결과에 대한 느낌을 나눈다.

신체감각 (기법 27~33)

신체감각 사용에 익숙해지기 위한 기법

기법 27 : 신체감각과 움직임의 만남 (1)
기법 28 : 신체감각과 움직임의 만남 (2)
기법 29 : 신체감각과 움직임의 만남 (3)
기법 30 : 신체감각과 움직임의 만남 (4)
기법 31 : 신체감각과 움직임의 만남 (5)
기법 32 : 신체감각과 움직임의 만남 (6)
기법 33 : 신체감각과 움직임의 만남 (7)

기법 27 : 신체감각과 움직임의 만남 (1)

※**재료** : 음악, 넓은 장소

※**방법** :
1. 자신이 어떠한 사람인지 특징적인 움직임으로 소개한다.
2. 자신을 소개하는 특징적인 움직임에 소리를 넣어 표현한다.
3. 소개에 대한 느낌을 그림 그리고 나눈다.

기법 28 : 신체감각과 움직임의 만남 (2)

※**방법** :
1. 앞사람을 보고 둥글게 앉아 앞사람의 어깨와 등을 안마한다.
2. 반대로 몸을 돌려 앞사람의 어깨와 등에 안마를 반복한다.
3. 짝을 이뤄 상대의 등을 쓰다듬기를 교대로 한다.
4. 느낌을 그림 그리고 나눈다.

기법 29 : 신체감각과 움직임의 만남 (3)

※방법 : 1. 원하는 방향으로 걸어본다.
2. 원하는 방향으로 빨리 걸어본다.
3. 함께 하고픈 사람을 찾아서 걸어본다.
4. 상대의 동작을 따라가 본다.
5. 서로 교대로 모방 동작을 해본다.
6. 느낌을 빠른 속도로 그림 그리고 나눈다.

기법 30 : 신체감각과 움직임의 만남 (4)

※방법 : 1. 둥글게 서서 팔을 끼고 떨어지지 않게 한다.
2. 한 사람이 원 가운데 서서 눈을 감은 채 원 밖의 사람들에게 자신의 신체를 맡긴채 구른다.
3. 주인공이 멈추는 곳에 있던 사람이 다시 동작을 받아 반복하며, 모두가 경험할 때까지 연결된다.
4. 느낌을 그림 그리고 나눈다.

기법 31 : 신체감각과 움직임의 만남 (5)

※방법 : 1. 짝을 정하여 등을 마주대고 상대의 움직임을 따라가 본다.
2. 충분히 등과 대화를 한다.
3. 느낌을 그림 그리고 나눈다.

기법 32 : 신체감각과 움직임의 만남 (6)

※방법 : 1. 둘씩 짝을 이뤄 교대로 고리를 연결한다.
2. 상대는 고리에서 빠져나가 다시 상대에게 고리를 만드는 과정을 반복한다.
3. 충분히 경험한 후 4명, 6명, 전체로 확대하여 고리를 연

결한다.

4. 느낌을 그림 그리고 나눈다.

기법 33 : 신체감각과 움직임의 만남 (7)

※ **방법** : 1. 원하는 위치에서 음악에 따라 느낌을 몸으로 표현한다. 이때 음악은 빠르고, 느리고, 부드럽고 강한 음악을 바꾸어 분위기 따라 적용한다.
2. 동작은 개별에서 시작하여 둘, 셋 전체로 확장되어 만나도록 안내한다.
3. 리더의 지시에 의해 몸이 만나면서 (무릎, 엉덩이, 어깨, 등, 배꼽, 팔꿈치, 이마, 귀, 코 등의 신 체부위) 춤을 춘다.
4. 전체에서 개별로 축소된 동작 경험으로 안내한다.
5. 느낌을 그림 그리고 나눈다.

3. 주제 사용하기

현실인지 (기법 34~46)

현실인지를 돕기 위한 기법
기법 34 : 만다라 색칠하기 (1)
기법 35 : 만다라 색칠하기 (2)
기법 36 : 식탁 차리기 (1)
기법 37 : 상상의 식탁 차리기
기법 38 : 우리 동네 지도 만들기
기법 39 : 시가지 만들기 (1)
기법 40 : 시가지 만들기 (2)

기법 34 : 만다라 색칠하기 (1)

※ **주된대상** : 정신지체, 자폐장애, 주의력 결핍장애를 가진 청소년

※ **초점** : 현실인지

※ **목적** : 1. 전체와 부분의 시각적 인식을 돕는다.
2. 상호관계를 인식하고 통찰을 가능하게 한다.
3. 긍정적인 자아상을 형성할 수 있도록 지지한다.

※ **재료** : 다양한 만다라 문양, 크레파스, 물감, 파스텔, 마커펜

※ **방법** : 1. 다양한 문양 가운데 마음에 드는 문양을 선택한다.
2. 원하는 색채도구로 밖에서부터 중심을 향해 또는 중심에서 밖을 향해 색을 칠한다.
3. 작업과정의 경험과 시각적 느낌을 공유한다.

※ **이슈** : 형태인식
반복학습
결과인식
관계성
자아인식

기법 35 : 만다라 색칠하기(2)

※ **주된대상** : 정신지체, 자폐장애, 주의력 결핍장애, 정서장애를 가진 청소년과 가족 또는 집단

※ **초점 :** 현실인지

※ **목적 :** 1. 지지적환경과 응집력을 강화한다.
2. 집단(가족)의 심리적 통합인식을 돕는다.

※ **재료 :** 만다라 문양(직경 200cm정도 크기), 크레파스, 물감, 파스텔, 마커펜, 색모래, 본드

※ **방법 :** 1. 집단의 수에 따라서 원의 호 또는 사방을 균형 있게 나눈다.
2. 각자가 선택한 만다라 문양의 공간을 색모래 또는 색채도구를 사용하여 색칠한다.
3. 각자의 창조적 결과를 언어화하여 공유한다.

※ **이슈 :** 집단인식
집단 내 동일시
지지적 집단환경
긍정적 집단관계
문제해결

기법 36 : 식탁 차리기 (1)

※ **주된대상 :** 정신지체, 자폐장애, 정서장애, 애착장애 등의 장애를 보이는 청소년과 가족 또는 집단

※ **초점 :** 현실인지

※ **목적 :** 1. 양육경험
2. 욕구만족

※ **재료 :** 한지, 음식 사진 또는 잡지, 도화지, 풀, 가위, 크레파스

※ **방법 :** 1. 음식이 하는 역할에 대해 토의한다.
2. 좋아하는 음식에 대해 이야기 한다.
3. 음식과 관련된 경험과 기억을 떠올리고 나눈다.
4. 도화지에 식탁을 그리고 음식을 차려본다.

5. 느낌을 이야기한다.

※ **이슈 :** 만족감
욕구의 해소
돌봄의 경험

기법 37 : 상상의 식탁 차리기

※ **주된대상 :** 정신지체, 자폐장애 청소년

※ **초점 :** 현실인지

※ **목적 :** 1. 사회적응을 돕는다.
2. 현실과 환상의 단계를 이해한다.
3. 대상인식을 가능하게 한다.

※ **재료 :** 음식사진, 잡지, 크레파스, 도화지, 풀, 가위

※ **방법 :** 상상의 음식을 기법 36과 같은 방법으로 꾸며본다.

※ **이슈 :** 초기 환상
대상관계
내적, 외적 관계

기법 38 : 우리 동네 지도 만들기

※ **주된대상 :** 자폐장애, 정신지체, 정신장애 등 기능이 낮은 청소년과 가족 또는 집단

※ **초점 :** 현실인지

※ **목적 :** 1. 주변 환경에 대한 인식을 돕는다.
2. 지역 사회를 이해한다.
3. 환상 세계와 현실 세계를 연결한다.

※ **재료 :** 지역사회 환경사진 또는 잡지, 전지, 크레파스, 풀, 가위

※ **방법 :** 1. 우리 동네에는 무엇이 있는지 이야기해 본다.
2. 잡지 속에서 우리 동네에 있는 기관과 환경적 요소들을

찾는다.

3. 전지 위에 환경 사진을 붙이고 길과 차와 이웃, 기관 등을 그려 넣는다.
4. 각 내용과 관련된 상황과 역할에 대해 이야기한다.

※ **이슈** : 지역사회 환경의 역할
방향 감각
사회 기술

기법 39 : 시가지 만들기 (1)

※ **주된대상** : 자폐장애, 정신지체 청소년과 집단 또는 가족

※ **초점** : 현실인지

※ **목적** : 1. 지역사회를 이해한다.
2. 사회기술 훈련을 돕는다.

※ **재료** : 다양한 모형 차, 신호등, 표지판, 공사 중 표지판, 두꺼운 전지, 색채 도구들

※ **방법** : 1. 다양한 교통수단에 대해 이야기 한다.
2. 차이에 대한 실제 경험과 느낌을 나눈다.
3. 전지에 시가지를 그린다.
4. 시가지 위에 교통표지판과 자동차를 그리거나 사진을 붙인다.
5. 모형차를 가지고 시가지 위를 돌아다니며 놀이를 한다.
6. 느낌을 나눈다.

※ **이슈** : 시가지와 교통체계의 이해
놀이성

기법 40 : 시가지 만들기 (2)

※ **주된대상** : 정신지체, 자폐장애, 정신장애 청소년과 가족, 집단

※**초점** : 현실인지

※**목적** : 1. 현실과 환상의 단계를 이해한다.
2. 사회 적응을 돕는다.

※**재료** : 전지, 크레파스, 마커펜

※**방법** : 1. 생각하는 상상의 교통수단과 체계에 대해 이야기 한다.
2. 각각의 교통수단은 어떠한 기능을 가졌는지에 대해 이야기 한다.
3. 전지에 상상한 교통체계를 그린다.
4. 느낌을 나눈다.

※**이슈** : 지역사회 이해
교통 체계와 교통질서 이해
감정 인식

기법 41 : 4계절

※**주된대상** : 자폐장애, 정서장애, 우울문제를 가진 청소년과 가족 또는 집단

※**초점** : 현실인지

※**목적** : 1. 정서와 감정을 탐구한다.
2. 현실 감각을 높인다.

※**재료** : 계절과 관련된 콜라주 재료, 도화지, 물감, 크레파스, 풀, 가위

※**방법** : 1. 좋아하는 계절과 관련된 색과 경험에 대해 이야기 한다.
2. 계절과 관련한 색채를 선택하여 적절한 내용을 그리거나 콜라주 한다.
3. 계절이 되어 하고 싶은 말과 느낌을 이야기 한다.

※**이슈** : 긍정적인 자기감
자신의 감정이해

사회현상 이해
환상과 현실의 통찰

기법 42 : 쇼핑하기 (1)

◈ **주된대상** : 자폐장애, 정신지체, 정서장애, 반응성 애착장애를 보이는 청소년과 가족 또는 집단

◈ **초점** : 현실 인지

◈ **목적** : 1. 사고력을 증진시킨다.
2. 사회화를 돕는다.
3. 현실과 환상세계에 대한 통찰을 안내한다.

◈ **재료** : 다양한 가게 그림이 있는 잡지, 사진, 크레파스, 도화지, 풀, 가위, 다양한 콜라주 재료

◈ **방법** : 1. 가게의 다양한 유형에 대해 이야기 한다.
2. 그 가게에는 무엇이 있고 나에게 어떠한 역할을 하는지 이야기 한다.
3. 원하는 가게를 선택하여 그곳에 있어야 하는 물건들을 그리거나 콜라주한다.
4. 어떠한 느낌이 있었는지 이 작업을 통해 알게 된 것이 무엇인지 이야기 한다.

◈ **이슈** : 생활상의 이슈
회상
동일시
애착

기법 43 : 쇼핑하기 (2)

◈ **주된대상** : 정신지체, 자폐장애, 주의력결핍장애, 정신장애를 가진 청소년과 가족 또는 집단

◈**초점** : 현실인지

◈**목적** : 1. 환상과 현실세계의 분리를 돕는다.
2. 사회기술 능력을 높인다.

◈**재료** : 다양한 콜라주 재료, 크레파스, 물감, 도화지, 풀, 가위

◈**방법** : 1. 기법 42의 1, 2와 같은 방법으로 안내한다.
2. 눈을 감고 나만이 창조해낼 수 있는 상상의 가게를 떠올려 본다.
3. 원하는 가게를 선택하고 그곳에 있기를 바라는 상상의 물건을 그림과 콜라주 방법으로 표현한다.
4. 느낌을 이야기 한다.

◈**이슈** : 현실과 환상
현실 인식
무의식의 욕구
사회 적응

기법 44 : 창문속의 풍경 (1)

◈**주된대상** : 정서장애, 불안장애, 학대, 자폐장애를 보이는 청소년과 가족 또는 집단

◈**초점** : 현실 인지

◈**목적** : 1. 내적, 외적 세계와의 관계 인식을 돕는다.
2. 현실과의 교류를 안내한다.
3. 감정의 창의적 표현을 가능하게 한다.

◈**재료** : 다양한 창문그림, 이야기 거리가 되는 사진들, 다양한 콜라주 재료, 크레파스, 풀, 가위, 도화지

◈**방법** : 1. 창문과 관련하여 떠오르는 것을 이야기 한다. (크기, 색, 물체, 건물의 문, 집의 문 등)
2. 창문 안에 있는 구체적인 상징물을 선택한다. (예: 상점,

집, 활동)
3. 선택한 창문 안에 무엇이 보이는지 그린다.
4. 창문안의 물체나 사람의 입장이 되어 이야기 한다.
5. 느낌을 나눈다.

◈ **이슈** : 동일시
투사
감정
관심의 초점

기법 45 : 창문속의 풍경 (2)

◈ **주된대상** : 정서장애, 불안장애, 학대, 자폐장애를 보이는 청소년과 가족 또는 집단

◈ **초점** : 현실 인지

◈ **목적** : 1. 내적, 외적세계와의 관계를 인식한다.
2. 자연스러운 감정 표현을 돕는다.

◈ **재료** : 다양한 창문 그림, 좋아하는 것과 싫어하는 것 또는 장소와 관련된 그림, 콜라주 재료, 크레파스, 풀, 가위, 도화지

◈ **방법** : 1. 창문과 관련하여 떠오르는 것을 이야기하고 원하는 창문을 선택한다. (크기, 색, 건물의 창문, 집의 창문 등)
2. 좋아하는 곳과 싫어하는 곳에 대해 이야기 한다. (예: 장소, 물체, 사람 등)
3. 선택한 창문 안에 좋아하는 장소와 싫어하는 장소에 대해 그리거나 콜라주한다.
4. 창문 안의 장소에서 일어나는 상황의 주인공이 되어 이야기 한다.
5. 느낌을 나눈다.

◈ **이슈** : 동일시

투사
감정
페르조나

기법 46 : 상상의 정원 (1)

※ **주된대상** : 정서장애, 주의력결핍장애, 정신지체, 자폐장애 청소년과 가족 또는 집단

※ **초점** : 현실인지

※ **목적** : 1. 창의력을 개발한다.
2. 내적 심상을 표출한다.
3. 내적 통찰을 안내한다.

※ **재료** : 빈 상자, 자연물과 관련된 그림, 풀, 가위, 나뭇잎, 야생식물, 깃털, 풀, 돌, 흙, 모래 등

※ **방법** : 1. 정원에는 어떠한 것들이 있는지 이야기 한다.
2. 자신이 생각하는 상상의 정원에 대해 생각한다.
3. 빈 상자에 그림과 자연물을 이양하여 자신이 생각하는 정원을 꾸민다.
4. 완성된 정원이 자신에게 어떠한 의미가 있는지 이야기 한다.

※ **이슈** : 내적 통찰
삶의 목표
감정

자기인식(기법 47~62)

자기인식을 돕기 위한 기법

기법 47 : 상상의 정원 (2)
기법 48 : 나의 이름 (1)
기법 49 : 나의 이름 (2)
기법 50 : 나의 이름 (3)
기법 51 : 삶의 선
기법 52 : 나의 감정(1)
기법 53 : 나의 감정(2)
기법 54 : 나의 감정(3)
기법 55 : 나의 감정(4)
기법 56 : 가면 (1)
기법 57 : 가면 (2)
기법 58 : 씨앗 키우기 (1)
기법 59 : 씨앗 키우기 (2)
기법 60 : 깃발
기법 61 : 방패
기법 62 : 다리 그림

기법 47 : 상상의 정원 (2)

◈**주된대상** : 청소년 개인 및 집단

◈**초점** : 자기 인식

◈**목적** : 1. 자기 표출의 기회가 된다.
2. 자신의 감정을 탐구한다.
3. 자신의 강점과 약점을 인정할 수 있게 된다.
4. 개인 목표를 설정한다.

◈**재료** : 다양한 콜라주 재료, 크레파스, 파스텔, 마커펜, 물감, 빈 상장

◈**방법** : 1. 정원의 정의를 내린다.(예: 화초를 키우기 위해 필요한 땅, 물, 햇볕이 필요하다. 정원에 있는 원예는 도전, 놀라움, 희망, 좌절, 보상을 제공한다) 등으로 구체적인 정의를 내린다.
2. 튼튼한 식물, 잡초가 무수히 많은 씨앗을 뿌린 등 정원의 세 범주에 대해 이야기 한다.
3. 세 범주에 근거한 자신의 정원을 설계한다.
4. 완성된 정원을 공유하고 느낌을 나눈다.

◈**이슈** : 장점과 개인적 특성
생활상의 문제
개인 목표

기법 48 : 나의 이름 (1)

◈**주된대상** : 청소년 개인 및 집단

◈**초점** : 자기 인식

◈**목적** : 1. 자기를 소개한다.
2. 자기감을 인식한다.
3. 자기 존재에 대한 존중감을 갖게 한다.

◈**재료** : 다양한 미술 도구, 잡지, 풀, 가위, 붓, 도화지

◈**방법** : 1. 자신의 이름과 과거에 불리워졌던 애칭, 원하는 이름에 대한 기억을 떠올려 보고 그때의 상황과 환경을 회상한다.
2. 도화지에 방법1에서 떠올렸던 자신의 이름과 관련된 자신을 나타낼 수 있는 모든 것을 그림으로 표현하거나 콜라주 한다.

3. 그림에 나타난 상징이나 표현한 의미에 대한 느낌을 이야기 한다.
4. 현재 자신과의 관련성과 차이점, 희망에 대해 나눈다.

※ **이슈 :** 자기 존재감
개별화
정체성
만남

기법 49 : 나의 이름 (2)

※ **주된대상 :** 청소년 개인 및 집단

※ **초점 :** 자기 인식

※ **목적 :** 1. 자기를 소개한다.
2. 자기감을 인식한다.
3. 자기 존재에 대한 존중감을 갖게 한다.

※ **재료 :** 다양한 미술 도구, 잡지, 풀, 가위, 붓, 도화지

※ **방법 :** 1. 자신의 이름과 과거에 불리웠던 애칭, 원하는 이름에 대한 기억을 떠올려 보고 그때의 상황과 환경을 회상한다.
2. 가장 기억에 남는 이름을 도화지의 원하는 공간에 기록한다.
3. 기록한 이름과 관련된 기억과 떠오르는 연상을 그림 그리고 콜라주 한다.
4. 표현한 상징과 의미에 대해 나눈다.
5. 이름 그림이 가장 잘 보이는 장소 또는 원하는 공간에 전시한다.

※ **이슈 :** 정체성
자존감
개별성

자신감

기법 50 : 나의 이름 (3)

※**주된대상** : 청소년 집단

※**초점** : 자기 인식

※**목적** : 1. 집단에 대한 동기를 부여한다.
2. 집단에서 자신의 개인적 특성과 관심을 소개한다.
3. 자기 존중감을 갖게 된다.
4. 각자의 개별성을 존중하게 된다.

※**재료** : 실, 음악, 잡지, 다양한 미술도구, 풀, 가위, 붓, 도화지

※**방법** : 1. 음악과 함께 집단의 중심에 실 뭉치와 가위를 준비한다.
2. 한 사람씩 중앙에 있는 실을 원하는 만큼 잘라서 자기 자리로 온다.
이때 다른 구성원들은 중요한 의식을 치르듯 각자의 행위를 지켜본다.
3. 모두의 행위가 끝나면 각자가 가진 실의 한쪽 끝을 잡고 늘어뜨려 공간을 돌아다니며 같은 길이의 실을 가진 사람과 짝을 이룬다.
4. 20분 정도 서로에 대해 소개하며 만남의 시간을 갖는다.
5. 시간이 지나면 다시 한자리에 둘러 앉아 짝과 나누었던 경험과 함께 자기를 소개한다.(이때 자기소개를 각자가 아닌 짝이 하도록 하므로써 관계를 더욱 깊게 할 수 있다.)
6. 이때까지의 느낌과 가지고 있던 실을 사용하여 자기의 이름과 관심과 소망을 상징화하여 도화지에 옮겨 그리거나 콜라주 한다.

7. 표현한 상징과 의미에 대해 이야기를 나눈다.
8. 자신의 작품을 원하는 장소에 붙이고 이 장소에 올 때마다 언제든지 만날 수 있도록 하며, 그때마다의 느낌을 지속적으로 기록한다.

◈ **이슈 :** 동기 부여
신뢰
지지
자아 인식
집단 인식
응집력

기법 51 : 삶의 선

◈ **주된대상 :** 청소년 집단

◈ **초점 :** 자기 인식

◈ **목적 :** 1. 자기 표출의 기회와 다른 사람에 대한 이해를 돕는다.
2. 감정을 다루는 기회를 제공한다.
3. 삶의 과정에서 만나는 스트레스 상황을 동일시하고 경험한다.
4. 자신의 장점을 발견하고 잠재력을 인식한다.

◈ **재료 :** 색연필, 크레파스, 오일, 파스텔, 마커펜, 도화지

◈ **방법 :** 1. 각자가 생각하는 여행의 의미에 대해 이야기 나눈다.
2. 각자가 살아온 생활의 기억을 여행길로 상징화하여 회상한다.
3. 도화지에 기억하는 삶의 시작점과 도착점을 표기하고 한곳에서 다른 곳으로의 여행과정을 구체적으로 계획된 길이나 코스를 그려 넣는다.
4. 길을 따라 연상되는 이미지와 사건을 그림 그린다.

5. 각자가 표현한 삶 선의 창조적 과정에서 경험한 느낌을 공유하면서 이야기 한다.
6. 그림의 상징을 몸으로 표현하는 경험을 안내할 수 있다면 더욱 깊은 자기 인식이 가능해 진다.

※**이슈** : 자기인식
중요한 다른 사람에 대한 인식
정체성
상처
감정
수용
회복

기법 52 : 나의 감정 (1)

※**주된대상** : 청소년 개인, 집단, 가족
※**초점** : 자기 인식
※**목적** : 1. 감정표출을 통해 카타르시스를 경험한다.
2. 신체적, 정신적 이완을 돕는다.
3. 기분변화와 정서의 흐름을 인식할 수 있게 한다.
4. 기분과 감정의 표현과 통찰력과 성찰을 증진시킨다.

※**재료** : 감정이 담긴 그림 또는 잡지, 도화지, 크레파스, 풀, 가위
※**방법** : 1. 감정 상태에 따른 마음의 변화와 행동에 대한 이야기를 나눈다.
2. 최근에 경험한 정서에 대해 나누고 공유한다.(예: 즐거운, 불쾌한, 감정의 원인, 감정의 패턴, 현재 기분 등)
3. 도화지에 감정을 상징화하여 그림 그리거나, 이야기, 시, 낙서, 글씨 등으로 표현한다.
4. 감정 그리기가 완성되면 작업과정에서 알게 된 자신이

달성해야 할 목표, 성취, 당면한 일, 친구, 싫은 사람, 장점, 단점, 좋아하는 것, 싫어하는 것 등과 관련된 감정의 변화에 대해 이야기 나눈다.

※ **이슈** : 감정
자기와 타인 인식
회상
고통
기쁨
화
미래

기법 53 : 나의 감정 (2)

※ **주된대상** : 청소년 개인

※ **초점** : 자기 인식

※ **목적** : 1. 기분 변화와 감정의 흐름을 이해한다.
2. 잠재된 자기 내면의 인식을 돕는다.
3. 감정 표현과 통찰을 가능하게 하며 성찰케 한다.

※ **재료** : 두루마리 화지(200cm 정도 길이), 먹, 붓, 오일 파스텔

※ **방법** : 1. 두루마리 화지와 재료를 앞에 펼쳐둔다.
2. 최근에 어떠한 감정들이 있었는지 눈을 감고 돌아본다.
3. 왼쪽에서 오른쪽을 향해 다양한 감정의 경험을 곡선으로 표현한다.
4. 곡선의 높낮이에 따른 감정의 변화(화, 불안, 외로움, 질투, 기쁨, 슬픔, 고통 등)를 상징적 색채를 사용하여 그림 그린다.
5. 떠오르는 인물을 그릴 수도 있다.
6. 완성 후 작업과정의 느낌과 감정에 따른 행위와 결과에

대해 나눈다.

◈ **이슈 :** 억제된 감정
수용
이완
불안
스트레스
패턴
미래

기법 54 : 나의 감정 (3)

◈ **주된대상 :** 청소년 개인, 집단

◈ **초점 :** 자기 인식

◈ **목적 :** 1. 자신의 감정을 소중히 한다.
2. 감정을 긍정적으로 다룬다.

◈ **재료 :** 크레파스, 색연필, 도화지

◈ **방법 :** 1. 최근에 각자가 느끼는 특수한 상황의 감정을 이야기 나눈다.(예: 스트레스, 조정당한 기분, 자포자기, 분노 등)
2. 도화지에 경험한 기분을 색과 그림으로 표현한다.
3. 나는 그 기분을 어떻게 다루는지 글로 써 본다.
4. 앞으로 그러한 기분을 다시 느낄 때 어떻게 해볼 수 있겠는지 글로 써본다.
5. 작업과정에서의 느낌을 공유하고 가능한 변화를 함께 계획해 본다.

◈ **이슈 :** 자존감
담아내기
타인 인식
대안 행동

기법 55 : 나의 감정 (4)

◈ **주된대상** : 청소년 집단

◈ **초점** : 자기 인식

◈ **목적** : 1. 분노와 좌절경험을 표현할 수 있는 기회를 제공한다.
2. 집단 내에서 감정의 동일시를 경험하고 공감적 지지 경험을 안내한다.
3. 부정적 감정에 대한 긍정적 반영 경험을 통해 대인관계 학습을 제공 받는다.
4. 건강한 대처방법을 익힌다.

◈ **재료** : 크레파스, 오일 파스텔, 마커펜, 도화지

◈ **방법** : 1. 분노와 관련된 감정 상태에 대해 이야기 나눈다.
2. 사람들은 분노를 느끼는 상황과 경험이 다르다는 것을 안내하고 다양한 분노표출과 회피와 대처방법에 대하여 논의한다.
3. 분노 표현의 상징을 화산으로 개념화하고 용암, 재, 가스의 방출 등 다양한 화산을 그림 그린다.
4. 그림이 완성되면 제목을 붙이고 자신이 경험한 분노 감정과 상황을 어떻게 다루어 왔는지 기록한다.
5. 각자가 창조한 분노의 반응을 함께 이야기 나누고 작품을 소개한 본인이 자신의 상황에 대한 대처 방법을 이야기 한다.

◈ **이슈** : 분노 표출
감정 인식
타인 인식
대안 행동 선택

기법 56 : 가면 (1)

※**주된대상** : 청소년 집단

※**초점** : 자기 인식

※**목적** : 1. 자신의 다양한 면을 인정한다.
2. 자아상에 대한 통찰력을 발전시킨다.
3. 자기의 내면과 외면을 통합한다.
4. 알 수 없었던 자신의 감정을 이해하고 수용하게 된다.

※**재료** : 석고붕대, 바셀린 또는 크림, 수건, 아크릴 물감, 마커펜, 오일 파스텔, 붓, 다양한 콜라주 재료, 장신구, 본드 등

※**방법** : 1. 가면의 개념과 본질, 역할과 사회적 관점 등에 대한 의미와 무의식의 상징적 표현에 대한 각자의 생각과 소개를 한다.
2. 편한 감정을 느끼게 하는 사람과 짝을 이루고 서로 석고가면을 제작해준다. 이때 혼자 거울을 보며 스스로 석고가면을 제작할 수 있으며 가면은 두 개를 제작하도록 한다.
3. 석고가면이 마르면 다양한 재료를 사용하여 가면을 꾸미는 작업을 하되, 한 개는 자신의 외부 표현으로서 다른 사람들이 자신을 느끼는 모습으로 나타낸다.
4. 또 다른 가면에는 내면에 있는 자기로서 다른 사람이 쉽게 접근할 수 없는 이미지와 감정, 느낌, 생각들을 나타낸다.
5. 완성이 되면 자신의 가면을 마주하고 무언의 대화를 하며 글을 쓴다.
6. 글쓰기가 끝나면 각자의 창조물인 가면을 공유하고 느낌을 나눈다.
7. 가면을 직접 쓰고 그 느낌을 몸으로 표현해 본다.

※ **이슈** : 자기감정
환상
기쁨과 고통
상처
회복
페르조나
그림자
불안

기법 57 : 가면 (2)

※ **주된대상** : 초기 청소년 집단

※ **초점** : 자기 인식

※ **목적** : 1. 알 수 없었던 자신의 감정을 이해하고 수용한다.
2. 자아상의 통찰과 인식이 가능하다.
3. 타인의 다양성과 개별성을 인정하게 된다.

※ **재료** : 호일, 콜라주 재료, 아크릴 물감, 붓, 가위, 본드, 천, 실

※ **방법** : 1. 호일을 5겹 정도 겹쳐 얼굴에 올려서 세심하게 눌러 윤곽을 나타낸다.
2. 윤곽이 완성되면 얼굴 형태로 가장자리를 오려내고 눈과 입 부분을 오려 형태를 만든다.
3. 가면에 다양한 재료를 사용하여 원하는 모습으로 완성한다.
4. 가면이 완성되면 귀부분에 고무줄을 달아 착용 할 수 있도록 준비한다.
5. 경험의 느낌을 이야기 나눈 후 한 사람씩 가면을 쓰고 느낌을 연극화할 수도 있다.

※ **이슈** : 자기

감정
기쁨과 고통
불안
환상

기법 58 : 씨앗 키우기 (1)

◎ **주된대상** : 청소년 개인, 집단

◎ **초점** : 자기 인식

◎ **목적** : 1. 자기 정체성을 인식한다.
2. 자신과 외부체계와의 관계를 인식한다.
3. 성장욕구를 인지하고 구체화 한다.

◎ **재료** : 색종이, 도화지, 크레파스, 풀, 가위, 명상음악

◎ **방법** : 1. 씨앗이 갖는 의미와 원리에 대한 각자의 생각을 이야기 나눈다.
2. 원하는 색종이를 선택하고 한 개의 씨앗을 그리고 오려 둔다.
3. 자신이 선택한 한 개의 씨앗이 자기라고 상상하며 명상 시간을 갖는다.(예: 씨앗이 된 자신은 무엇이 되고 싶은지, 어떠한 곳에서 살고 싶은지, 자라는 과정 등에 대해 상상)
4. 상상한 씨앗의 결과와 주변 환경을 도화지에 옮겨 그린다.
5. 완성 후 작업과정에서 경험한 느낌과 자신과 주변 체계와의 관계, 내적 욕구에 대해 이야기를 나눈다.

◎ **이슈** : 정체성
내적 욕구
관계 인식

조화로움
성장

기법 59 : 씨앗 키우기 (2)

※ **주된대상** : 청소년 개인, 집단

※ **초점** : 자기 인식

※ **목적** : 1. 자기 정체성을 인식한다.
2. 자신과 외부체계와의 관계를 인식한다.
3. 성장욕구를 인지하고 구체화 한다.

※ **재료** : 다양한 씨앗, 식물 또는 조형물, 찰흙, 도화지, 크레파스, 물감, 붓

※ **방법** : 1. 씨앗을 집단 앞에 두고 원하는 씨앗을 선택하도록 한다.
2. 씨앗이 갖는 의미와 원리에 대한 각자의 생각을 이야기 나눈다.
3. 자신이 선택한 씨앗을 찰흙 속에 넣고 싹을 틔우고 자라는 형상을 상상하며 성장한 씨앗을 조형화 한다.
4. 조형물을 도화지 위에 올려놓고 배경 그림을 그린 후 느낌을 현재의 자기와(주변 환경, 가족관계 등) 연결하여 이야기 나눈다.

※ **이슈** : 정체성
내적 욕구
관계 인식
조화로움
다툼
성장

기법 60 : 깃발

◈ **주된대상** : 청소년 개인, 집단, 가족

◈ **초점** : 자기 인식

◈ **목적** : 1. 적극적인 자기표현의 기회를 제공한다.
2. 개별성의 존중과 자기 수용이 가능해진다.
3. 통찰력을 증진시킨다.

◈ **재료** : 천, 도화지, 아크릴 물감, 오일 파스텔, 마커펜, 잡지, 깃대용 막대기, 털실, 단추, 깃털, 금속조각, 장신구 등의 콜라주 재료, 본드

◈ **방법** : 1. 어떠한 특성을 나타내는 상징 사용과 상징적 의미를 소개한다.
2. 사람들이 자기 자신(또는 우리)을 인정할 수 있는 또는 자기(또는 우리)를 나타낼 수 있는 의사소통의 상징물은 어떠한 것들이 있는지 생각해 보고 이야기 나눈다.(예: 깃발, 훈장, 갑옷, 뱃지, 현수막 등)
3. 사람들이 자신(또는 우리)을 알아주기 바라는 개인의 상징을 떠올리고 상징의 색과 이미지를 상상해 본다.
4. 상상한 상징의 이미지를 천이나 도화지에 그려 넣고 다양한 재료를 사용하여 완성한다.
5. 각자의 창작품을 소개하고 나눈다.

◈ **이슈** : 자존감
동일시
희망
적극적 표현
자기 수용
통찰력

기법 61 : 방패

※ **주된대상** : 청소년 개인, 집단

※ **초점** : 자기 인식

※ **목적** : 1. 자존감을 높힌다.
2. 내면의 힘을 강화한다.
3. 적극적인 자기 보호와 자기 수용을 돕는다.

※ **재료** : 두꺼운 종이 또는 상자, 다양한 콜라주 재료들, 금속조각, 장신구, 본드, 아크릴 물감, 붓, 오일 파스텔 등

※ **방법** : 1. 자기를 보호해 줄 수 있는 상징물들은 어떠한 것들이 있는지 이야기 나눈다. (예 : 큰 방패, 몸에 지닐 수 있는 부적, 창, 칼 등)
2. 방패의 크기와 형태를 선택하고 방패의 형태를 설정한다.
3. 방패에 자신을 보호해 줄 수 있는 것, 자기만의 상징, 자랑스러운 것들을 그림 그리거나 콜라주 한다.
4. 과정의 느낌과 표현된 것에 대해 소개하고 이야기 나눈다.

※ **이슈** : 자존감
희망
보호능력
관심능력
자랑스러움
내면의 힘

기법 62 : 다리 그림

※ **주된대상** : 청소년 집단, 가족

※ **초점** : 자기 인식

※ **목적** : 1. 자신의 중요한 관심사에 대해 적극적인 탐색을 하도록 안내한다.
2. 자기감정과 두려움을 탐색한다.
3. 개인의 갈등과 장애를 극복하도록 돕는다.

※ **재료** : 도화지, 크레파스, 오일 파스텔, 마커펜

※ **방법** : 1. 각자의 생각하는 다리의 개념과 형태, 크기, 장애 등을 이야기 나눈다.
2. 의견을 모아 선택한 다리 그림을 도화지에 함께 그린다.
3. 어느 쪽에서 시작하여 건너갈 것인지 의논하여 화살표로 표기한 후 다리 위에 각자가 있는 곳에 점을 표시한다.
4. 이 다리를 완전히 건너면 새로운 세상이 있다고 상상하고 다시 태어나기 위해 버리고 가고 싶은 것이 무엇인지 상상하여 다리 밑에 버리도록 하며 또는 완전히 건너기 위해 무엇이 더 필요한지 표현하도록 한다.(예: 없어졌으면 하고 바라는 성격이나 부족함들, 싫은 것, 변화되어야 할 것들을 그림이나 글로 표현)
5. 다리 그림을 완성한 후 어떠한 느낌인지, 어떠한 모습으로 변화되었는지, 감정은 어떠한지 등에 대한 이야기를 나눈다.

※ **이슈** : 관심사
두려움
갈등
장애
희망
감정

이외에도 이미 많이 알려져 있는 상자 꾸미기, 신체 본뜨기, 얼굴 그

리기(거울보고 그리기, 눈감고 얼굴 만져보며 그리기, 짝 이뤄 서로 그리기, 옷을 입지 않은 자기모습 그리기, 상상의 얼굴 그리기 등), 그림자 그리기(싫은 사람, 동물, 상황 그리기)등의 다양한 방법으로 청소년의 자기 인식을 도울 수 있다.

사회적 인지 및 사회성 증진 (기법 63~74)

사회적 인지 및 사회성 증진을 돕기 위한 기법
기법 63 : 교실 풍경
기법 64 : 운동장 풍경
기법 65 : 내 친구
기법 66 : 가족 벽화
기법 67 : 낙서하기
기법 68 : 가족 만다라
기법 69 : 신체 그리기
기법 70 : 가족 상징, 집단 상징
기법 71 : 마음대로 찢어보기
기법 72 : 나, 우리
기법 73 : 행복한 기억
기법 74 : 동작

기법 63 : 교실 풍경

◈ **방법** : 교실에서 일어나는 일들에 대해 이야기한다. 만약 부정적인 상황이 있다면 무엇이 문제인지, 어떻게 극복할 수 있는지에 대해 집단(가족)원이 함께 의견을 나눈다.

◈ **효과** : 상황을 인지하게 된다.

반칙과 규칙, 왕따 문제에 대한 대처를 하게 된다.

기법 64 : 운동장 풍경

※ **방법** : 운동장에서 또는 공공 장소에서 경험했던 기억을 그려본다.
집단(가족)원이 함께 느낌을 나누고 해결책을 생각해 본다.

※ **효과** : 공공 장소에서의 규칙과 예의를 인식하고 참여를 가능하게 한다.

기법 65 : 내 친구

※ **방법** : 생각나는 친구와 관련된 것들을 그려본다. 그 친구에 대해서 집단(가족)원이 함께 이야기한다.

※ **효과** : 긍정적인 친구관계를 인지하고 가능하도록 돕는다.

기법 66 : 집단(가족) 벽화(방법 1~6)

큰 전지에 집단(가족)원이 함께 활동을 하게 된다.

※ **방법1** : 큰 정원을 그림 그리고 함께 꾸미기 한다.

※ **방법2** : 바다 속을 꾸며 본다.

※ **방법3** : 동물원을 만들어 본다.

※ **방법4** : 집단(가족)원이 함께 외출하거나 여행했던 경험을 이야기하고 그려본다.

※ **방법5** : 집단(가족)원이 함께 자유롭게 그린다.

※ **방법6** : 함께 또는 교대로 낙서를 한다. 낙서후 숨은 그림찾기를 한다. 함께 찾은 것을 수정하고 보완하여 완성시킨다.

※ **효과**

방법1,2,3 : 규칙, 관계 등의 현실인지와 그 중요성을 인식하게 된다.

방법4,5 : 집단(가족)내에서의 자기인식과 소중함을 느낄 수 있다.
방법6 : 집단(가족)정체성을 인식하게 된다.

기법 67 : 낙서하기

※**방법** : 집단(가족)원이 짝을 이루어 리더를 따라서 낙서하기를 교대로 한다. 충분히 경험을 한 후 낙서 속에서 숨은 그림을 찾는다. 각자가 찾은 그림을 오려서 함께 모아 전지에 붙이고 이야기 꾸미기를 한다.

※**효과** : 집단(가족)원 개인의 존중감과 집단(가족)관계, 정체성을 인식하게 된다.

기법 68 : 가족 만다라

※**방법** : 각자가 개인 만다라를 만든다. 큰 원형을 가운데 두고 원하는 위치에 개인 만다라를 붙이고 느낌을 함께 나눈다.

※**효과** : 집단(가족) 내 심리를 인식하고 관계증진과 통합을 가능케 한다.

기법 69 : 신체 그리기

※**방법** : 각자의 신체외곽을 본뜬 후 집단(가족)원 모두가 함께 신체화에 긍정적인 글이나 칭찬, 느낌 등으로 표현한다.
콜라주로 완성한다.

※**효과** : 집단(가족)원은 자기존중감을 느낄 수 있고 집단(가족)들은 집단(가족)원 서로에 대한 소중함을 인식하게 된다. 그러한 경험은 또한 서로에 대한 소중함과 사랑을 인식하게 한다.

기법 70 : 가족 상징, 집단 상징(방법 1~2)

※**방법1**: 원하는 집단(가족)관계에 대해 이야기하고 큰 찰흙으로 상

징적인 집단(가족)의 모습을 공동으로 만들어 본다.

※방법2: 큰 흙덩이를 가운데 두고 집단(가족)이 함께 또는 교대로 손가는 대로 조각한다.

※효과 : 대근육, 소근육 운동에 도움이 되며 집단(가족)의 협동과 창의성을 높혀 준다. 집단(가족)의 관계인식과 집단(가족)의 소원을 간접 성취하는 경험이 가능하다.

기법 71 : 마음대로 찢어보기

※방법 : 신문지, 잡지, 한지 등을 가운데 모아 두고 경쾌한 음악과 함께 마음껏 찢어본다.
다 찢은 후 조각들을 날려보고 그 위에서 구르고 즐긴다.
충분히 경험한 후 큰 대야에 넣고 따끈한 물과 풀을 풀어 섞는다.
종이죽으로 조형물을 만들어 본다.

※효과 : 대근육, 소근육 운동으로 적절하며 카타르시스 경험을 충분히 할 수 있게 된다. 창의적인 집단(가족)관계를 경험할 수 있다.

기법 72 : 나, 우리

※방법 : 각자 자신에 대한 상징을 그린 후 옆 사람에게 돌린다. 그 그림의 집단(가족)원에 대한 느낌과 칭찬을 그림이나 색, 글로 표현해 주고 다시 옆 사람에게 돌린다. 한 바퀴를 돌아 자신의 그림을 만나게 되면 수정하고 싶은 부분을 보완하고 완성시킨다.

※효과 : 정체성 인식과 집단(가족)원의 응집력, 상호관계를 가능케 한다.

기법 73 : 행복한 기억

※**방법** : 집단(가족)이 함께 했던 기억 또는 개인이 느끼고 있는 행복했던 기억을 그림이나 콜라주로 완성한다.

※**효과** : 집단(가족)관계와 환경과의 상호관계 인식과 수용이 가능해진다. 집단(가족)의 소중함을 인식하게된다.

기법 74 : 동작

※**방법** : 집단(가족)관계를 증진시켜주는데 다양한 동작을 사용할 수 있다. 정신지체, 신체지체, 긴장, 불안 등 정서심리적 문제와 다양한 어려움을 겪는 이들의 긴장을 완화시키고 어려움에서 벗어날 수 있도록 돕는데 지금까지 소개한 예술활동과 연결하면 더욱 도움이 될 수 있으나 그에 대한 소개는 다음으로 미루겠다.

참고 문헌

강위영 외(2002), 아동심리치료 치료계획서, 시그마프레스

김진숙(1996), 예술심리치료의 이론과 실제, 중앙적성출판사

김진아(2003), 예술심리치료임상사례 연구방법론, 학지사

김경자, 최영, 최정인(1997), 주의력결핍과잉행동장애의 진단과 치료, 광주전남 소아청소년 정신건강 연구회

대한신경정신과학회편(1988), 신경정신과학, 하나의학사

신경림(2002), 사회복지연구와 실천을 위한 질적 연구방법론, 부산대학교 사회복지연구소 워크샵 자료집

성영혜(2001), 대상관계이론에 기초한 부모교육 프로그램 개발과 효과 검증, 숙명 여자대학교 대학원 박사학위 논문

옥금자(1998), 학대받는 아동을 위한 집단사회사업 실천사례연구(표현예술치료기법적용을 중심으로), 서울여자대학교 대학원 석사학위 논문

______(2002), 청소년과 미술치료, keapa광주

______(2003), 부모를 위한 미술치료 세미나 자료집, keapa광주

______(2003), 교사를 위한 미술치료 세미나 자료집, keapa광주

______(2003), 미술심리치료사를 위한 투사그림검사의 실제, keapa 광주
______(2004), 정신지체인의 삶의 질 향상을 위한 미래설계, 성분도복지관
유제민 외(2003), 아동과 청소년의 발달정신병리학, 시그마프레스
이부영 외 편역(2000), 인간과 무의식의 상징, 집문당
이정태 외(1998), 역동정신의학, 하나의학사
이재훈 역(1997), 울타리와 공간, 한국심리치료연구소
______역(1997), 놀이와 현실, 한국심리치료연구소
______역(2000), 참 자기, 한국심리치료연구소
______역(2000), 성숙과정과 촉진적 환경, 한국심리치료연구소
______역(2003), 대상관계이론과 임상적 정신분석론, 한국심리치료연구소
이재경(1999), 주의력결핍 과잉행동장애아동을 위한 부모교육 프로그램 개발, 계명대학교 대학원 박사학위 논문
정여주(2003), 미술치료의 이해: 이론과 실제, 학지사
Anastopouos, A. D., & Barkley, R. (1989), A Training Program for Parents of Children with Attention Dificit-hyperactivity Disorder, Inc. E. Schaefer & J. M. Briesmeister(Eds.), Handbook of Parent Training: Parents as Cotherapists for Children's Behavior Problems, N. Y.: Wiley & Sons
Alvarez, Anne (1999), Live Company: Psychoanalytic psychotherapy with autistic, borderline, deprived and abused childre, Routledge, 29 West 35th Street, New York, NY 10001
Burns, R. C. and Kaufman, S. H. (1972), Actions, Styles, and

Symbols in Kinetic Family Drawings (K-F-D): An Interpretive Manual, Brunner/Mazel, New York

Crnic, Keith A., Friedrich William N., and Greeberg, M., "doption of Familieswith Mentally Retarded Children: A Model of Stress, Coping and FamilyEcology," American Journal of Mental Deficiency, Vol. 88, No. 2

Daniels, William R. (1990), Group Power Ⅱ: A Manager's Guide to Conducting Regular Meetings, Pfeiffer & Company, Amsterdam, Johannesburg, Oxford, San Diego, Sydney, Toronto

Erikson, E. H. (1965), The Problem of Ego Identity. Journal of the American Psychoanalytic Association, 4, 56-121

Evans, Kathy and Dubowski, Janek (2001), Art Therapy with Children on the Autistic Spectrum: Beyond Words, ISBN

Fairbairn, W. R. D. (1951), Addendum to Endopsychic Structure Considered in Terms of Object-Relationships, In an Object-Relations Theory of the Personality. New York: Basic Books. 1952

Freud, A. (1937), The Ego and the Mechanisms of Defense, New York: International Universities Press

Furth, Gregg M. (2002), The Secret World of Drawings: A Jungian Approach to Healing through Art, University of Toronto Press Incorporated, Canada

Gill, M. M. (1959), The Present State Psychoanalytic Theory, Journal of Abnormal Social Psychological, 58, 1-8

Hammer, E. F. (1980), The Clinical Application of Projective Drawings (6th ed.), Charles C. Thomas, Springfield, IL.

Hartmann, H. (1939), Ego Psychology and the Problem of Adaptation, New York: International Universities Press, 1958

Hartmann, H. (1950), Comments on the Psychoanalytic Theory of the Ego, In Essays on Ego Psychology, New York: International Universities Press, 1964

Jacobs, L. (1994), Boundaries of the Self: A Phenomenological Inquiry into the Experience of Losing a Sense of Self, Ph. D. Dissertation, The Universities of Tennessee

Jacobson, E. (1954), The Self and the Object World, Psychoanalytic Study of the Child9, 75-127

Jacobson, E. (1959), Depersonalization. Journal of the American Psychoanalytic Association, 7, 581-610

Jacoby, Mario (1984), The Analytic Encounter: Transference and Human Relationship, University of Toronto Press Incorporated, Canada

Jakab, Irene (2001), Development Aspects of Creativity, The American Society of Psychopathology of Expression, Booklin, Ma 02446 U.S.A.

James, W. (1892), Psychology: The Briefer Course, New York: Harper & Brothers, 1961

Jung, C.G. (1913), The Theory of Psychoanalysis, In C. G.Jung, Critique of Psychoanalysis. Princeton , N. J.: Princeton University Press, 1975

Jung, C.G. (1921), Psychological Types, In Corrected Works of C.G. Jung, Translated by R.F.C. Hull.(6), Princeton, N.J.: Princeton University Press, 1967)

Kagin, S. (1969), The Effects of Structure on the Painting of Retarded Youth, Unpublished Master's Thesis , University of Tulsa, OK.

Klager, M.(1977), A Retarded Woman's Graphic and Verbal Expression, American Journal of Art Therapy, July 16 (4).

Klein, M. (1946), Notes on Some Schizoid Mechanisms, In Envy and Gratitude and Other Works: 1946-1963, New York: Delancotte Press, 1975

Kohut, H. (1971), The Analysis of Self, New York: International Universities Press

Kohut, H. (1977), The Restoration of the Self, New York: International Universities Press

Kwiatkowska, Hanna Yaxa (1978), Family Therapy and Evaluation Through Art, Springfield, Illinois, U. S. A.

Lewis, Penny(1993), Creative Transference: The Healing Power of the Arts, Chiron Publications, Wilmette, Illinois

Liebmann, Marian (1986), Art Therapy for Groups: A Handbook of Thermes, Games and Exercises, Brookline Books, Cambridge, Massachusetts.

Mahler, M. (1965), On the Significance of the Normal Separation-Individuation Phase: With Reference to Research in Symbiotic Child Psychosis, In Drives, Affects, Behavior, (2), ed. M. Schur, New York: International Universities Press

Malchiodi, Cathy A. (1997), Breaking the Silence: Art Therapy with Children from violent Homes, brunner/Mazel, Inc., 7625 Empire Drive, Florence, KY 41042

Malchiodi, Cathy A. (1998), The Art Therapy Source book, NTC/Contemporary Publishing Goup, Inc., 4255 West Touhy Avenue Lincolnwood, Illinois 60676 U. S. A.

Malchiodi, Cathy A. (1998), Understanding Children's Drawings, The Golden Press, New York / London

Mead, G. H. (1934), Mind, Self and Society, Chicago: Chicago University Press

Neukrug, Ed (2002), Skills and Techniques for Human Service Professionals: Counseling Environment, Helping Skills, Treatment Issues, Brooks/Cole, Thomson Learning, Inc., CA 93950 U.S.A.

Rapaport, D. (1960), The Structure of Psychoanalytic Theory: A Systematizing Attempt, Psychology Issues Monograph, 6. New York: International Universities Press Rogers, C. R. (1959), A Theory of Therapy, Personality, and Interpersonal Relationship, as Developed in the Client-Centered Framework. In S. Koch(Ed.), Psychology: A Study of a Science (3), New York: Basic Books

Riley, Shirley (2002), Contemporary Art Therapy with Adolescents, Jessica Kingsley Publishers Ltd., Philadelphia, PA 19106, U.S.A.

Robbins, Arthur (1980), Expressive Therapy: A Creative Arts Approach to Depth-Oriented Treatment, Human Sciences Press, New York, N. Y. 10011

Robbins, Arthur(1988), Between Therapists: The Processing of Transference/Counter-transference Material, Human Sciences Press, Inc., New York, N. Y. 10011

Roth, E.(1978), Art Therapy with Emotionally Disturbed-Mentally Retarded Children: A Technique of Reality Shaping. In B.K. Mandel, et al. (Eds.), The Dynamics of Creativity. Baltimore: American Art Therapy Association.

Rubin, Judith Aron(1984), The Art of Art Therapy, Brunner/Mazel, Inc., Publishers, New York

Rubin, Judith Aron (1984), Child Art Therapy: Understanding and Helping Children Grow through Art, John Wiley & Songs, Inc., New York, U.S.A.

Rubin, Judith Aron (1998), Art Therapy: An Introduction, Brunner/Mazel, Philadelphia, PA 19057, U.S.A.

Safran, Diane Stein(2002), Art Therapy and AD/HD: Therapeutic Approaches

Shore, A (2000), Child Art Therapy and Parent Consultation: Journal of the American Art Therapy Association, 17(1), pp. 14-23

Smith, M. B. (1950), The Phenomenological Approach in Personality Theory: Some Critical Remarks. Journal of Abnormal Social Psychology, 45, 516-522

Sullivan, H. S. (1940), Conception of Modern Psychiatry, New York: Norton

Ulman, Elinor (1992), "Art Education for the Emotionally Disturbed, American Journal of Art Therapy, vol. 30

Ulman, Elinor & Dachinger, Penny (1996), Art Therapy in Theory & Practice, Magnoia Street Publishers, 5804 North Magnolia Street, Chicago, IL 60660

Wilson, L. (1977), Theory and Practice of Art Therapy with the

Mentally Retarded. American Journal of Art Therapy, 16, 87-97.

Winnicott, D. W. (1960a), The Theory of the Parentinfant Relationship. In Winnicott, The Maturational Process and the Facilitating environment, New York: International Universities Press, 1965

Winnicott, D. W. (1960b), Ego Distortion in Terms of True and False Self.
In Winnicott, The Maturational Process and the Facilitating environment, New York: International Universities Press, 1965

Winnicott, D.W. (1962), Ego Integration in Child Development. In Winnicott, The Maturational Process and the Facilitating environment. New York: International Universities Press, 1965

Winnicott, D.W. (1963), From Dependence towards Independence in the Development of the Individual. In Winnicott, The Maturational Process and the Facilitating Environment. New York: International Universities Press

Winnicott, D.W. (1965), The Maturational Processes and the Facilitating Environment. New York: International Universities Press

Winnicott, D. W. (1971), The Use of an Object and Relating through Identifications. In Winnicott, Playing and Reality, Middlesex, England: Penguin, 1971

부록 I

초기 면담 기록지(초기 청소년용–부모가 직접 기록)

접수번호 :
접 수 일 :

일반적인 사항

<table>
<tr><td rowspan="2">이 름</td><td rowspan="2"></td><td rowspan="2">성 별</td><td rowspan="2"></td><td rowspan="2">생년월일</td><td rowspan="2"></td></tr>
<tr></tr>
<tr><td rowspan="2">종 교</td><td rowspan="2"></td><td rowspan="2">학교, 학년
유치원</td><td rowspan="2"></td><td>다니는 기관</td><td></td></tr>
<tr><td>Tel</td><td></td></tr>
<tr><td>주소/Tel</td><td colspan="5"></td></tr>
</table>

접수 전 상담 및 치료 상황

나이	기 관 명	진 단	교육 및 치료	여부기간

방문 당시의 상황

1. 어떻게 오게 되었습니까?
   1) 스스로　2) 아는 사람을 통해서　3) 타 기관에서 의뢰

2. 특별히 지금 데리고 온 이유는 무엇입니까?
   1)
   2)
   3)
   4)
   5)

3. 방문하게 된 주된 문제는 무엇입니까?(어려움의 순서대로)
   1)
   2)
   3)
   4)

생육사

1. 결혼시
   1) 언제 결혼하셨습니까?(　　년 /　연령 부 :　　　　모 :　　　　)
   2) 어떻게 결혼하시게 되었습니까?
      (① 중매　② 연애 / 교제기간 :　　　　　)
   3) 결혼 결심을 하게 된 동기는 무엇이었습니까?(　　　　　　)
   4) 현재 부부관계는 어떠합니까? (　　　　　　　　　　)

2. 임신시
   1) 복용한 약이 있습니까?

(① 무 ② 유(개월) / 내용:)

2) 임신 중에 질환이 있었습니까?

(① 무 ② 유(개월) / 내용:)

3) 입덧은 어떠했습니까?

(① 무 ② 유(개월) / 내용:)

4) 심리상태 및 주변환경

계획된 임신이었습니까? (① 예 ② 아니오)

임신에 대한 반응(부모의 느낌)은 어떠했습니까?

부 :

모 :

3. 출생시

1) 산모의 연령은 몇 살이었습니까? (세)

2) 분만상태는 어떠했습니까? (① 순산 ② 난산 ③ 제왕절개)

3) 산소호흡기를 사용했습니까? (① 무 ② 유 /기간:)

4) 출생시 체중은 몇 kg이었습니까? (kg)

5) 황달이 있었습니까?(① 무 ② 유 /치료기간 및 방법:)

4. 수유 및 식사

1) 수유방법은 무엇이었습니까?

① 모유(개월) ② 우유(개월) ③ 모유+우유(개월)

젖을 뗀 시기(개월)

2) 3세이전의 식습관은 어떠했습니까? (편식 : / 식사태도 :)

3) 3세이후의 식습관은 어떠했습니까? (편식 : / 식사태도 :)

5. 대소변 훈련

1) 대변 훈련의 시작시기는 언제였습니까? (개월)

대변을 가린 시기는 언제입니까? (   )
현재 배변 상태는 어떠합니까? (① 정상 ② 변비 ③ 유분)
훈련은 어떻게 하였습니까? (   )
아이반응은 어떠했습니까? (   )

2) 소변 훈련 시작시기는 언제였습니까? (   )
현재 소변 상태는 어떠합니까? (① 정상 ② 유뇨)
소변을 가린 시기는 언제였습니까? (   )
훈련은 어떻게 하였습니까? (   )
아이반응은 어떠했습니까? (   )

6. 수면 및 활동

1) 보챘음 (① 무   ② 유 (언제까지:)
2) 잠버릇은 어떠합니까? (   )
3) 현재 누구와 잠자리에 듭니까? (   )
4) 3세 이후의 활동량 (① 과소   ② 보통   ③ 과다)

7. 병력

1) 고열이 있었습니까? (① 무 ② 유/시기 :   최고 온도:)
2) 경기를 한 적이 있었습니까?
(① 무 ② 유/시기 :   최고 온도:)
3) 현재 건강상태는 어떠합니까? (   )
4) 현재 체중은 몇 kg입니까? (   )

발달과정

1. 신체발달(괄호 안은 정상 개월임)

1) 언제부터 목가누기(2)가 가능했습니까? (개월)
2) 언제부터 기기(6) 시작했습니까? (개월)

3) 언제부터 걷기(12~13) 시작했습니까? (개월)
4) 숟가락질(24)은 언제부터 가능했습니까? (개월)
5) 옷 벗기(24)는 언제부터 가능했습니까? (개월)
6) 옷 입기(36)는 언제부터 가능했습니까? (개월)

2. 언어 및 인지발달
1) 옹알이(2~3)는 언제부터 시작되었습니까? (개월 / 양 :   )
2) 첫 단어(8~14)는 언제부터 시작되었습니까?
(개월 / 내용 :   )
3) 현재 언어 표현은 어떠합니까?
(/ 이해력 :   )
4) 인지상태는 어떠합니까?
(빠름   보통   느림   기타 :   )

3. 사회 및 정서발달
1) 눈 맞춤이 있었습니까? (① 무 ② 유)
2) 낯가림은 어느 정도였습니까?(① 없음 ② 적음 ③ 보통 ④ 많음)
3) 엄마를 언제 알아보았습니까? (개월)
4) 엄마 없이도 잘 놀았습니까? (① 예 ② 아니오)
5) 좋아하는 놀이는 있습니까 어떤 놀이입니까?
(   )
6) 좋아하는 장난감이 있습니까 어떤 장남감입니까?
(   )
7) 성격은 어떠하다고 생각합니가?
(   )
8) 부모와의 관계는 어떠합니까? (   )
9) 형제와의 관계는 어떠합니까? (   )

10) 또래와의 관계는 어떠합니까? (   )
11) 이 외에 하고 싶은 말씀이 있습니까?
(   )

가족이 생각하는 유발요인 및 양육상의 특기사항(양육자, 양육자의 성격이나 태도, 동생분만시의 상황, 이사, 충격적인 사건, 집착하는 물건 등에 대해 아이 연령과 반응)

0~1세:

1~3세:

3세~학령 전:

학령기:

자라면서 형성된 아동의 성격이나 장점을 기억나는 대로 구체적으로 기록해 주세요.

학교 상황

	연령	입학시 아이반응	교우관계	성적/잘하는 과목 및 잘 못하는 과목	과외활동(시기, 내용, 아이반응)	교사의 의견	특성이나 기타 문제점
유치원							
초등학교							

기타 :

가족력

1. 가계도 (이 부분은 기록하지 않아도 됩니다.)

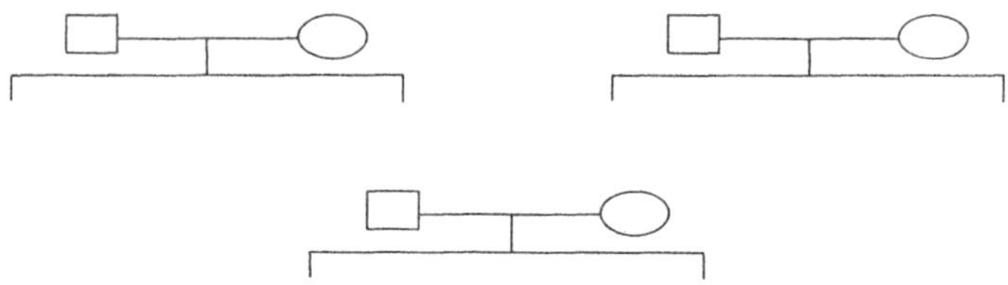

※ 관계 표시

좋은 관계 ———— 전혀 관계가 안됨 —++—

그저 그런 관계 ------------ 갈등관계 ∿∿∿∿

2. 가족상황

	아버지	어머니	아동의 형제 및 그 외 동거가족			
이 름						
나 이						
학력(학교,전공)						
직업(회사명, 직책)						
월 수 입						
종 교						
성 격						
병 력						
아동에 대한 태도						
기 타						

3. 현재 부모 관계는 어떠합니까?

치료에 대한 가족의 기대

1. 가족이 생각하는 우리 아이의 문제요인은 무엇이라고 생각하십니까?
   1)
   2)
   3)
   4)
   5)

2. 이곳에서 어떠한 도움을 받기를 원합니까? (중요한 것부터 순서대로 기록하세요)
   1)
   2)
   3)
   4)
   5)

3. 가족이 생각하는 앞으로의 계획 및 희망사항에 대해 기록해 주세요.
   1)
   2)
   3)
   4)
   5)

치료자의 전체적인 요약

초기 계획

면담 일시 :
면담기록자 :

부록 II

초기 면담 기록지(중 · 후기 청소년용-부모가 직접기록)

접수번호 :
접 수 일 :

일반적인 사항

<table>
<tr><td>이 름</td><td></td><td>성 별</td><td></td><td>생년월일</td><td></td></tr>
<tr><td rowspan="2">종 교</td><td rowspan="2"></td><td rowspan="2">학교,학년
유치원</td><td rowspan="2"></td><td>다니는 기관</td><td></td></tr>
<tr><td>Tel</td><td></td></tr>
<tr><td>주소/Tel</td><td colspan="5"></td></tr>
</table>

접수 전 상담 및 치료상황

나이	기 관 명	진 단	교육 및 치료	여부기간

방문 당시의 상황

1. 어떻게 오게 되었습니까?
   1) 스스로　2) 아는 사람을 통해서　3) 타 기관에서 의뢰

2. 특별히 지금 자녀를 데리고 온 이유는 무엇입니까?
   1)
   2)
   3)
   4)
   5)

3. 방문하게된 주된 문제는 무엇입니까?(어려움의 순서대로)
   1)
   2)
   3)
   4)
   5)

가족력

1. 가계도 (이 부분은 기록하지 않아도 됩니다)

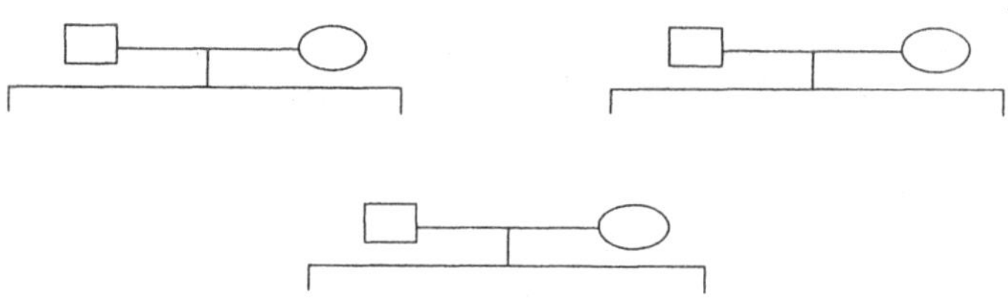

※ 관계 표시

좋은 관계 ——————— 전혀 관계가 안됨 ——++——

그저 그런 관계 ·············· 갈등관계 ∿∿∿∿∿

2. 가족사항

	아버지	어머니	형제 및 그 외 동거가족			
이 름						
나 이						
학력(학교,전공)						
직업(회사명, 직책)						
월 수 입						
종 교						
성 격						
병 력						
( )에 대한 가족의 태도						
기 타						

3. 부모관계

결혼배경

1) 결혼은 언제 하셨습니까?(년 / 연령 부 : 모 :)

2) 어떻게 결혼하기게 되었습니까?

(① 중매 ② 연애 / 교제기간 :)

3) 결혼을 결심하게 된 동기는 무엇이었습니까?
( )

4) 현재 부모관계는 어떠합니까?
( )

4. 부모의 성장 배경

	아 버 지	어 머 니
대인 관계		
어린 시절 부모와의 관계		
어린 시절 형제와 관계		
직장관계		
결혼 후 원가족과의 관계		
친정/처가와의 관계		

개인력

(건강상태, 성격적 특성, 적응상태, 양육자는 누구인가, 양육자의 성격이나 태도, 동생분만 시의 반응, 이사는 몇 살 때 몇 번했는가, 충격적인 사건, 집착하는 물건이나 상황, 친구관계, 부모와의 관계, 장점 등을 기록)

1. 출생 전후 :

2. 유아기 :

3. 유치원 시기 :

4. 초등학교 시기 :

5. 중학교 시기 :

6. 고등학교 시기 :

7. 고졸 이후/대학교 :

학교 상황

	연령	입학시 아이반응	교우관계	성적/잘하는 과목 및 잘 못하는 과목	과외활동(시기, 내용, 아이반응)	교사의 의견	특성이나 기타 문제점
유치원							
초등학교							
중학교							
고등학교							
대학교							

기타:

치료에 대한 가족의 기대

1. 가족이 느끼고 있는 문제의 요인은 무엇이라고 생각하십니까?
   1)
   2)
   3)
   4)
   5)

2. 이곳에서 어떠한 도움을 받기 원합니까? (중요한 것부터 순서대로 기록하세요)
   1)
   2)
   3)
   4)
   5)

3. 가족이 생각하는 앞으로의 계획 및 희망사항에 대해 기록해 주세요.
   1)
   2)
   3)
   4)
   5)

치료자의 전체적인 요약

치료자의 초기계획

면담 일시 :
면담 기록자 :

부록Ⅲ

초기면담 기록지 (성인용-직접면담에서 사용)

접수번호 :

접수일 :

이 름		성 별	남 / 여	나 이	
결혼상태		종 교		학 력	
직 업					
주 소				전 화	

현재

나이	기관명	진단	교육 및 치료	기관

가족력

1) 가계도

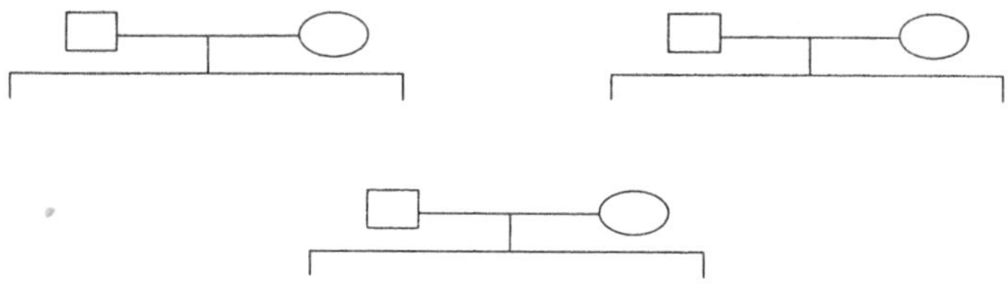

※ 관계 표시

좋은 관계 ────────　　전혀 관계가 안됨 ──┼┼──

그저 그런 관계 ---------------　　갈등관계 ∿∿∿∿

가족사항

	아버지	어머니	형제, 자매, 동거가족			
이 름						
나 이						
학 력 (학교/전공)						
직 업 /월수입						
종 교						
병 력						

	아버지	어머니	형제, 자매, 동거가족			
대인관계						
성 격						
기 타						

가족내 염려되는 문제

주 호소 문제

개인력

유아기 :

유치원 시기 전 · 후 :

초등학교 시기 :

중학교 시기 :

고등학교 시기 :

대학교 시기 :

성인기 :

병전 성격 및 강점

평가 및 문제

치료자의 초기 계획

면담 일시 :
면담 기록자 :

부록Ⅳ

개별 미술치료 과정 기록지

이름		나이/성		일시/회기	
목표				준비물	
주제 및 방법					
치료 전 특성					
과 정					
부모개입					
평가 및 계획					

미술심리치료사 : ________________

부록 V

집단 미술치료 과정 기록지

<table>
<tr><td>집 단 명</td><td></td><td>일시/회기</td><td></td></tr>
<tr><td>대 상</td><td colspan="3"></td></tr>
<tr><td>목 표</td><td colspan="3"></td></tr>
<tr><td>주제 및 방법</td><td colspan="3"></td></tr>
<tr><td>준 비 물</td><td colspan="3"></td></tr>
<tr><td>집단 전
분위기</td><td colspan="3"></td></tr>
<tr><td>집단 과정</td><td colspan="3"></td></tr>
<tr><td>평가 및
계획</td><td colspan="3"></td></tr>
</table>

미술심리치료사 : ______________

부록Ⅵ

가족 미술치료 과정 기록지

참여가족		일시/회기	
목 표			
주제 및 방법			
준 비 물			
작업 전 가족역동 및 특성			
과정			
평가 및 계획			

미술심리치료사 : ______________

부록Ⅶ

치료를 위한 가족 개입 (1)

이름 :__________

※ 자녀의 어려움이 시작된 과정에 대한 내용입니다.

1. __________와의 생활에서 힘들었거나 기억나는 특징적인 사건들을 기록해 보세요.
(__________의 어린 시절부터 현재까지의 과정들을 구체적이고, 가능한 6하 원칙에 의해 기록하세요).

> 1) 시기와 장소: 상황 및 아이의 반응에 대하여
> 2) 그 상황에서의 가족의 반응 및 태도는 어떠했는지
> 3) 그 결과 어떠한 일이 일어났는지에 대하여 기록해 보세요.

2. 현재__________의 어려움이 일어날 수 밖에 없었던 예측되는 요인들에 대하여 생각해 보세요.
1)
2)
3)
4)

3. __________의 어려움을 해결하기 위해 가족은 어떠한 노력을 해 오셨습니까?
1)
2)
3)
4)
5)

날짜 / 회기 :

미술심리치료사 :__________

부록Ⅷ

치료를 위한 가족 개입 (2)

이름 :__________

※ 이 기록은 가족 모두 각자가 __________의 장점을 20개 이상 기록합니다.

1. __________의 장점을 최대한 많이 기록해 보세요.

2. 장점을 기록하면서 느낀점을 표현해 보세요.

날짜 / 회기 :

미술심리치료사 : __________

부록IX

치료를 위한 가족 개입 (3)

이름 :__________

※ 자녀에 대해 염려하고 있는 것에 관한 내용입니다.

1. ______________에 대한 나의 걱정과 짜증나는 점에 대하여 생각해 보세요.

걱정되거나 화나는점	이 유

2. 나의 개인적인 어려움이나 스트레스가 미치는 영향에 대하여 생각해 보세요.

나 의 어 려 움	( )에게 미치는 영향

3. ______________의 치료를 위해 우리 가족의 행복을 위해 내가 할 수 있는 역할은 무엇이라고 생각하십니까?

날짜 / 회기 :

미술심리치료사 : ______________

부록 X

치료를 위한 가족 개입 (4)

이름 :__________

※ 1~5 내용은 부모 자신의 원가족과 관련된 내용이며, 6~9 내용은 현재 자신의 자녀와 관련된 내용입니다.

1. __________를 꾸중할 때 가장 많이 사용하는 말은 무엇입니까?

2. 나의 어린 시절에 부모로부터 들었던 기억을 떠올려 보세요.
   1) 외모에 대해서 :
   2) 언행에 대해서 :
   3) 능력에 대해서 :
   4) 생활태도에 대해서 :
   5) 대인관계에 대해서 :

3. 자신과 공통된 점은 무엇입니까?

	성 격	외 모	생활태도	대인관계	기 타
부 모					
나					
자 녀					

4. 성장과정에서 부모로부터 어떠한 체벌을 받아 보았습니까?

5. 어린 시절을 회상해 보면서 부모의 잘못을 지적한다면 어떠한 말을 할 수 있을까요?
   - 아버지에게 :
   - 어머니에게 :

6. 현재 나의 자녀가 나의 잘못을 지적하면서 어떠한 말을 할 것 같습니까?
- 나에게 :
- 아내(남편)에게 :

7. 나는 자녀들 앞에서 배우자를 비난한 적이 있는지, 주로 사용한 언어는 무엇이었는지 생각해 보세요.

8. 나의 가치관은 자녀에게 어떠한 영향을 미쳤을까 생각해 보세요.

9. 나의 가정을 위해 ____________을 위해 자신이 할 수 있는 역할을 생각해 보세요.

날짜 / 회기 :
미술심리치료사 : ________________

부록 XI

치료를 위한 가족 개입 (5) - 종결준비

이름 :__________

※ 치료종료를 위한 준비와 지속적인 성장을 위한 내용입니다.

1. 치료과정에서 느낀점을 무엇이든 이야기 해보세요.

2. 치료 후의 변화는 무엇입니까?

➲ 자녀의 변화
치료전 :

치료후 :

➲ 가족의 변화
치료전 :

치료후 :

3. 아직 해결되어야 할 문제가 있습니까? 있다면 어떻게 하면 도움이 될 수 있겠습니까?
(※ 표 8-2 참조)

4. 사후 만남에 동의 하시겠습니까? 원하시는 방법이 있습니까?
(※ 표 8-3 참조)

날짜 / 회기 :

미술심리치료사 : ____________

부록 XII

치료를 위한 가족 개입(일상에서)

이름 :__________

날 짜	
문제상황 및 자녀의 반응	
어머니의 생각	
문 제 점	
개선 방안	

날짜 / 회기 :

미술심리치료사 : ________________

부록 XIII

종결 후 지속적인 성장을 위한 가족 개입

이름 :__________

날 짜					
문제상황 및 자녀의 반응					
어머니의 생각					
문 제 점					
개선 방안					
평 가	매우 불만족	다소 불만족	그저 그렇다	다소 만족	매우 만족

날짜 / 회기 :

미술심리치료사 : ________________

찾아보기

한 글

ㄱ

ㅅ

ㅇ

ㅈ

ㅊ

ㅋ

영 문

청소년 임상 미술치료 방법론

초판인쇄일	2005년 1월 20일
수정판발행일	2007년 4월 25일
저 자	옥 금 자
펴 낸 이	오 무 근
펴 낸 곳	도서출판 하나의학사
출판등록	1988년 4월 1일 제 2-541호
주 소	서울시 종로구 홍파동 13-4
전 화	02) 730-2555, 2556
팩 스	02) 730-2557

정가 19,000원

저자와 합의로 인지 생략

ISBN 89-87357-72-4-92180

※ 잘못된 책은 구입처에서 교환해 드립니다.